HISTOIRE

DE LA

PHILOSOPHIE MODERNE

TOME II

SAINT-CLOUD. — IMPRIMERIE DE Mme Ve BELIN.

HISTOIRE

DE LA

PHILOSOPHIE MODERNE

PAR LE Dr HENRI RITTER

TRADUCTION FRANÇAISE PRÉCÉDÉE D'UNE INTRODUCTION

PAR

P. CHALLEMEL-LACOUR.

TOME DEUXIÈME

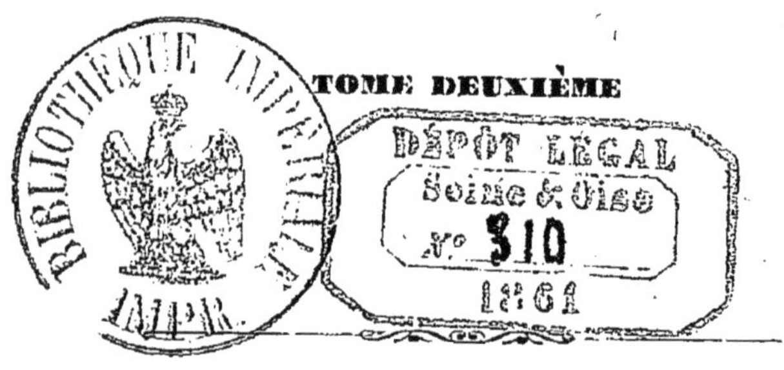

PARIS

LIBRAIRIE PHILOSOPHIQUE DE LADRANGE

41, RUE SAINT-ANDRÉ-DES-ARTS.

M DCCC LXI.

HISTOIRE

DE LA

PHILOSOPHIE MODERNE

LIVRE DEUXIÈME

LES COMMENCEMENTS DE LA PHILOSOPHIE ANGLAISE DANS LE SENSUALISME ET DANS LE RATIONALISME.

CHAPITRE PREMIER

PHILOSOPHES ANGLAIS ANTÉRIEURS A LOCKE.

Polémique contre Hobbes.— Rapports avec la philosophie cartésienne. —Influence de la théologie. —Recherches d'erudition.—Platonisme et théosophie. Samuel Parker. —Théophile Gale.—Henri More. Activité de l'esprit dans l'espace.—Toute-puissance de Dieu et activité de l'esprit universel dans l'espace.—La force plastique et l'esprit central. Ralph Cudworth.—Idée de l'immatériel et de Dieu. — Examen particulier de l'athéisme atomistique et de l'athéisme hylozoïstique. — La nature plastique. — Richard Cumberland. — Joseph Glanville.—Doutes nés du sensualisme, particulierement sur la possibilité de connaître les causes. Newton.—En quoi il contribue à propager les explications mécaniques de la nature.

Tandis qu'en France et en Hollande, l'école cartésienne semblait avoir préparé sûrement le développement du naturalisme par les voies rationalistes, et s'être liée avec la religion dominante par un traité de concorde, les vues sensualistes, inaugurées par Bacon et par Hobbes, ne pouvaient pénétrer immédiatement chez les Anglais. Les conséquences auxquelles Hobbes avait abouti étaient trop graves pour rester inaperçues; mais tout leur succès fut de provoquer une polémique très-vive, parce que sur des points essentiels elles se trouvaient en contradiction avec les tendances du peuple anglais; quelque rigueur qu'il eût dans les détails, les éléments, dont il avait composé son système, avaient trop peu de cohérence intérieure pour forcer la conviction. Vers le même temps, les doctrines cartésiennes avaient, par l'éclat de leurs résultats et par l'éclat plus vif encore des perspectives ouvertes dans la connaissance des lois naturelles, attiré l'attention des Anglais et produit une impression sérieuse. Ces doctrines soutenaient cependant le rationalisme d'une manière trop absolue, et d'un point de vue trop spéculatif pour l'esprit anglais; sous ce rapport un tel rationalisme paraissait trop étranger à la vie pratique pour être capable de séduire en général l'intelligence anglaise. Le rationalisme et la théologie naturelle de Herbert, qui avaient trouvé un écho dans les vues des libres penseurs, se recommandaient bien davantage; mais cette théologie était trop peu développée et trop contraire à la philosophie positive, pour être en droit d'espérer un succès définitif. L'enseignement était encore presque tout entier dans la main des théologiens. Les débats théologiques avaient recommencé avec un redoublement d'énergie, grâce à la signification politique qu'ils avaient reçue. Le combat, livré pour la conquête des libertés nationales, et dans lequel on cherchait à ramener à une base morale les relations politiques, occupait d'une manière presque exclusive la masse du peuple. Les mœurs et les habitudes, aussi bien que les intérêts positifs du progrès actuel, poussaient plus aux résultats pratiques qu'aux recherches théoriques; et pourtant, le chemin parcouru sur le continent par les nouvelles théories, dont les succès excitaient dans les pays étrangers une certaine émulation, ne pouvait être abandonné. C'est ainsi que chez les Anglais nous trouvons les idées philosophiques très-complexes et très-incertaines encore dans la seconde moitié du XVIIe siècle. Quoique la direction nouvelle ouverte par Bacon, et les mouvements qui s'y étaient produits, ne restassent pas sans effet, on voyait dominer toutefois deux pentes diverses, l'une vers les recherches théologiques et même théosophiques, l'autre vers le scepticisme.

Une revue détaillée des tendances opposées, qui partagèrent la philosophie en Angleterre, jusqu'au temps où Locke l'entraîna dans une voie nouvelle et où fut consommée la révolution politique, sortirait du plan que nous nous sommes proposé. Il nous suffira de quelques indications pour relier entre elles des époques différentes, et pour noter les éléments qui entrèrent comme matériaux dans la forme définitive de la philosophie anglaise.

Les philosophes que nous avons à mentionner ici, appartenaient tous au clergé. La plupart se distinguaient par une grande connaissance de la philosophie ancienne, et quelques-uns même de la philosophie moderne. Le savant ouvrage de Thomas Stanley sur l'histoire de la philosophie ancienne, publié en 1655, peut avoir contribué à répandre ces connaissances. Cet attachement des investigateurs anglais de cette époque à la philosophie des temps anciens est un trait caractéristique, qui les distingue de leurs successeurs; ceux-ci se posaient en novateurs, et, loin de présenter leurs idées sous le patronage de la tradition, ils prenaient soin de dissimuler le rapport qu'ils pouvaient avoir avec elle. Plusieurs de nos philosophes étaient même versés dans la Cabbale, quoiqu'ils demandassent avec instance qu'elle fût purifiée. Le fond de toutes ces recherches philosophiques était une critique savante des doctrines antérieures. La règle de cette critique était la croyance au péché originel, qui avait corrompu la nature primitive de l'homme et fait de la révélation une nécessité; on ne travaillait plus qu'à rassembler les rayons épars de l'esprit divin, reflété dans l'intelligence humaine, et à défendre contre les incrédules ce faisceau de lumière. Nous trouvons semés ici en abondance des germes de polémique contre la présomption captieuse des hypothèses physiques. On montre le danger des théories mécaniques de la nature; on en voit sortir, comme conséquences, le matérialisme, l'atomisme, le fatalisme, l'égoïsme, l'athéisme, en même temps, il est vrai, que des progrès dans la connaissance de la nature, dont ces théologiens eux-mêmes ne peuvent nier la portée. Une vue plus large sur l'ensemble de la nature qui se dérobe à nos poursuites à travers le réseau mécanique des phénomènes particuliers, leur sert de défense; ils se rapprochent par cette vue des théories anciennes sur la vie de la nature, spécialement des doctrines de l'école platonicienne et théosophique. La plupart d'entre eux espèrent triompher, sous la bannière du platonisme, de leurs adversaires. Ils s'appuient pour cela sur les idées innées de la raison, qu'à l'exemple de Herbert ils ne défendent du reste contre le sensualisme que comme un instinct, et sur le sentiment moral, qui, s'opposant à l'égoïsme, nous ramène à l'essence commune et à la société des hommes.

Le plus ancien de ces platoniciens est le fameux évêque d'Oxford Samuel Parker, lutteur infatigable dans la guerre des partis, qui remplit cette époque orageuse et précède la révolution de 1688. Il combat entre autres la philosophie cartésienne; mais il soumettait également à sa critique d'autres doctrines anciennes et modernes, et les jugeait dans le sens d'un platonisme modéré, qui ne l'empêchait pas de repousser les excès des nouveaux platoniciens. Son objet principal était de démontrer la nécessité de l'idée de fin dans l'explication de la nature, et de relever la preuve théologique de l'existence de Dieu contre les preuves fallacieuses de Descartes. Parker est une preuve que le platonisme n'était pas resté totalement étranger à l'université d'Oxford, bien qu'il soit vrai de dire que cette doctrine était plus répandue à Cambridge, et qu'elle y avait été poussée à des conséquences d'une tout autre portée.

C'était aussi à Oxford que s'était formé Théophile Gale; il appartenait au parti des presbytériens dissidents, et ses idées témoignent que la philosophie platonicienne s'était répandue parmi toutes les nuances des partis religieux. Ses recherches savantes se proposaient de démontrer, dans le sens des platoniciens du XVe et du XVIe siècle, que toute vérité humaine n'est autre chose que la réflexion subjective de la lumière objective, qui, rayonnant de Dieu, a formé la loi naturelle et ordonné le monde selon des fins divines. Cette loi ayant été obscurcie par le péché, Dieu a dû nécessairement la rétablir par ses révélations, et la philosophie païenne elle-même n'est pas restée privée de toute connaissance de ces révélations (1).

Deux théologiens de Cambridge, liés d'une amitié intime, avaient pénétré bien plus avant que Parker et que Gale dans les doutes et dans les voies de la philosophie moderne; c'étaient Henri More et Ralph Cudworth. Quoique versés, ainsi que Gale, dans les idées mystiques et théosophiques du siècle précédent, ils comprenaient que l'épuration du platonisme, telle

(1) *Philosophia generalis.* Per Theoph. Galeum. Lond. 1676. Dissert. procem, p. 5, sqq.; III, 4 sect. 2, 3, p. 673.

qu'on se la proposait, ne pouvait s'accomplir, sans qu'il fût tenu compte des développements nouveaux de la philosophie naturelle.

More avait étudié pendant longtemps les recherches de la philosophie cartésienne, auxquelles il s'efforçait, il est vrai, de joindre ses propres idées. Le résultat final, qu'il obtint, lui fit voir qu'il fallait rejeter la méthode et les idées fondamentales de Descartes. Il lui semblait dangereux de vouloir tout démontrer mathématiquement; un tel procédé devait conduire à une explication mécanique de la nature, incapable en définitive de faire comprendre à fond un seul phénomène (1). Il combattait Descartes et Spinosa, en cherchant à établir la nécessité d'un principe spirituel et immatériel, qu'il fallait néanmoins concevoir comme étendu dans l'espace, et comme un principe universel de mouvement, agissant dans l'espace; il attaquait la distinction du corps et de l'esprit, telle que l'entendaient les cartésiens, et ne pouvait concevoir à leur façon la solution du problème de l'union de l'esprit et du corps. Il tient pour certain qu'une énergie spirituelle pénètre tout l'espace, et que l'efficace de Dieu agit dans l'espace. Il appelait les cartésiens des *nullibistes*, parce qu'ils ne pouvaient établir que l'esprit soit quelque part. Ses idées théologiques étaient choquées de ce que Descartes voulût exclure Dieu de

(1) Epist. ad V. Cl. p. 107, sqq.; immort. an. schol. in præf., p. 288. Dans l'édition de ses œuvres. Londres, 1679.

l'univers; il prétendait le faire rentrer dans le monde par l'idée de l'être spirituel et en même temps dans l'espace (1). Il se représentait d'ailleurs l'espace d'une manière très-confuse; tantôt il incline à le regarder comme une essence réelle, comme une substance spirituelle, tantôt il le considère comme un contour général et vague de la toute-présence, impliquée dans l'essence de Dieu (2). Le fondement de cette double conception, c'est que More part de l'idée, qu'il se manifeste dans l'espace une énergie spirituelle d'une nature universelle. Cette énergie a pour sujet l'esprit universel du monde, une force qui domine la matière, et qui, dénuée de raison, est le ministre de la providence divine (3). Cette conception mériterait à peine d'être mentionnée, s'il n'en était passé quelque chose dans les doctrines de Newton. Avec cette idée d'un esprit universel de la nature, More s'est efforcé de maintenir l'individualité des esprits des animaux, des hommes et des anges. Il leur attribue une existence et une vie propres, parce qu'ils possèdent dans leur conscience sensible et intelligente un centre d'activité. Il distingue en conséquence deux sortes d'activité spirituelle: d'abord la force vitale plastique, qui agit du dedans vers le dehors et qui remplit l'espace, c'est d'elle que

(1) *Enchir. metaph.* 8, 7, p. 167. Philosophia cartesiana Deum videtur velle e mundo excludere, ego e contra eum introducere rursus enitor et contendo. Ib. 27, 1, p. 307.

(2) *Enchir. metaph.*, 8, 13; 15, p. 169.

(3) *Immort. an.*, III, 13, 9, sq , p. 437.

Herbert avait déjà deduit l'union de l'âme et du corps; secondement l'âme sentante et parvenue à la conscience d'elle-même, laquelle a reçu, par le moyen des nerfs, un centre d'existence et de vie. En soutenant l'existence de cet esprit central chez les individus, il combat les *holeumériens*, c'est-à-dire la doctrine qui, par une erreur contraire à celle des nullibistes, fait l'âme dans la totalité présente à toutes les parties du corps (1). On reconnaît dans ces doctrines les idées théosophiques, qui ont subi, sous l'influence de la physique moderne, une transformation critique. Nous retrouverons plus tard dans la philosophie moderne les traces de l'opposition entre l'activité centrale de l'esprit et son activité périphérique.

Le premier rang parmi ces théosophes platoniciens appartient sans contestation à Ralph Cudworth, qui professa à Cambridge depuis le milieu du XVIIe siècle jusqu'en 1688. Il était distingué par son érudition, sa pénétration critique, la modération de son jugement. Son principal écrit, le *Vrai système intellectuel de l'univers*, ouvrage de grande étendue quoique inachevé, a conservé des lecteurs jusqu'à nos jours. Cudworth se proposait d'y combattre systématiquement toutes les doctrines antireligieuses. Son dessein n'était d'abord que de combattre le fatalisme; mais il s'aperçut bientôt qu'il ne pouvait le faire sans attaquer le système entier des idées des libres pen-

(1) *Enchir. metaph.*, 27, 1, p. 307; 11, p. 313; 14, p. 316.

seurs, et édifier sur ses ruines un système de théologie purifiée. Il voulait renverser l'athéisme dans la première partie; la seconde devait être consacrée à la discussion de la fausse théologie, dont le point de départ est l'opinion que Dieu crée et gouverne le monde arbitrairement, sans être guidé par l'idée du bien; enfin la troisième partie était destinée à combattre le fatalisme, qui ramène tout à une nécessité intérieure. Cudworth n'a exécuté que la première partie, sur un plan aussi systématique que celui de l'ouvrage entier, mais avec des digressions historiques, parce que l'auteur voulait embrasser les diverses espèces et variétés de l'athéisme. Ses doctrines reposent, comme celles de tous les autres platoniciens que nous plaçons dans le même groupe, sur l'hypothèse que notre entendement ne peut tirer de lui-même ses propres idées, les vérités éternelles, qui ne peuvent procéder des données sensibles. Ces idées doivent nous révéler l'éternel, l'immatériel, et quiconque reconnaît la substance immatérielle ne peut, selon la conviction de Cudworth, nier Dieu (1). Il soutient donc que la croyance en Dieu est originairement implantée en nous aussi bien par la raison que par la tradition. Nous avons une idée de Dieu, qui porte témoignage en elle-même de sa légitimité, et toutes les vérités éternelles sont nécessairement fondées en

(1) *Le vrai système intellectuel,* I, 1, 23, p. 22. Londres, édition de 1743.

Dieu ; elles ne font que se refléter dans notre entendement, soumis à un développement successif (1). Sur ce principe, il combat les différents modes de l'athéisme ; mais l'avantage, qu'il donne à quelques-uns de ces modes, indique très-clairement l'influence que les développements de la philosophie moderne ont exercée sur lui. Des quatre espèces d'athéisme, qu'il distingue, deux lui paraissent mériter une considération plus grande, parce qu'il se croit obligé d'y reconnaître une vérité relative. Ce sont l'athéisme atomistique, et l'athéisme hylozoïstique. Il n'ose pas combattre la physique atomistique ; ce qui la recommande, c'est qu'elle offre les meilleures explications du monde matériel ; néanmoins Cudworth la tient pour une pure hypothèse. Mais aussi dans l'origine la physique atomistique n'était pas séparée de la théologie, elle formait avec celle-ci une partie constituante de la vraie philosophie (2). Si l'on cherche les dernières causes des choses, on ne peut s'arrêter au mouvement des atomes ; il faut chercher le principe de leur mouvement dans une essence spirituelle, qui n'abandonne pas le monde au hasard, mais au contraire l'ordonne en vue d'une fin. Ainsi les explications atomistiques peuvent se concilier avec l'explication théologique.

(1) Ib. I, 6, p. 666. L'athéisme n'est qu'ignorance des causes et de la philosophie. Ib., p. 695 ; 734, sqq. Quand d'innombrables esprits créés ont les mêmes idées des choses, et entendent les mêmes vérités, c'est sans doute une seule et même lumière éternelle, qui est réfléchie en eux.

(2) Ib. I, 1, 8, p. 12 ; 18, p. 18 ; 27, p. 27 ; 39, p. 48.

Cudworth ne prétend pas toutefois ramener immédiatement à Dieu le mouvement des atomes; loin de là, il repousse la théorie bigote des théologiens, qui voudraient faire de tout phénomène dans le monde un miracle (1). Il veut prendre un terme moyen, analogue, sauf plus de circonspection, à celui de son ami More, qui voulait faire rentrer Dieu dans le monde. Vouloir que Dieu mît lui-même les atomes en mouvement, ce serait lui attribuer une action pleine de souci, de peine et d'incohérence. Le moyen terme, auquel Cudworth s'arrête, se rattache à la doctrine hylozoïstique, qu'il ne rejette pas plus que l'atomisme, tout en voulant la débarrasser de ce qu'elle peut avoir de favorable à l'athéisme. Il soutient avec les stoïciens que l'ensemble de la matière est animé, avec Straton que toute parcelle de matière même est animée, ou même il adhère au sentiment de Jean-Baptiste Van Helmont, suivant lequel la nature ne forme pas les choses du dehors comme l'art, mais par un progrès intérieur. Seulement Cudworth ne veut pas admettre, avec les athées hylozoïstes, que la vie intérieure de la nature soit indépendante de Dieu; au contraire la nature plastique est une force motrice, immanente aux choses, qui suit nécessairement la loi

(1) Ib. I, 3, 37, p. 146, sq.; 5, p. 680. Il y a en effet deux extrémités à éviter ici : la première de ceux qui dérivent toutes choses des mouvements fortuits d'une matière brute, c'est celle où tombent les athées atomistes; la seconde des bigots bornés, qui veulent que Dieu fasse lui-même toutes choses, αὐτουργεῖν ἅπαντα, immédiatement, comme si tout était miracle dans la nature.

de Dieu. Il serait indigne de Dieu d'ordonner lui-même jusqu'aux choses les plus infimes; la nature plastique remplit pour lui ce ministère. La formation lente et successive, exposée aux défauts et aux accidents, des choses naturelles, paraît une preuve particulière que Dieu, dont l'action achèverait tout d'un coup son ouvrage, ne produit pas directement les choses de l'univers (1). En admettant la force plastique, Cudworth espère échapper aux objections contre la providence divine, tirées du mal et des imperfections de l'univers, bien qu'il ne considère ses imperfections que comme une suite de ce que les créatures ne doivent pas être égales, et par conséquent doivent être imparfaites. Tout doit, du reste, conspirer dans l'univers, et les maux apparents eux-mêmes servent au bien et à la fin du tout (2). Son hypothèse de la nature plastique lui donne occasion d'approfondir plus encore le principe du mal; il voit en effet dans cette nature une force qui n'agit pas avec une pleine conscience, qui même agit en partie d'une manière purement végétative, en sorte que toutes ses productions ne peuvent être parfaitement régulières (3). De là, selon lui, la nécessité que Dieu intervienne parfois immédiatement dans l'univers, et répare les méprises de la nature plastique; seulement cette action divine relève d'un ordre extraor-

(1) Ib. I, 3, 37, p. 149, sq.

(2) Ib. I, 5, p. 875, sqq. Il nie dans ce passage que l'homme soit la fin de tout.

(3) Ib. I, 3, 37, p. 161.

dinaire et miraculeux, tandis que la nature plastique doit gouverner selon le décret divin tous les mouvements réguliers des choses de l'univers (1).

Quelque prudente que fût la critique exercée par les platoniciens anglais, on ne pouvait attendre qu'elle résistât à la force avec laquelle les progrès de la science de la nature s'étaient emparés des esprits. Cette critique cherchait plutôt, par des avertissements presque suppliants, à retenir l'invasion trop impétueuse des recherches naturelles, tout en reconnaissant l'ordre général de la nature, et en ne réservant que par exception le miracle d'une opération divine immédiate ; à côté de l'explication mécanique de la nature, elle plaçait l'interprétation chimique et théosophique comme pour les modérer l'une par l'autre. C'était une critique qui s'attachait moins aux principes qu'aux résultats ; un examen plus sévère de la méthode sensualiste ou de la méthode rationaliste n'était pas son affaire. Quant aux recherches qui donnaient la prise la plus facile et la plus forte sur le sensualisme aussi bien que sur les vues naturelles outrées, savoir les idées morales, Cudworth n'y touchait pour ainsi dire que subsidiairement (2). Mais la mo-

(1) Ib. I, 3, 37, p. 150. Il y a au-dessous de Dieu une nature plastique, instrument inférieur et subordonné, qui exécute laborieusement cette partie de sa providence, laquelle consiste à maintenir le mouvement ordinaire et régulier de la nature.

(2) Dans son récit intitulé : *Traité sur la moralité éternelle et immuable*, publié seulement après sa mort. Il a été traduit en allemand par Mosheim.

rale elle-même semblait montrer la prédominance des idées sensualistes et naturelles encore en progrès, s'il faut en croire l'accueil éclatant que reçut l'ouvrage de l'évêque de Peterborough, Richard Cumberland, sur les lois de la nature (1). Bien qu'il soit un adversaire de Hobbes et qu'il se serve de la méthode mathématique, il refuse d'admettre l'hypothèse des idées innées. Il avoue qu'il n'a pas le bonheur d'arriver par un chemin si court à la connaissance des lois de la nature. Il croit n'avoir découvert que par l'expérience (2) ce dont Grotius avait fait le principe de ses théories pratiques, savoir que notre nature, loin de nous vouer à l'égoïsme absolu, nous destine à la vie sociale ; et, développant cette idée, il tâche de montrer que notre bonheur dépend de notre union volontaire et bienveillante avec le tout, telle qu'elle convient à des parties qui ne peuvent trouver leur bien que dans leur rapport au bien général (3).

Ainsi un simple appel à des idées innées ne suffisait plus même sur le terrain de la pratique; comment avait-il pu suffire dans des vues générales sur les sciences? Joseph Glanville entreprit une revue de ce genre, et le résultat auquel il arrive est un doute tempéré. Il l'oppose principalement à la philosophie péripatéticienne de l'école, en faisant valoir les progrès des modernes,

(1) *De legibus naturæ disquisitio philosophica.* Authore Ricardo Cumberland. Lond. 1672, in-4°.

(2) *De leg. nat.* prol. 5.

(3) Ib., prol. 9 ; cap. 1, 4.

Bacon et Descartes, plus encore à cause des découvertes qu'ils devaient à la réunion de l'expérience et des mathématiques qu'à cause de leurs principes généraux. C'est sur ces principes que tombent ses doutes, et il les produit en les exagérant fortement et en embrassant la doctrine de l'Église sur l'obscurcissement de notre raison par le péché originel (1). La voie indiquée par Descartes, et qui consisterait à tout mettre en doute jusqu'à ce qu'on fût arrivé à une vérité inébranlable, serait une voie sûre ; mais elle demande un esprit libre de préjugés, tel qu'on n'en pourrait trouver que dans le monde idéal de Platon (2). Glanville incline à l'explication sensualiste de notre pensée ; mais l'opposition qu'il aperçoit, ainsi que les cartésiens, entre le corps et l'esprit, lui inspire des doutes sur la possibilité d'une union entre ces deux substances, et particulièrement sur la question de savoir s'il peut y avoir dans l'esprit une image de la nature des choses corporelles. Il ne peut découvrir de moyen par lequel les images produites dans notre cerveau, ou les mouvements produits dans notre corps par les objets extérieurs, puissent être rapportés à des choses extérieures, à des figures, à des distances, à tout ce que nous supposons hors de nous ; car rien de

(1) V. les extraits de la première édition de son écrit intitulé : *De la vanité du dogmatisme,* dans l'Introduction à la littérature de l'Europe, par Hallam, IV, p. 264, not.

(2) *Scepsis scientifica,* ou l'Ignorance reconnue, chemin de la science, par J. Glanville. Lond. 1665. Chap. 10, p. 55, sq.

tout cela n'a d'analogie avec ces images et ces mouvements (1). Glanvill attaque même, de son point de vue sensualiste, l'idée de la liaison causale, qui servait de base au dogmatisme de toutes les écoles. Bien que des phénomènes différents s'accompagnent constamment l'un l'autre, ce serait tirer une conclusion erronée que d'inférer de là que l'un est la cause, l'autre l'effet (2). Joignez à cela que tout se tient, que tout est mêlé ; il nous est donc impossible de démontrer nulle part la réalité d'une cause déterminée (3). On trouve ici d'avance tous les germes de l'idéalisme et des doutes élevés sur la possibilité de connaître la liaison causale, que nous verrons se développer plus

(1) Ib., 4, 1, p. 15, sq. Il n'y a pas la moindre analogie entre la longueur, la largeur, la profondeur, et une perception, un jugement et un raisonnement. Ib., 5, p. 22, sq. Que par suite de mouvements différents nous apercevions des figures, des distances, des grandeurs, des couleurs, choses qui ne ressemblent en rien à ces mouvements, c'est ce qu'il faut attribuer à quelque enchaînement secret. Quant à la nature de cet enchaînement, quant aux moyens par lesquels ces connaissances sont produites en nous, nous sommes là-dessus dans une profonde ignorance. — Ainsi, bien que nos âmes puissent percevoir les mouvements et les images elles-mêmes, par simple sentiment et sans aucun raisonnement implicite, il n'est pas possible de concevoir comment elles pourraient par ce moyen apercevoir leurs archétypes. — On ne peut pas supposer que la vibration des fibres du cerveau puisse représenter des distances.

(2) Ib., 23, p. 142. Toute connaissance des causes est déductive ; nous n'en connaissons aucune par simple intuition, mais seulement par les effets qu'elle produit. De sorte que nous ne pouvons conclure qu'une chose est la cause d'une autre, sinon de ce qu'elle l'accompagne constamment; car la causalité elle-même est inaccessible aux sens. Mais maintenant conclure de la concomitance à la causalité, ce n'est pas certes un raisonnement infaillible ; cela conduirait à de grossières erreurs.

(3) Ib., p. 143.

tard avec tant d'énergie au sein du sensualisme.

Quoique la force de ces doutes ait apparu dans la suite, Glanvill ne les manifestait qu'en vue de soutenir les idées empiriques, et ils n'étaient pas de nature à retarder les progrès et les découvertes nouvelles, qui provoquaient tant d'efforts dans la physique et dans les mathématiques. Au moment où Glanvill les exprimait, Newton avait déjà commencé sa carrière, les Anglais avaient vu s'élever en lui, dans l'espace de peu d'années, un rival triomphant de Descartes, et la simplicité de sa théorie de la gravitation supplanter la doctrine des tourbillons. Les principes mathématiques de la philosophie naturelle n'étaient pas ou étaient très-peu appuyés sur des recherches métaphysiques; cela laissait le champ libre aux doctrines métaphysiques des cartésiens, qui n'étaient pas étroitement liées avec leur physique, et en même temps était un titre pour la doctrine de Newton, du moins aux yeux de ceux qui redoutaient les explorations métaphysiques, et n'autorisaient en physique que des hypothèses confirmées par l'expérience. Il est généralement reconnu que Newton n'était pas grand métaphysicien. On chercherait vainement chez lui des principes généraux de recherche scientifique. Il était accoutumé au procédé hypothétique des théories naturelles mécaniques. Ses hypothèses sur l'inertie des corps, sur la gravitation universelle, qui, du reste, pouvait être aussi produite par une impulsion, sur la force centrifuge, sur les atomes et le milieu d'un rareté absolue où ils se meuvent, sur le sensorium de Dieu, sur l'ordre primordial et régulier auquel Dieu a soumis les choses, sur d'autres objets encore, étaient opposées par lui avec raison aux hypothèses de Descartes sur le monde et sa formation primitive du sein du chaos (1). Mais lorsqu'il déclarait que le but de la philosophie naturelle est de déduire par le raisonnement et sans hypothèses les effets des phénomènes, et de remonter ainsi jusqu'à la cause première, qui ne peut évidemment être considérée comme cause mécanique (2), il prouvait simplement qu'il ne s'était pas rendu un compte exact de son propre procédé. Sans amoindrir les services rendus par Newton aux mathématiques et à l'interprétation de la nature, on peut avouer qu'il ne se tirait pas d'affaires sans hypothèses, et qu'il se laissait guider, dans l'établissement de ces hypothèses, par les sciences qui lui étaient familières. Dénué de principes scientifiques généraux, il fait preuve d'une louable réserve en ne cédant pas à la tentation d'expliquer tout l'enchaînement du monde, quoique ses recherches lui eussent fait voir l'harmonie des mouvements qui s'accomplissent sur la terre et de cenx des corps célestes. Il était parti de l'examen de faits particuliers; il avait appliqué avec grand succès à ces faits les lois mathématiques; il était parvenu, grâce à une merveilleuse pénétration, à découvrir un enchaînement entre

(1) *Optique*, III, 31, p. 258, sq. Selon l'édition de ses œuvres, donnée par Horsley.

(2) Ib., quæst. 28, p. 237; quæst. 31, p. 263.

ces faits; il s'était élevé de là au pressentiment d'un enchaînement universel, sans toutefois perdre le sentiment de ce qu'offrent de défectueux les faits dont nous devons embrasser l'ensemble, et qui doivent conduire celui qui étudie la nature avec réflexion. Ce sentiment a pour effet de donner aux hypothèses, par lesquelles il pénètre d'avance au delà de ce qu'il voit, une extrême flexibilité. Il voudrait éviter les qualités spécifiques et occultes, parce qu'elles n'expliquent rien; il se trouve néanmoins obligé d'admettre dans la nature, et dans celle des plus petits corps en particulier, des causes occultes, tout comme il croit devoir nécessairement reconnaître une opposition entre les lois du mouvement dans le grand et celles du mouvement dans le petit (1). Cette flexibilité de ses postulats généraux pourrait bien avoir été pour beaucoup dans le succès de ses théories, car elle convenait parfaitement à une science qui fondait sur des expériences ses développements progressifs. Établir précipitamment des principes universels eût été plus propre à la compromettre qu'à l'avancer. Mais nous n'avons pas à examiner ici les services de Newton dans les sciences particulières; la seule chose, dont il s'agisse dans l'histoire de la philosophie, est de connaître et de signaler la nature de l'influence exercée, et la direction imprimée par l'autorité des idées de Newton dans les recherches scientifiques en général. Or nous voyons

(1) Ib., quæst. 31, p. 260 sq.

que ses principes ont servi à combattre les théories mécaniques des cartésiens, et qu'on a pu lui attribuer une interprétation dynamique, parce qu'il partait de l'idée de forces attractives et répulsives; mais nous voyons en même temps que son influence n'a fait que contribuer à répandre et à développer l'explication mécanique de la nature. Cette apparente contradiction peut provenir de l'emploi peu déterminé qu'il a fait de l'expression de force, lui laissant absolument sa signification mécanique. Il pouvait déclarer en ce sens, lui le fondateur de la théorie de la gravitation, qu'il n'admettait dans les corps qu'une seule force, la force interne d'inertie; toute autre force, et jusqu'à la gravitation, pourrait résulter d'une impulsion extérieure (1). Si l'on songe que la force d'inertie équivaut simplement à la négation d'une force, on ne peut méconnaître que de telles déclarations ne fussent très-propres à ramener vers les théories mécaniques. Telle était la flexibilité des hypothèses newtoniennes.

Toutes les doctrines des Anglais, que nous venons de mentionner, ne peuvent être considérées comme préambules de la philosophie, qui allait se développer chez eux dans un sens populaire. Une grande partie de ces doctrines étaient encore exposées en latin. A propos de Cudworth, le plus important des noms que

(1) *Phil.*, not. princ.; *Math.*, I, def. 3; 4; lex 1; III, reg. 3. Gravitatem corporibus essentialem esse minime affirmo. Per vim insitam intelligo solum vim inertiæ.

nous avons cités, on a remarqué que son style sentait encore l'érudit et était modelé sur le style latin; Locke est le premier qui donna à la langue philosophique des Anglais un coloris populaire.

CHAPITRE II

JOHN LOCKE.

Sa vie. — Intelligibilité de ses ouvrages et défauts de la méthode qu'il y suit. — Le bon sens, son point de vue spécial. — Locke fait peu de cas de la philosophie moderne. — Influence de la physique moderne sur son jugement. — Estime qu'il professe pour la méthode mathématique. — Vraisemblance et tendance pratique de sa doctrine. — Elle incline au scepticisme en physique. — Recherches sur les limites de nos connaissances. — Nos idées. — Polémique contre les idées et les principes innés. — Les principes généraux rabaissés. — Analyse de notre pensée. Les sens et la réflexion, sources de toutes nos idées. — Les sens considérés comme fondement de la réflexion. — Données simples des sens. — Représentations simples de la réflexion. — Nous sommes passifs dans la réception des représentations simples, et nous ne pouvons pas en rendre compte. — On démontre que ces représentations naissent des sens et de la réflexion. — Double manière d'entendre la réflexion. Comparaison des représentations. — Passivité de notre entendement. — Liberté dans la pensée, conçue par analogie avec la vie pratique. — Locke s'attache plus à la liaison des idées qu'à leur distinction. — La liberté dans la pensée : recherches sur la liberté en général. — Point de vue pratique dans l'appréciation de notre intelligence. La théorie de la méthode négligée. — L'idée de substance ; différentes espèces de substances. — Le corps et l'esprit. — Si la matière peut penser. — Classification. Nominalisme — Toute définition n'est qu'une explication verbale. — Les propriétés considérées comme pouvoirs de produire en nous des représentations. — Propriétés primordiales et dérivées. — Propriétés primordiales et du corps et de l'esprit. — Pente à la philosophie corpusculaire. — Connaissance des rapports. — Les mathématiques et la morale ne traitent que de choses de raison. — Connaissance intuitive de notre être. — Évidence sensible de l'existence du monde extérieur. — Demonstration de l'existence de Dieu. — Vraisemblance et foi. — Théorie du bonheur. — La famille. — L'éducation. — La politique. — Division des pouvoirs. — Séparation de l'Église et de l'État. — Simplification de la théorie de l'Eglise. — Le christianisme de la raison. — Revue.

John Locke était né le 29 août 1632, à Wrington, bourg voisin de Bristol. Son père, qui était jurisconsulte, et qui avait été capitaine dans l'armée du Parlement, lui fit donner une éducation soignée, et lui laissa une fortune médiocre. Locke étudia à Oxford, prit ses grades en philosophie, et s'appliqua ensuite à la médecine ; il ne l'exerça jamais, à ce qu'il paraît, que par occasion, parce que sa mauvaise santé l'empêcha de s'y livrer tout entier. Il entra à l'Université, mais avec la liberté que son titre de médecin lui donnait de s'établir ailleurs, jusqu'à ce que s'étant attiré, au milieu des divisions politiques de l'époque, l'animadversion du parti royaliste, il fut expulsé par lui. A Oxford, les disputes philosophiques et l'enseignement scolastique lui déplaisaient ; il était adversaire décidé de la logique et de la métaphysique régnantes. Il invoquait pour les combattre l'autorité du grand Bacon (1) ; mais nous ne voyons pas que la méthode de ce philosophe lui ait beaucoup servi, et, de son propre aveu, ce fut Descartes qui le premier le délivra de cette manière, usitée de son temps dans les écoles, de parler sur les sujets philosophiques sans s'entendre (2). Son goût le portait vers des connaissances générales, mais en même temps d'une utilité pratique. Chacune des sciences particulières, et il comptait aussi dans le nombre la métaphysique, lui semblait ne donner à la raison qu'une culture restreinte (3). Il voulait tirer les sciences des formes de

(1) *De la conduite de l'entendement*, 1. Je cite l'édition de ses œuvres de 1722, Londres, 3 vol. in-fol.

(2) *Lettre à l'évêque de Worcester*, p. 364.

(3) *De la cond. de l'ent.*, 3 ; 18.

l'enseignement scolaire, pour les rendre accessibles aux hommes d'État, aux hommes de goût, aux esprits cultivés (1). Il ne pouvait manquer, dans cette direction, de s'essayer aussi aux affaires. Toutefois son premier essai ne semble pas avoir eu de succès. Nous le trouvons attaché, en qualité de secrétaire, à une ambassade en Allemagne, et bientôt après il rentre au collége d'Oxford. Le hasard lui fit faire à Oxford, en 1666, la connaissance du premier comte de Shaftesbury; cette rencontre décida de sa vie. Cet homme d'État, spirituel, ambitieux et querelleur, l'attira dans son cercle politique, l'admit dans sa famille comme médecin et comme conseiller, l'employa à l'éducation de son fils et de son neveu, puis dans les affaires du pays, enfin lui fit confier des fonctions publiques. Ce fut dans les premières années de cette liaison que Locke esquissa pour Shaftesbury et quelques autres, à qui la Caroline, dans l'Amérique du Nord, avait été donnée en concession, un plan de constitution, conçu dans le sens des Latitudinaires et d'une tolérance religieuse illimitée. En 1670, il conçut celui de son grand ouvrage philosophique, l'*Essai sur l'entendement humain ;* mais les affaires publiques, des brochures politiques, des voyages pour le rétablissement de sa santé, l'empêchèrent longtemps d'exécuter son projet. Il était si étroitement attaché aux plans

(1) *Essai sur l'entendement humain*, préf. p. IX; I, 1, 6; II, 23, 12.

variables et aux destinées inconstantes de Shaftesbury, qu'il dut se résigner, en 1682, à partager son exil. Il vécut jusqu'à la révolution anglaise en Hollande, obligé toutefois pendant quelque temps de se cacher, car le gouvernement anglais avait demandé son extradition, sur le soupçon peu fondé qu'il était au nombre des conjurés, dont le zèle avait préparé l'entreprise du duc de Monmouth. Il entretint pendant la durée de son exil un commerce très-amical avec les savants de la Hollande ; il écrivit sa *Lettre sur la tolérance ;* il acheva son *Essai sur l'entendement humain*, qui parut peu de temps après son retour en Angleterre en 1689. Le parti, auquel ses convictions l'attachaient, était arrivé au pouvoir ; aussi les fonctions publiques ne pouvaient-elles pas lui manquer. Mais sa santé chancelante lui fit refuser les offres les plus considérables ; il se contenta d'emplois inférieurs, qui lui laissaient le loisir de se livrer à ses travaux d'écrivain. Il composa, pour soutenir les principes de la révolution anglaise, deux dissertations sur le gouvernement civil, et en faveur de la tolérance religieuse son ouvrage *Sur la conformité du Christianisme à la raison.* Il publia en outre plusieurs écrits polémiques pour se défendre contre les attaques, auxquelles ses opinions religieuses et sa doctrine sur l'entendement humain le mettaient en butte ; il perfectionna et développa son grand ouvrage dans une suite d'éditions rapides, publia des dissertations très-estimées sur diverses branches de l'économie publique, des *Interprétations des Épîtres de saint Paul*, et mit au jour ses *Idées sur l'éducation.* Nous voyons sa vieillesse fertile en œuvres, qui lui valurent la plus haute réputation parmi ses compatriotes, et lui méritèrent l'attention des étrangers et de la postérité. La faiblesse croissante de sa santé le fit renoncer dans ses dernières années aux affaires publiques ; il se retira à la campagne chez un ami ; il y vécut entouré des soins de son admiratrice, lady Masham, fille de Cudworth, tout occupé des pensées de la vanité terrestre et des religieuses espérances d'un meilleur avenir, jusqu'en l'année 1704, où il s'éteignit d'épuisement.

En passant de l'école cartésienne aux doctrines de Locke, on aperçoit au premier coup d'œil une grande différence dans la manière de traiter les questions philosophiques. Il règne dans l'école cartésienne, à côté de beaucoup d'hypothèses arbitraires, une tendance prononcée à suivre une méthode rigoureuse ; Locke s'est presque affranchi dans ses recherches de toute méthode. Ce qui l'y a conduit, c'est un effort pour être intelligible à tous les lecteurs cultivés. Cette préoccupation a modifié jusqu'à son style, qui se distingue par la clarté et par la vivacité, mais qui offre parfois une grande négligence et tombe au ton de la conversation habituelle. Il vante les pensées dont tout le monde peut faire son profit ; la marche habituelle de l'exposition savante le révolte. C'est aux hommes d'état sans science et aux artisans que l'État doit, selon lui, ses progrès ; nous pouvons nous passer des moyens artificiels de culture ; l'important, c'est l'exercice de la pensée ; les règles auxquelles on soumet cet exercice ont peu de valeur à ses yeux. L'emploi des mots, selon l'usage ordinaire, lui paraît moins propre à donner le change que le raffinement de la langue technique (1). Les débats de l'école, surtout les débats théologiques, l'avaient épouvanté ; une discussion, à laquelle il avait assisté et qui lui avait paru tenir à l'équivoque d'expressions techniques, fit naître en lui la première idée de son *Essai sur l'entendement humain*. Les erreurs de l'école lui paraissaient plus grandes que celles de la vie ordinaire ; celles-ci d'ailleurs sont moins fréquentes qu'on ne le croit généralement (2). Ses explorations ne sortent pas du cercle de ce que chacun peut comprendre, ou de la fiction du sens commun, fiction d'après laquelle l'homme qui ne pense que pour agir serait plus capable de discerner la vérité que l'entendement, aidé des ressources de la méthode et de la science. De ce point de vue du sens commun, Locke applique son jugement avec beaucoup de liberté. Il ne s'astreint pas à plus de rigueur dans l'exposition de ses idées. Il s'excuse lui-même de ce que ses procédés peuvent avoir de peu méthodique, de ses digressions, de ses répétitions ; ses explications trahissent, par l'embarras et la com-

(1) *Essai sur l'ent. hum.*, III, 10, 6, sqq. ; *De la cond. de l'ent.*, 4.
(2) *Essai sur l'ent. hum.*, IV, 20, 18.

plexité qu'on y remarque, l'incertitude de son point de vue. Le plan de son grand ouvrage n'était pas d'abord tracé d'une main bien ferme ; de son aveu même, c'est dans le cours seulement de ses recherches qu'il s'est vu amené à faire entrer dans son plan des parties très-considérables de son ouvrage (1). Les remarques de ses adversaires et de ses amis, entre autres de son disciple ardent Molineux, le décidèrent à y introduire des développements et des modifications nouvelles. Il est vrai, comme il lui arrive de le déclarer, qu'il n'abonde pas dans son sens, qu'il n'est pas infatué de ses opinions, et, si nous n'avions pas à demander au philosophe d'autre vertu que la modestie, il ne serait pas facile de lui refuser la couronne de la philosophie. Quand il est conduit à changer d'opinion sur un point d'importance, il l'avoue franchement, et il s'excuse de ne pouvoir pas sans difficulté poursuivre un longue série de recherches abstraites (2). Personne ne voit toutes les faces d'une chose, c'est pourquoi chacun doit écouter les autres (3). La pensée de la limitation de nos connaissances lui est constamment présente, elle est une supposition implicite de toutes ses recherches (4). Beaucoup de passages nous montrent son amabilité, tant vantée par les contemporains, son amour de la vérité, si sincère et si pur

(1) Ib. II, 33, 19 ; III, 9, 21.
(2) Ib. II, 21, 72.
(3) *De la cond. de l'ent.*, 3.
(4) *Essai sur l'ent. hum.*, I, 1, 4 ; IV, 3, 22.

de toute idée avantageuse de lui-même. Mais ces qualités ne peuvent nous faire oublier néanmoins que le point de vue auquel il s'était placé, libre de présomption personnelle, ne l'est pas de tout préjugé d'état. De même que dans son écrit sur l'éducation il ne s'occupe que de celle des classes privilégiées, de même il ne s'adresse dans son grand ouvrage qu'à ces classes-là, et le bon sens, dont il invoque le jugement, n'est pas plus l'entendement des savants que des ignorants, c'est celui des grands personnages de l'Angleterre, de ceux qui ont reçu une bonne éducation, et dont l'expérience de la vie a ensuite développé la culture. Nous n'avons pas besoin de déduire combien ce point de vue est étroit et incertain. Mais il recommandait Locke à ses nobles compatriotes, particulièrement à ceux qui appartenaient au même parti politique que lui, au parti des Whigs, dont il avait développé les principes avec autant de fermeté que de modération. Son parti n'a pas peu contribué à la diffusion de sa doctrine philosophique.

Locke ne dédaigne pas les résultats de la science; il faut bien qu'il s'en occupe par égard pour l'opinion publique qu'ils ont captivée; du reste il ne permet pas de pénétrer à fond dans les recherches de la science. Locke a amené la philosophie devant le tribunal de l'opinion superficiellement éclairée, il a rompu complétement avec l'ancienne école sans entrer dans les recherches savantes de la nouvelle. Attaché, comme il l'est, au sensualisme, il eût dû, ce semble, mettre à profit les travaux de ses devanciers, Bacon, Hobbes, Gassendi; il ne le fait tout au plus qu'en passant (1); il ne tient nul compte des progrès que la méthode inductive doit à Bacon; car, après avoir refusé au syllogisme toute portée, et émis l'opinion qu'il reste d'autres moyens d'investigation à découvrir, il convient que, quant à lui, il n'en connaît point (2). On aurait pu supposer qu'en commençant sa polémique contre les idées innées, il avait fait un examen approfondi de la doctrine de ses adversaires, et qu'à cet égard celle de Herberg eût dû particulièrement l'intéresser; or il fallut qu'on appelât son attention sur cette doctrine, et il en donna, comme simple accessoire, une critique assez légère (3). Il en est de même de ses observations contre la doctrine de Malebranche; seulement il en fait encore meilleur marché, et, dans son grand ouvrage, il ne la juge pas digne d'être combattue. La philosophie de Descartes, dont tout le monde parlait, exigeait, il est vrai, plus d'égards. Il en a admis certaines choses, combattu beaucoup d'autres; mais il ne l'a pas non plus étudiée à fond. Il partage entre autres sa haute estime pour la méthode mathématique et son goût pour la physique. Les progrès accomplis de son temps lui ont donné confiance en celle-ci. Il ne se

(1) Il mentionne Gassendi sur un point accessoire. *Deuxième réponse à l'évêque de Worcester*, p. 539. Il avoue qu'il a peu lu les écrits de Hobbes et de Spinosa. Ib., p. 563; 566.

(2) *Essai sur l'ent. hum.*, IV, 17, 4; 7.

(3) Ib. I, 3, 15, sqq.

hasarde pas à contredire l'autorité de Bacon, de Galilée, de Gassendi et de la philosophie corpusculaire, de Bayle, de Sydenham, de Huyghens, de Newton (1). Mais qu'on ne lui demande pas de s'être instruit à fond des nouvelles théories naturelles ; son opinion dépend ici de celle des autres. Il penchait d'abord vers les vues purement mécaniques des cartésiens, et admettait que tout mouvement résulte du choc ; il a renoncé à cette idée, et adopté la théorie de la gravitation de Newton ; il met cette théorie en parallèle avec le principe de toute morale révélé par le Sauveur : Aime ton prochain comme toi-même ; il est toutefois forcé d'avouer que nous ne comprenons pas plus la gravitation que le choc (2). A l'estime qu'il professe pour les sciences naturelles se rattache son admiration pour la méthode mathématique. Il trouve que l'entendement n'a pas de meilleure discipline que cette méthode ; elle doit être appliquée à tous les objets (3). Il revient à plusieurs reprises sur l'idée que la morale elle-même est susceptible de démonstration mathématique (4). Cette direction d'idées le conduit à recommander l'étude des choses abstraites et morales ; car pour les représentations sensibles, qui s'offrent d'elles-mêmes, elles ne peuvent nous manquer (5). Cependant il y a lieu de

(1) Ib., præf. p. IX ; *Deux. rép. à l'év. de Worc.*, p. 531.

(2) *De la cond. de l'ent.*, 42 ; *Deux. rép. à l'évêq. de Worc.*, p. 560.

(3) *De la cond. de l'ent.*, 6, p. 396 ; 7, p. 397.

(4) *Essai sur l'ent. hum.*, III, 11, 16 ; IV, 2, 9 ; 3, 19, sq.

(5) *De la cond. de l'ent.*, 9.

craindre que Locke n'ait eu qu'une idée très-défectueuse de la démonstration mathématique. En effet il explique en détail que toute connaissance des choses naturelles et corporelles repose sur celle des faits et sur l'histoire (1); il remarque ensuite que, malgré l'immense portée reconnue à la démonstration mathématique, nous sommes obligés la plupart du temps de nous contenter de la vraisemblance, car cette dernière est conforme à l'état d'épreuve et de médiocrité, dans lequel nous nous trouvons ici-bas (2). L'enchaînement des propositions mathématiques ne peut-il rien donner de plus? Locke croit que non. Car plus s'étend la série des démonstrations, plus la certitude va, selon lui, s'affaiblissant (3). Il serait difficile d'exprimer en termes plus frappants la très-petite opinion qu'il avait de la certitude obtenue par les procédés scientifiques.

Si Locke se contente de vraisemblances et de connaissances limitées, cela s'accorde avec ses tendances toutes pratiques et les vues religieuses qui s'y rattachent. Nous devons rendre grâces à Dieu de cette parcelle et de ce faible degré d'intelligence, qui nous distingue des autres réalités terrestres. Elle nous suffit pour vivre vertueux ici-bas, et pour nous ouvrir les voies d'une vie meilleure. Nous ne devons pas tout connaître ici-bas, mais seulement ce que réclament

(1) Ib., 13; *Essai sur l'ent. hum.*, IV, 7, 9.
(2) *Essai sur l'ent. hum.*, I, 1, 5; IV, 14, 2.
(3) Ib. IV, 2, 6.

les nécessités de la vie (1). Or la vraisemblance y suffit; elle répond à la demi-lumière, dans laquelle nous vivons (2). Du reste, Locke ne peut rien dire quant à la vraisemblance, sinon qu'elle est semblable à la vérité (3); comment peut-on apercevoir cette ressemblance, si l'on ne connaît pas la vérité, c'est un point sur lequel il ne s'explique pas. Il est naturel de penser que sa direction pratique le conduit à sonder les principes de notre vie morale, et en effet, après l'avoir entendu déclarer que la morale pourrait se démontrer mathématiquement, ses amis en avaient pris occasion de l'engager à entreprendre ce grand ouvrage. Mais, tout en prétendant y avoir longtemps médité et travaillé, il finit par s'excuser sur son âge et sur sa mauvaise santé, et par exprimer l'opinion que nous n'avons pas besoin d'une morale scientifique, puisque nous avons l'Evangile (4). Grâce à cette étroite liaison de ses vues pratiques et de ses idées religieuses, il pouvait se flatter d'avoir assez fait en démontrant par l'étude de l'entendement la nécessité de la foi, en dégageant la foi de la superstition et de l'intolérance, en fixant les limites des lois civiles et des lois religieuses. Généralement on n'a pas pris assez garde, que c'est là en effet le but principal de ses recherches, et qu'en somme son *Essai sur l'entendement humain* n'a pas

(1) Ib. I, 1, 5, sq.
(2) Ib. IV, 14, 1, sq.
(3) Ib. IV, 15, 3.
(4) *Lettres famil.*, p. 545, sq.

d'autre objet. Quoique ces recherches ne présentent pas du tout dans leur ensemble un système de morale, on ne peut pas néanmoins les négliger dans l'appréciation de ses idées philosophiques.

Il a fait bien moins encore pour la physique que pour la morale. Bien qu'il prétendît dans la recherche de la vérité s'attacher aux choses (1), il n'hésite pas à considérer la nature des choses comme indépendante des représentations que nous en avons. Tout en repoussant l'imputation de scepticisme, il se montre en physique rempli de doutes. Il incline vers la philosophie corpusculaire, mais déclare pourtant les atomes une pure hypothèse. Son opinion est que nous ne possédons pas, et que vraisemblablement nous ne posséderons jamais de philosophie naturelle comme science spéculative, parce que les ouvrages de la nature témoignent d'une sagesse qui surpasse de trop loin notre entendement (2). Nous ne pouvons rien savoir de certain ni sur le corps ni sur l'esprit (3).

Il divise, selon l'ancienne manière, la science en trois parties, la physique, l'éthique et la logique; mais tout ce qu'il a traité en détail et en l'approfondissant le plus possible se rapporte à la logique. Cette partie de la philosophie a pour objet nos représentations, ainsi que les voies et moyens par lesquels on arrive

(1) *Essai sur l'ent. hum.*, I, 4, 23.
(2) Ib. IV, 3, 16; *Quelques idées sur l'éducation*, 190; 193.
(3) *Essai sur l'entend. hum.*, IV, 3, 26, sq.

à la connaissance (1), et c'est précisément de quoi traite son *Essai sur l'entendement humain*.

Il prend pour point de départ l'idée qu'il faut avant tout examiner notre faculté de connaître. Il suppose, sans examiner davantage cette hypothèse, que nous ne possédons qu'une intelligence bornée, non-seulement dans notre état présent, mais d'une manière absolue, et il entreprend de déterminer les limites de notre entendement (2). Le moyen d'y parvenir n'est pas d'examiner notre esprit pensant, mais simplement de rechercher l'histoire des idées qui sont en nous, de leur origine et de leur formation (3). La portée d'une recherche historique peut-elle aller jusqu'à juger de notre intelligence d'après nos connaissances actuelles? Locke ne s'occupe pas de cette question. Son empirisme a d'avance décidé que nous ne pouvons connaître une force que par ses opérations; en conséquence il veut examiner avant tout les opérations de notre esprit comme phénomènes de conscience (4). Il n'est pas arrêté non plus par l'idée qu'à le bien prendre il est réduit à l'examen de son propre entendement et des développements qu'il a reçus; car il est con-

(1) Ib. IV, 21.

(2) Ib., præf. p. 7; I, 1, 2, sqq.; 7. J'ai pensé que le premier pas à faire pour mener à bonne fin plusieurs recherches auxquelles l'esprit de l'homme est très-porté à se livrer, était de procéder à une revue de notre propre entendement, d'examiner nos propres facultés, et de voir à quelles choses elles étaient propres.

(3) Ib. I, 2, 2.

(4) Ib., præf. p. 11.

vaincu que l'entendement des autres hommes a la même constitution que le sien (1).

Quant à l'origine de nos connaissances, il est question d'abord de nos idées. Or par idée Locke entend tout ce à quoi l'homme pense; ce nom convient à toute représentation, à toute image de la fantaisie, à tout concept; il n'implique donc pas une distinction des éléments, dont notre pensée se compose (2). Le point essentiel dans toutes ces recherches est de connaître d'où viennent les idées premières, dont nous composons ensuite nos pensées dans nos recherches scientifiques (3).

Pour répondre à cette question, Locke croit devoir avant tout écarter le préjugé des idées et des principes innés; il sera ainsi dispensé d'en rechercher l'origine. Il combat ici les rationalistes, et particulièrement l'école cartésienne. La manière dont il pose la question montre la confusion où elle se trouvait encore, et dont Locke n'est pas parvenu à la tirer. Il semblerait qu'il s'agît de savoir si nous avons des connaissances dès notre naissance, ou bien si toutes nos connaissances ne se pro-

(1) *Rép. à l'évêq. de Worcester*, p. 407. Tout ce que je puis dire de mon ouvrage, c'est qu'il est une copie de mon propre esprit dans ses différents modes d'opérations. Et tout ce que je puis pour en justifier la publication, c'est que je pense que les facultés intellectuelles sont faites et opèrent de la même manière dans la plupart des hommes.

(2) Ib. I, 1, 8. Le mot idée ne sert qu'à désigner toute chose quelconque qui est l'objet de l'entendement, quand on pense. Je m'en suis servi pour exprimer tout ce qu'on entend par imagination, notion, concept. — Notre première recherche sera donc d'examiner comment les idées entrent dans l'esprit.

(3) Ib. II, 21, 73.

duisent en nous qu'avec le temps. Or on avait bien rarement, sinon jamais, soutenu dans un sens aussi grossier la théorie des idées innées ; et Locke lui-même est obligé de combattre en passant des conceptions moins ineptes. Locke ayant affaire surtout aux cartésiens, il était à même certainement de se faire une tout autre idée du point en litige. Les cartésiens avaient invoqué, pour soutenir les idées innées, l'aperception de vérités universelles, qui remplissent notre raison d'une évidence irrésistible, dès que nous les découvrons en nous. Locke trouvait aussi dans les connaissances intuitives le plus haut degré de certitude ; il ne niait pas non plus qu'elles ne s'étendissent aux principes universels, qui reçoivent notre consentement, dès que notre raison les conçoit (1). Le débat, qui divisait les deux parties, roulait donc sur l'origine de ces aperceptions ; les cartésiens pensaient que nous pouvons les découvrir dans l'essence de notre raison ou dans l'intelligence qui nous est innée ; Locke se croit obligé d'admettre, qu'elles sont nécessairement introduites en nous par des impressions extérieures ; car il considère notre âme comme un papier sur lequel il n'y a rien d'écrit, et par conséquent notre entende-

(1) Ib. IV, 17, 14. Connaissance intuitive, dont la certitude exclut toute espèce de doute, et qui ne réclame ni ne comporte de preuve, attendu qu'elle offre le plus haut degré de certitude humaine. C'est en quoi consiste l'évidence de toutes ces maximes, que personne ne met en doute, et auxquelles chacun ne donne pas seulement, comme on dit, son assentiment, mais qu'il reconnaît pour vraies, dès qu'elles sont proposées à son entendement.

ment ne peut rien découvrir en lui-même par une force innée.

Mais s'il eût posé la question en ces termes, il ne lui eût pas été facile de contredire ses adversaires. Car il admet en nous bien des choses innées. Il regarde la raison comme une semence, déposée en nous par la nature et qui n'a besoin pour se développer que d'exercice (1). De la raison relève le raisonnement, auquel il donne ordinairement le nom de raison dans le sens étroit (2). Locke parle aussi d'inclinations et d'instincts de sociabilité innés, d'un désir de bonheur inné, d'une faculté de parler que nous tenons de la nature; notre conscience est aussi pour lui quelque chose d'inné, et, parmi les idées de notre entendement, il trouve une association naturelle, qui ne permet pas de les séparer, et que la sagesse de Dieu doit avoir établie entre elles. A propos de toutes ces dispositions naturelles, il fait observer seulement, qu'après tout elles ne sont pas des connaissances (3), comme si la question n'était pas plutôt de savoir si l'on en peut tirer des connaissances. Après avoir posé la question, il se contente d'examiner s'il y a des principes qui soient universellement reconnus, non pas d'une manière implicite dans l'exercice de la pensée, mais d'une manière expresse sous forme de propositions (4).

(1) *De la cond. de l'ent.*, 6, p. 396.
(2) *Essai sur l'ent. hum.*, I, 2, 7, sqq.; IV, 17, 1, sq.
(3) Ib. I, 3, 3; 5; III, 1, 1; IV, 3, 29.
(4) Ib. I, 2, 2.

Il lui était facile de démontrer qu'il n'y a pas de principes de cette espèce. D'après Locke tout principe inné devrait être universellement reconnu dans une formule expresse, même chez les enfants et les ignorants; or c'est un avantage que ne possède aucun principe spéculatif ni aucun principe pratique (1).

Locke ne peut pas se dissimuler qu'il livre ici contre ses adversaires un combat en l'air. On le voit par les raisons nouvelles qu'il appelle à son aide, en accordant à ses adversaires qu'il existe bien dans un certain sens des vérités universellement reconnues. Tout ce qu'il peut montrer, c'est que des vérités de ce genre n'ont pas besoin d'être innées (2). On peut compter comme universellement reconnues les vérités, admises en qualité de principes sans avoir besoin d'aucune preuve, les vérités qu'il faut accorder dès qu'on les entend (3). Il y a des idées qui s'offrent très-facilement à notre esprit; elles sont mises en forme de propositions et sont dès lors universellement reconnues (4). Ces propositions sont regardées généralement comme des vérités innées. Locke s'efforce de

(1) Ib. I, 2, 5. Car, d'abord, il est évident que tous les enfants et tous les idiots n'en ont pas la moindre notion ou idée; et cela seul suffit pour détruire ce consentement universel, qui devrait nécessairement accompagner toute vérité innée. Ib. 24. Si elles sont innées, elles ont nécessairement l'assentiment universel. Car il m'est aussi difficile de comprendre qu'une vérité pût être innée sans emporter cet assentiment, que de concevoir qu'un homme connaisse une vérité et l'ignore en même temps. Ib., 3, 1, sq.

(2) Ib. I, 1, 3.

(3) Ib. I, 2, 10; 3, 4.

(4) Ib. I, 4, 22.

rabaisser la valeur de ces principes. Il n'est pas facile d'élever à l'évidence des propositions pratiques de cette espèce; quant aux propositions spéculatives, elles n'ont pas grande utilité (1). C'est à ce genre qu'appartiennent le principe de contradiction et le principe d'identité; or, s'il était démontré qu'ils ne sont pas universels, aucun principe spéculatif ne pourrait, selon Locke, prétendre posséder ce caractère (2). Ces principes lui paraissaient, comme toute la vieille logique, de peu de portée; ce n'est pas d'eux que dépend la connaissance des vérités particulières, qui seule nous importe; il est disposé à ranger une grande partie de ces théories logiques au nombre des propositions identiques, qu'il appelle jeux de logique (*trifling propositions*) (3). Locke ne peut, il est vrai, nier aussi facilement l'importance de plusieurs autres principes universels, et, dans ce nombre, des axiomes des mathématiques, des principes de la physique et de la morale. Il lui suffit d'en atténuer la valeur par cette observation, dirigée contre tous les principes universels, qu'après tout ils ne nous montrent que le possible, tandis que toute connaissance du réel vient des sens (4). On peut dire que c'est la première fois qu'il touche au fond du débat et de ses propres convictions. La question de l'origine des principes universels serait, selon lui,

(1) Ib. I, 4, 21.
(2) Ib. I, 2, 28.
(3) Ib. IV, 7, 10; 8, 1, sq.; *Sur la cond. de l'ent.*, 40.
(4) *Essai sur l'ent. hum.*, IV, 7, 14.

facile à résoudre, si l'on voulait entrer dans une analyse de nos pensées. Il rappelle, à l'exemple des cartésiens, que vérité et fausseté sont des qualités qui ne conviennent qu'aux jugements, que les idées ne peuvent être nommées vraies ou fausses que par métaphore. Or des principes sont des jugements, et, par conséquent, sont comme ceux-ci, composés d'idées ; la question de l'existence des principes innés revient donc à celle de savoir s'il y a des idées innées (1). L'expérience lui paraît démontrer que nous n'apportons au monde en naissant aucune idée, que nous les acquérons toutes par l'expérience et l'observation. Avant tout on pourrait admettre que l'idée de Dieu nous est innée ; mais l'expérience montre que tous les hommes ne la possèdent pas, et ainsi on serait bien moins fondé encore à soutenir de toute autre idée qu'elle est en nous dès notre naissance (2). Mais ce sont les concepts généraux, qui sont liés ensemble dans les principes des sciences, qu'on peut le moins admettre comme étant une possession primordiale de l'âme ; car la connaissance s'élève nécessairement du particulier au général (3).

(1) I, 4, 1. Si ceux qui voudraient nous persuader qu'il y a des principes innés, au lieu de prendre ces propositions en gros, avaient considéré séparément les parties dont elles se composent, peut-être n'auraient-ils pas été si prompts à les croire innées. En effet, si les idées, dont ces vérités se composent, n'étaient pas innées, il n'était pas possible que les propositions, dont elles sont les éléments, fussent innées, ou que la connaissance que nous en avons fût née avec nous.

(2) Ib. I, 4, 2 ; 7, sqq. ; 7.

(3) Ib. I, 2, 19, sqq. ; 4, 2 ; II, 1, 23 ; IV, 6, 7 ; 16 ; 7, 9.

Il est superflu d'exposer longuement combien la discussion de Locke contre les idées et les principes innés est loin d'aboutir à un résultat décisif. Toute la question est de savoir si Locke est en mesure d'établir, comme il l'affirme, que les idées, dont nos jugements se composent, procèdent de l'expérience, et se forment sans le concours de principes universels (1). L'exactitude de l'analyse de notre pensée, qu'il a entreprise, peut seule être considérée comme le véritable principe et comme la preuve de l'exactitude de sa théorie de la connaissance.

Son point de départ est l'observation très-juste que, pour réfléchir sur des idées, il faut en avoir. De là, la question de savoir comment nous arrivons à en posséder (2). Il répond par l'expérience. L'expérience a pour base l'observation dirigée ou bien sur les objets sensibles hors de nous, ou bien sur nous-mêmes. Dans le premier cas nous recevons la matière de nos pensées par les sens externes, dans le second par le sens intime, qu'on appelle aussi réflexion. Il nomme ces deux espèces de sens les seules fenêtres, par lesquelles les idées nous arrivent (3). Elles répondent la pre-

(1) Ib. IV, 7, 6; 9.
(2) Ib. II, 1, 1.
(3) Ib. II, 1, 2. D'où l'esprit tient-il tous les matériaux de ses connaissances? A cela je réponds par un seul mot, de l'expérience. L'observation appliquée soit aux objets extérieurs sensibles, soit aux opérations internes de notre esprit, que nous percevons et sur lesquelles nous réfléchissons, voilà ce qui fournit à notre entendement tous les matériaux de ses pensées. Ib., 3, sq.; 11, 17.

mière au monde corporel, la seconde à notre esprit, c'est-à-dire, aux deux sortes d'être, que Locke distingue, à l'exemple des cartésiens. Il commence la recherche de l'origine de nos idées par considérer les sens externes, attendu que la réflexion doit en dépendre; il est nécessaire en effet que nous ayons reçu des idées par les sens, avant de pouvoir réfléchir sur ces idées, telles qu'elles sont dans notre âme, et sur les opérations de notre âme, lorsqu'elle les élabore. D'où il suit aussi que nous ne pourrions avoir une idée d'une chose, dont nous n'aurions pas reçu une sensation, et que la sensation est le canal de toutes nos pensées (2).

En étudiant les sens externes, Locke n'a pas pour but d'examiner les questions relatives à l'origine de la sensation, questions qui avaient occupé particulièrement et d'une manière si vive l'école cartésienne. Il ne doute pas que des objets extérieurs n'excitent en nous les sensations; car nous sommes passifs, quand nous les éprouvons, il n'est pas en notre pouvoir de les éprouver ou de ne pas les éprouver; il soutient, comme Geulincx, que, si l'âme y était active, elle le saurait (3). Il n'admet donc pas non plus une réaction de l'âme contre l'impression sensible; il admet bien

(1) Ib. II, 1, 8; 24.

(2) Ib. II, 2, 2; 9, 1; 15. La perception est la première opération de toutes nos facultés intellectuelles, et l'ouverture par où toute connaissance entre dans notre esprit.

(3) Ib. II, 1, 25; 12, 1; 21, 72; 22, 2.

moins encore que ce soit l'attention, qui, appliquée à la conception du stimulus, nous donne par son activité conscience de la sensation; il ne regarde l'attention que comme une opération ultérieure de la réflexion sur les idées qui sont en nous (1). Il incline, il est vrai, à considérer la sensation comme un mouvement, qui s'est propagé des organes de nos sens à celui de notre âme (2), et il serait tenté de se rattacher par cette explication physique à l'hypothèse de la philosophie corpusculaire; mais il convient aussi des difficultés, que soulève la théorie de l'union de l'âme et du corps; nous ne saurions comprendre comment un mouvement dans le corps peut produire une sensation et une représentation dans l'âme (3); il s'en tient donc à l'expérience, qui dépose de notre passivité quand nous recevons des représentations par la sensation.

Il est obligé ensuite, dans son analyse de notre intelligence, de procéder à la recherche des sensations ou représentations simples. Il les considère comme les limites que notre intelligence ne saurait franchir (4). Il voit en elles, à l'instar des théories cartésiennes, les idées claires et distinctes, ou les idées adéquates, qui ne peuvent nous tromper (5). Il combat faiblement l'école cartésienne, qui avait affirmé la confusion de toutes

(1) Ib. II, 19, 3.

(2) Ib. II, 9, 1; 3.

(3) Ib. II, 8, 12; IV, 3, 13; *Examen des opinions du P. Malebranche*, p. 430, sqq.

(4) *Essai sur l'ent. hum.*, II, 23, 29.

(5) Ib. II, 31, 2; 7; 12; 32, 14.

les impressions sensibles, et il la combat en déclarant qu'il faut faire complétement abstraction de ce que les représentations signifient hors de nous. Nous pourrions concevoir que Dieu eût attaché aux mouvements de corps très-composés des représentations, qui n'auraient avec ces mouvements aucune ressemblance; elles seraient donc d'une nature très-composée sous le rapport de leur signification objective; mais elles ne cesseraient pas pour cela d'être des représentations simples (1). Nous ne devons pas dans notre connaissance sortir de nos idées, seules choses dont nous pouvons apprécier la convenance ou la disconvenance (2). On serait disposé peut-être à se contenter de cette manière toute subjective de considérer nos représentations simples, si Locke ne cherchait pas lui-même à leur donner une valeur objective. Il n'accorde pas qu'elles soient de pures imaginations. Elles doivent répondre par leur nature objective à des choses hors de nous (3). C'est pour cela qu'elles peuvent être re-

(1) Ib., 8, 7. Pour mieux découvrir la nature de nos idées, il importe de les distinguer en tant qu'idées ou perceptions dans notre esprit, et en tant que modifications de la matière dans les corps qui causent en nous ces perceptions. De cette manière nous n'irons pas nous imaginer, comme cela arrive presque généralement, qu'elles sont les images exactes et ressemblantes de quelque chose d'inhérent au sujet; car la plupart des sensations qui sont dans l'esprit n'ont pas plus d'analogie avec quelque chose d'existant hors de nous, que les noms, par lesquels nous désignons nos idées, n'ont d'analogie avec elles. Ib. 15.

(2) Ib. IV, 1, 1, sq.

(3) Ib. IV, 4, 1, sqq. Peu importe ce que peuvent être les imaginations des hommes; c'est la connaissance des choses qui seule a du prix. Il est évident que l'esprit ne connaît pas les choses immédiatement, mais seulement par l'entremise des idées qu'il en a. Par consé-

gardées comme des représentations adéquates. Locke veut par conséquent que les sensations simples répondent exactement aux forces, dont les choses nous font éprouver l'effet. Nous devons seulement nous garder de croire que ces sensations représentent des propriétés des choses elles-mêmes ; elles indiquent simplement les choses comme causes de ce que nous sentons, ce que les choses ne seraient pas, si notre âme, douée de sensibilité et d'organes du sentiment, n'existait pas (1). On pourrait penser maintenant que les idées ne pourraient être simples, si elles ne représentaient des objets simples. Mais Locke ne s'arrête pas davantage sur ce point, et cela laisse incontestablement du louche dans la manière dont il conçoit les représentations simples.

Il y a plus : tout ce que Locke nous dit des idées simples n'est propre qu'à augmenter nos doutes sur leur simplicité. Bacon avait voulu partir dans son induction de perceptions immédiates ; ces perceptions immédiates du chaud, du froid, du blanc, du noir, sont aussi les idées simples de Locke ; mais Bacon avait encore distingué des perceptions les sensations beaucoup plus délicates, qui se mêlent dans ces représentations sensibles. Locke accorde, il est vrai, que plu-

quent notre connaissance n'est réelle qu'autant qu'il y a conformité entre nos idées et la réalité des choses.

(1) Ib. II, 30, 2; 31, 2. Il n'y aurait pas plus de lumière ou de chaleur qu'il n'y aurait de peine dans le monde, s'il n'existait pas de créature sensible pour sentir ces choses. Ib. II, 31, 7 ; 32, 14; IV, 4, 4.

sieurs impressions sensibles peuvent nous assaillir en même temps ; mais il soutient qu'elles ne sauraient se mêler, et que les différentes sortes d'impressions restent toujours séparées (1). C'est pourquoi, dans ses recherches, il regarde exclusivement aux différents caractères de nos perceptions sensibles, sans s'occuper de leurs parties constituantes et de leurs divers degrés; autrement il n'aurait pu lui échapper que les idées, par lui considérées comme simples, ne désignent que certains genres abstraits de perceptions, qui enveloppent une grande diversité et ne peuvent par conséquent être considérées comme simples. Il range parmi elles, par exemple, l'étendue et la durée, quoiqu'il soit forcé d'avouer qu'elles ne peuvent ni l'une ni l'autre être conçues sans parties ou sans composition. Si, comme il le remarque, les idées simples se distinguent uniquement des idées composées en ce que celles-ci enveloppent des choses hétérogènes, tandis que celles-là ne contiennent que des choses homogènes (2), il prend donc, de son aveu, certaines espèces de perceptions confondues dans notre représentation pour principe de toutes nos connaissances.

(1) Ib. II, 2, 1. Il n'y a rien de plus clair pour l'homme que la perception qu'il a de ces idées simples, sans composition, dont chacune ne renferme en elle-même qu'un phénomène ou une conception uniforme, et ne peut être analysée en différentes idées.

(2) Ib. II, 15, 9, c. not. La composition, que M. Locke avait l'intention d'exclure de la définition de l'idée simple, était une composition de différentes idées dans l'esprit, et non une composition de même espèce dans une chose, dont l'essence consiste à avoir des parties homogènes.

Ainsi, dans les idées simples qui nous viennent par les sens externes, l'analyse des matériaux dont nos connaissances sont tirées ne conduit pas du tout à des éléments simples ; il en est de même des idées simples qui procèdent de la réflexion. Locke cite comme telles le sentiment, la pensée, la volonté, et distingue de ces espèces très-générales des modes particuliers de la pensée et de la volonté, comme le souvenir, la comparaison, la croyance, etc. (1). Il est à peine nécessaire de faire observer que ce sont encore ici des genres abstraits, dont les différences pourraient d'ailleurs être révoquées en doute, qu'il met à la place des perceptions simples.

Il est fâcheux que les explications de Locke sur les idées simples soient si défectueuses, d'autant plus qu'il déclare inutile tout effort pour dépasser les limites de ces idées, qui sont le fond de notre intelligence. L'entendement ne peut en inventer aucune, en éluder ou bien en anéantir une seule. Ses relations avec elles sont les mêmes que celles de notre activité pratique avec la matière; il peut élaborer les matériaux qui lui sont donnés, il n'y peut rien ajouter, il n'en peut rien retrancher (2). Les phénomènes se présentent à notre conscience indépendamment de notre volonté, nous les receovns passivement; toutes les représentations simples, que nous recevons, doivent donc être considérées comme

(1) Ib. II, 1, 4; 6, 1, sq.
(2) Ib. II, 2, 2.

un état purement passif de notre âme, et leur existence est du reste inexplicable (1). Locke proteste particulièrement contre les définitions des représentations simples, absolument comme Geulincx, parmi les cartésiens, déclare impossible et inutile la définition des aperceptions simples. L'expérience, les sens ou la réflexion, voilà les sources de toutes nos connaissances; vouloir les définir, ce serait vouloir faire comprendre les couleurs à un aveugle (2).

Locke cherche à montrer, en soumettant une série d'idées à l'examen, que tous les matériaux que notre intelligence élabore nous sont fournis sans exception par les sens externes et par la réflexion. La démonstration ne peut pas être complète, il le reconnaît lui-même; car les idées simples sont innombrables, et la plupart du temps même elles n'ont pas de nom. Il est donc réduit à citer seulement les idées simples, qui lui paraissent avoir pour ses recherches une importance particulière (3). Il n'est pas guidé dans son choix par un principe général. Il s'exprime très-brièvement sur la plupart de ces idées, en se contentant de faire voir qu'une partie d'entre elles procèdent d'un seul sens externe, une autre de plusieurs sens,

(1) Ib. II, 1, 7; 9, 1, sq.; 12, 1; 22, 2.

(2) Ib. II, 4, 6. Les idées simples que nous possédons sont telles que l'expérience nous les donne; si nous voulions encore essayer de les rendre plus claires dans notre esprit par des paroles, nous ne réussirions pas mieux que si nous prétendions faire luire la lumière à l'esprit d'un homme aveugle en lui parlant et en raisonnant avec lui sur les idées de lumière et de couleurs.

(3) Ib. II, 3, 2.

d'autres encore soit de la réflexion seule, soit du sens externe et de la réflexion combinés (1). Comment des idées simples peuvent-elles provenir des impressions de plusieurs sens? c'est une question qui valait la peine d'être agitée; mais Locke néglige cette question si grave pour sa théorie, et passe outre.

La plus grande difficulté, que présente la théorie de Locke sur notre intelligence, consiste dans l'idée qu'il se fait de la réflexion. Ses explications à cet égard ont évidemment deux sens. Quand il considère la réflexion comme sens intime, il n'y voit que la faculté passive dans notre âme de recevoir des représentations (2). De là cette conclusion que toutes nos connaissances reposent sur la réception passive d'impressions, qui nous viennent soit du dehors, soit du dedans. Locke parle bien, il est vrai, d'une opération de l'esprit, mais ses idées et son langage sont si confus sur ce point, qu'il déclare entendre, selon l'acception vulgaire, par opérations de l'esprit, des passions aussi bien que des actions (3); et nos connaissances sont donc, sans restriction aucune, tout ce qui est accompli nécessairement et sans notre volonté, comme la perception. Il n'excepte pas même de cette fatalité les connaissances, qui exigent une comparaison étendue.

(1) Ib. II, 3, 1.

(2) Ib. II, 1, 24. La première faculté de l'esprit humain, c'est d'être propre à recevoir les impressions que font sur lui ou bien les objets extérieurs par le moyen des sens, ou bien ses propres opérations, quand il y applique sa réflexion.

(3) Ib. II, 2, 4; 21, 72.

Il ne nous refuse pas la liberté d'interrompre notre pensée ; mais il n'en demeure pas moins établi que toute pensée, toute comparaison est un pur phénomène, qui s'accomplit dans notre esprit (1). L'entendement n'est donc aussi qu'une sorte de perception ou de réflexion (2). Quand nous réfléchissons sur plusieurs représentations, que nous percevons leur convenance ou leur disconvenance, il n'y a là rien de plus qu'une impression involontaire, reçue par l'esprit sans aucune coopération de sa part (3). La connaissance de l'accord, de la différence et des rapports des notions entre elles repose uniquement sur l'aperception interne des idées qui nous sont données (4). Celles-ci sont introduites en nous par l'effet d'une fonction naturelle ; elles restent empreintes dans la mémoire, et sont ensuite comparées les unes avec les autres ; si notre volonté n'y a pas de part, tout cela ne dépend pas de l'activité de l'esprit ; notre enten-

(1) Ib. IV, 20, 16. De même que la connaissance n'est pas plus arbitraire que la perception, ainsi le consentement ne dépend pas plus, selon moi, de notre volonté que la connaissance. Quand la convenance de deux idées quelconques apparaît à notre esprit, soit immédiatement, soit par l'aide du raisonnement, je ne puis pas plus me refuser à la percevoir ou éviter de la connaître, que je ne puis m'empêcher de voir cet objet, quand je tourne mes yeux sur lui.

(2) Ib. II, 21, 5. La faculté de percevoir est ce que nous appelons l'entendement.

(3) Ib. IV, 1, 2. Quand nous savons que blanc n'est pas noir, que nous faut-il pour cela, sinon percevoir la disconvenance de ces deux idées ? Quand nous possédons la plus entière certitude de la démonstration que les trois angles d'un triangle sont égaux à deux droits, faisons-nous autre chose que percevoir, que la qualité d'être égaux à deux droits convient nécessairement aux trois angles d'un triangle, et en est inséparable ?

(4) Ib. IV, 2, 1.

dement reste dans cette opération complétement passif (1). Ces vues concordent à coup sûr le mieux du monde avec la discussion, que Locke élève contre les idées innées ; car elles ôtent tout moyen de soutenir qu'il y ait en nous une loi primordiale, de laquelle dépendent l'ordre ou la forme de nos pensées. Elles réduisent l'entendement à n'être qu'un mode de la perception interne ou de la réflexion, et ne laissent aucune part dans la connaissance à notre activité. Mais Locke ne peut rester rigoureusement fidèle à ces vues. Il trouve dans la manière, dont se forment des idées composées, une sorte de liberté intellectuelle (2). Il n'est pas rare que des idées simples s'associent en nous sans notre volonté dans la réminiscence et dans la mémoire ; aussi Locke penche-t-il à ramener les défauts et les avantages de la mémoire à des propriétés corporelles (3). Mais il admet aussi à cet égard une libre activité de la volonté ; l'esprit peut, selon lui, rappeler certaines idées à volonté et les comparer entre elles (4). Le point de vue pratique, dont Locke ne s'écarte pas, le confirme dans cette pensée. Nous agissons dans le monde spirituel et dans le monde matériel d'une manière tout à fait analogue ; sans rien anéantir, nous opérons par voie de réunion,

(1) Ib. II, 10, 7.

(2) Ib. II, 12, 2 ; 30, 3. L'esprit de l'homme use d'une sorte de liberté dans la formation de ces idées complexes.

(3) Ib. II, 10, 5.

(4) Ib. II, 10, 7 ; 21, 72. Mais être capable de rappeler à son gré des idées, quand elles ont disparu, et de comparer celles d'entre elles qu'il plaît de comparer, c'est là un pouvoir actif.

de rapprochement ou de séparation. Nous pouvons distinguer trois sortes d'activités exercées par notre esprit : il réunit plusieurs idées simples en une seule idée, il rapproche deux idées différentes pour comparer l'une avec l'autre, d'où résulte l'idée d'un rapport, il sépare par l'abstraction deux idées qui se trouvaient liées ensemble (1). Ainsi Locke n'admet point une libre coopération de notre entendement dans la formation de nos idées.

L'activité de l'entendement se manifeste à Locke surtout dans la liaison, qu'il établit entre des idées qui s'offrent à nous séparées (2). Il néglige au contraire l'autre face de l'activité de l'entendement, qui consiste à distinguer; c'est que sa théorie des idées simples ne lui permet pas de rechercher les éléments, desquels nos représentations se composent (3). La puissance d'association, inhérente à l'esprit, se rattache, selon lui, à la formation des mots, lesquels annoncent qu'une réunion de représentations, indiquée par le mot, a été consommée; et en effet l'entendement n'établit ces liaisons d'idées simples qu'afin d'exprimer brièvement dans le langage les idées dont il a

(1) Ib. II, 12, 1. Ceci montre que le pouvoir de l'homme et la manière dont il opère sont à peu près les mêmes dans le monde matériel et dans le monde intellectuel. Car les matériaux qui s'offrent à lui dans ces deux mondes, étant de telle sorte qu'il ne saurait ni les créer ni les détruire, tout ce qu'il peut faire est, ou bien de les réunir, ou bien de les rapprocher, ou bien de les séparer complétement.

(2) Ib. II, 1, 5; 22, 1, sq.

(3) Cf. *Sur la cond. de l'ent.*, 30.

fait provision (1). Aussi est-ce à l'entendement qu'est attribuée l'intelligence du langage (2), et, comme Locke attache à celui-ci une grande importance, il accorde à l'entendement une grande liberté dans la formation des idées complexes. Il éprouve néanmoins quelque embarras à expliquer comment notre entendement peut opérer la réunion de plusieurs représentations ; car sa théorie ne considère la pensée que comme une suite de phénomènes successifs. Il s'ensuivrait, ce semble, que nous n'aurions jamais présent à l'esprit et que nous ne penserions réellement qu'un seul objet, que par conséquent nous pourrions réussir à former une série successive, mais non une véritable union de plusieurs idées. Il ne se tire d'embarras qu'au moyen d'une distinction empruntée à la philosophie scolastique, mais fort mal appropriée au cas dont il s'agit. Nous ne pouvons, dit-il, avoir jamais qu'une connaissance réelle à la fois, mais nous pouvons en avoir plusieurs habituelles (3). De là la possibilité pour nous de connaître des vérités universelles et éternelles, que son respect pour les mathématiques ne lui permet pas de nier. Il doute, il est vrai, que le souvenir de vérités antérieurement connues nous offre un appui bien sûr et nous procure au-

(1) *Essai sur l'ent. hum.*, II, 22, 4, sq. Il est question ici principalement des modes mixtes, mais non pas exclusivement, comme le montre le § 9.

(2) Ib. II, 21, 5.

(3) Ib. IV, 1, 8.

tre chose qu'une simple croyance ; mais il ne s'arrête pas à ces scrupules, car autrement il ne pourrait pas même admettre de démonstration scientifique ; et c'est pourquoi il a foi dans la réunion de plusieurs idées en une seule connaissance (1).

Si Locke n'est pas parvenu à des conclusions plus nettes sur les diverses opérations de l'entendement, il n'est pas moins explicite encore sur son essence générale. C'est presque malgré lui qu'il est entraîné à lui concéder dans la connaissance autre chose qu'un rôle purement passif (2). Il s'agit de savoir si nous pouvons prétendre à la liberté dans nos pensées. Locke a traité ce point en grand détail et à plusieurs reprises. Les modifications, qu'il a apportées à ses idées, le montrent pressé entre des conclusions opposées ; il regarde lui-même ses recherches sur ce sujet comme inachevées (3). Il incline à attribuer à l'âme la liberté ; il croit même y voir un caractère distinctif de l'esprit ; car le corps n'a qu'une capacité passive, tandis que l'esprit possède un pouvoir actif. Mais il ne laisse pas d'avouer qu'il ne comprend pas que l'esprit puisse commencer un mouvement (4). Or c'est là pourtant le fond de la véritable notion de la liberté ; il la fait consister, d'une manière assez décidée, dans le pouvoir que possède une substance de commencer

(1) Ib. IV, 1, 9.
(2) Ib. II, 21, 5.
(3) Ib. II, 21, 72.
(4) Ib. II, 23, 28.

ou de détruire par sa propre énergie en elle-même ou en d'autres choses un mouvement ou un changement quelconque. Si le commencement du mouvement ou du repos procède d'une autre substance, la première est dénuée de l'énergie propre et vraiment active, sans laquelle il ne peut y avoir de liberté (1). Locke reconnaît ensuite que la liberté ne peut exister sans pensée et sans volonté; mais il songe aussi aux mobiles, desquels l'une et l'autre reçoivent l'impulsion, et par conséquent il ne peut voir en elles le commencement d'une action (2). Sa distinction, à laquelle il tient tant, du désir et de la volonté (3), n'est pas faite néanmoins pour le tirer d'embarras. En expliquant comme il le fait l'origine de nos pensées, il ne peut voir dans la connaissance qu'un développement passif de notre esprit. Il s'est effectivement ôté par là tout moyen de donner une solution générale de la question. Il ne veut apercevoir de trace de liberté en nous que là où nous pouvons choisir entre diverses représentations qui nous sont offertes, où nous pouvons à notre gré arrêter notre attention sur une chose ou l'en détourner (4). Il n'a pas, comme on le voit,

(1) Ib. II, 21, 12; 72. Quelquefois la substance ou l'agent entre en action par son propre pouvoir, et c'est ce qui constitue le pouvoir actif proprement dit. Ainsi donc, le pouvoir actif du mouvement n'existe point dans toute substance, qui ne peut pas commencer le mouvement en elle-même, quand elle est en repos, ou le commencer dans une autre substance.

(2) Ib. II, 11, 8, sqq.

(3) Ib. II, 21, 30; *Lett. famil.*, p. 650.

(4) *Essai sur l'ent. hum.*, II, 21, 5; 12; 72.

l'idée générale et vraie de la réflexion, de l'activité du sujet actif réagissant sur lui-même et se déterminant au changement; il serait arrivé, s'il l'avait eue, à une notion bien plus générale de la liberté.

Locke lutte dans cette recherche contre d'autres difficultés, avec un certain pressentiment de la vérité, mais sans toucher à la certitude. Il repousse l'opposition du libre et du nécessaire (1), mais il accorde aussi que la liberté et la nécessité ne peuvent exister dans le même sujet (2). Il n'est pas plus arrêté sur les difficultés du déterminisme. Il rejette l'indifférence de la volonté; il regarde le malaise présent comme le mobile de toutes nos actions, et son langage semblerait à cet égard celui d'un vrai déterministe (3); il est tenté cependant de regarder comme un débat oiseux celui de l'indifférentisme et du déterminisme; car il craint que le dernier ne compromette l'appréciation morale de nos actions. Il ne veut pas qu'on mêle à cette question la distinction de l'entendement et de la volonté (4); les différentes facultés de l'âme, comme on les appelle, ne doivent pas être considérées comme des

(1) Ib., II, 21, 11.
(2) Ib., 23.
(3) Ib., 23; 29; 31; 35; 71.
(4) Ib., 2. Cependant je soupçonne, dis-je, que cette façon de parler des facultés a induit beaucoup de gens à s'en faire une idée confuse, comme d'autant d'agents intérieurs, qui avaient chacun leur province et leur autorité, qui commandaient, obéissaient, accomplissaient plusieurs actions, enfin comme d'autant d'êtres distincts; de là est résulté beaucoup de confusion, d'obscurité, d'incertitude, dans les questions qui s'y rapportent.

êtres réels. Ce qu'il s'agit de soutenir, ce n'est pas la liberté de l'entendement ou de la volonté, mais celle de la personne; quant à la question de savoir ce qui détermine la volonté à l'action, il n'y a qu'une seule réponse convenable, c'est l'esprit (1). Mais on se tromperait fort de croire Locke échappé à l'attrait du déterminisme. La distinction des facultés de l'âme est profondément empreinte dans sa doctrine de la connaissance; au milieu de ses efforts pour résoudre toute distinction de la volonté et de l'entendement dans l'unité de la personne, il laisse échapper une distinction plus étrange encore entre la liberté et la faculté de vouloir (2). Et néanmoins il ne peut se défaire de l'idée que la volonté est déterminée par l'entendement, lequel pèse et compare les idées de bonheur et de déplaisir, de l'avenir et du présent (3). Il trouve, comme Hobbes, que ce n'est pas l'idée de l'avenir et du bien particulier, mais la considération des idées, par lesquelles des biens différents nous sont représentés, qui, lorsqu'elle aboutit à une décision, détermine notre volonté (4). La volonté est conduite par l'entendement, et l'entendement est ce qui prononce

(1) Ib., 10: 29; *Lett. famil.*, 654; 663.

(2) *Essai sur l'ent. hum.*, II, 21, 15, sq. Il est donc évident que la volonté est un pouvoir ou faculté, et la liberté un autre pouvoir ou faculté.

(3) Ib., 31, sqq.

(4) Ib., 71. Le jugement qui résulte de cet examen est en définitive ce qui détermine l'homme, lequel ne serait pas libre si la volonté était déterminée par autre chose que par son propre désir, guidé par son propre jugement.

dans l'homme en dernier ressort (1). Il se flatte d'avoir sauvé notre liberté en disant qu'après tout c'est notre propre entendement qui nous conduit; il ne peut douter cependant que la décision de l'entendement sur le vrai et le faux, sur le bien et le mal, n'est pas plus libre que la décision des sens sur la lumière du soleil (2).

Après cette discussion, pleine de perplexités, et qui n'aboutit en somme qu'à un résultat peu favorable à la liberté, on ne peut s'empêcher de demander pourquoi Locke est si obstiné dans la défense de la liberté de l'esprit. Il en donne deux raisons, l'expérience, et la moralité de nos actions qui serait anéantie, si la liberté périssait (3). La première raison se rattache étroitement à la théorie de la connaissance de Locke; nous y reconnaîtrions donc une grande force, si Locke avait montré quelque part que nous eussions une perception intime de la liberté de notre volonté. Mais nous ne trouvons pas la liberté au nombre des idées qui procèdent de la réflexion, et Locke ne montre pas davantage que les conclusions déduites des idées réflexives nous puissent autoriser à croire que nos réso-

(1) *Sur la cond. de l'ent.*, 1.

(2) *Lett. famil.*, p. 665.

(3) *Essai sur l'ent. hum.*, I, 3, 14. Nier la liberté de l'homme, et par conséquent le réduire à n'être qu'une pure machine, c'est détruire toute règle morale. Ib. II, 21, 7. Chacun trouve, je crois, en lui-même un pouvoir de commencer ou d'empêcher, de continuer ou de suspendre plusieurs actions en lui-même. De la considération de l'étendue de ce pouvoir de l'esprit sur les actions de l'homme, pouvoir que chacun trouve en soi, naissent les idées de liberté et de nécessité.

lutions ne dépendent d'aucun motif nécessitant. Il faut donc penser que la seconde raison est celle qui est, à ses yeux, du plus grand poids. Nous y sommes autorisés en outre par la tendance pratique de ses idées; car partout, dans l'Eglise, dans l'Etat, dans l'éducation, elles tendent à la liberté; et nous pouvons invoquer aussi la comparaison, par laquelle il cherche à se représenter partout notre liberté morale, en la rapprochant de la liberté par laquelle nous opérons sur le monde matériel. C'est là en réalité le résultat final de toutes ses méditations sur notre part d'activité dans la formation de nos pensées. Nous pouvons retenir et rappeler les représentations simples, que nous avons reçues passivement, les réunir et les séparer; c'est en quoi nous sommes libres; mais le jugement sur leurs rapports entre elles résulte de ces opérations avec nécessité (1).

Ce point est décisif dans l'appréciation de la doctrine de la connaissance de Locke. Il fournit la solution de la plupart des doutes, que nous laisse nécessairement l'inexactitude de ses propositions. On a trop peu observé généralement, que Locke, partant du point de vue de la pensée pratique, ne cherche à rien établir de plus que ce qu'un tel point de vue réclame; il s'ensuit dès lors que la formation de nos idées est conçue par analogie avec nos procédés pratiques. Nos procédés spéculatifs supposent, comme

(1) *Lett. famil.*, p. 665; *Essai sur l'ent. hum.*, II, 12, 1.

ceux-là, tous les matériaux déjà donnés; il n'est en notre pouvoir que d'assembler, de rapprocher, de comparer des représentations simples, qui nous sont offertes. Mais il en résulte naturellement, tout comme de l'application de nos procédés pratiques, de vastes conséquences; le jugement que nous portons sur la convenance ou la disconvenance des idées rapprochées, découle de ce rapprochement selon une loi nécessaire.

On croirait que Locke eût dû rattacher à ses considérations sur les sources de nos connaissances des recherches sur la méthode, afin de montrer comment nous devrions procéder en rapprochant et séparant les idées; mais il omet ce point dans son ouvrage sur l'entendement humain, pour s'occuper tout de suite des objets de nos connaissances. Cet ouvrage ne nous apporte donc, dans quelques passages épars, que peu de lumière sur la méthode; mais ce n'est pas que Locke mette en question l'importance des recherches dont elle peut être l'objet, comme en témoigne sa dissertation *Sur la conduite de l'entendement*. Mais cette dissertation nous dévoile les motifs de sa répugnance pour toute théorie de la méthode. Il croit peu aux démonstrations déductives; il n'a pas plus de confiance dans l'induction; il dédaigne la classification des idées, et attribue au contraire à l'analogie la plus grande valeur (1). Le point capital est, selon lui, de ramener

(1) *Sur la cond. de l'ent.*, 30; 39.

toutes nos connaissances à l'intuition des idées primordiales, que nous tenons des sens et de la réflexion (1). Le procédé scientifique lui paraît procurer une moindre certitude que la comparaison immédiate, parce qu'il fait moins éclater aux yeux la ressemblance ou la dissemblance des idées (2). Il laisse donc à l'intelligence pratique, au sain exercice du bon sens, guidé par le tact ou le goût particulier, à trouver les liaisons fécondes de nos représentations. On sera dans le vrai en admettant que Locke laisse en définitive à l'indifférence de la volonté la liberté de rapprocher nos représentations.

Ses considérations sur ce que nous connaissons de l'être, manifestent nécessairement la direction pratique de ses idées. Nous pourrons remarquer en général, que cette partie de sa doctrine n'est pas indépendante des hypothèses de son temps et de l'école cartésienne en particulier, mais que les difficultés, inhérentes à sa théorie de la connaissance, l'entraînent constamment à combattre ces hypothèses et à leur opposer ses doutes. De là ce que son langage a souvent de flottant et d'indécis. Chez lui comme chez les cartésiens l'opposition de la substance et de l'accident joue le principal rôle; il y joint encore l'idée de rapport (3). L'importance de l'idée de substance n'en est pas amoindrie pour cela. Cette idée est dans la

(1) *Essai sur l'ent. hum.*, II, 21, 73; III, 11, 19.
(2) Ib. IV, 2, 2, sqq.
(3) Ib. II, 12, 3.

connaissance des choses l'idée première et fondamentale; nous ne pouvons concevoir aucun accident, aucun mode de l'être sans substance; celle-ci est le rapport des accidents (1). Mais cette idée compromet la théorie de la connaissance de Locke. Il est forcé d'avouer que nous ne savons rien de la substance ni par les sens ni par la réflexion; il serait tenté de douter que nous en ayons aucune idée; mais ne pouvant pas nier pourtant qu'une telle idée se trouve réellement dans notre esprit, et que, loin d'être une conception vide, elle signifie quelque chose de réel, il soutient du moins qu'au lieu d'une idée claire de la substance, nous avons seulement la représentation obscure d'un support, qui nous est pleinement inconnu, et qui sert de fondement commun aux divers modes de l'être (2). Nous avons trouvé des vues analogues sur la substance chez Campanella, Sarpi et Gassendi; Locke se rattachait spécialement au dernier. Sa théorie sur la substance était bien celle du sensualisme, et nécessitait une longue suite d'explications. Nous trouvons certaines représentations simples régulièrement asso-

(1) Ib. II, 12, 6; 23, 2.

(2) Ib. I, 4, 18. Je conviens qu'il est une autre idée, dont il serait utile à tout le monde d'être en possession; car tous les hommes en parlent comme s'ils l'avaient. C'est l'idée de substance, laquelle nous n'avons et ne pouvons avoir ni par la sensation, ni par la réflexion... Nous n'avons absolument aucune idée claire de cette nature, et par le mot de substance nous ne désignons rien autre chose qu'un je ne sais quoi, que nous supposons gratuitement, c'est-à-dire une chose dont nous n'avons point d'idée particulière, distincte, positive, et que nous admettons comme le substratum ou le support des idées que nous connaissons.

ciées, nous les combinons alors dans l'idée d'un sujet, et nous les désignons par un mot, en supposant qu'elles se rapportent à une même chose; nous nous accoutumons ainsi à supposer un certain substratum, un support de ces représentations, et nous lui attribuons les propriétés que ces représentations expriment; mais nous n'en sommes pas moins très-éloignés de connaître le support commun de ces propriétés (1). Par la substance de l'or, nous entendons qu'il existe un corps, ductile, fusible, de couleur jaune, plus pesant que tout autre corps. Tous ces prédicats expriment des propriétés réunies, sans que l'on conçoive la nécessité de leur liaison; mais nous supposons cette liaison nécessaire dans l'idée obscure, que nous nous faisons de la substance (2). On dirait que ces observations et ces doutes, relativement à la possibilité de connaître la substance, ont pour but d'en écarter l'idée; comme si cette idée devait disparaître, dès qu'on la réduit à une conception confuse, mais nécessaire cependant selon les lois de notre pensée. Toutefois Locke ne peut pousser jusqu'au bout son scepticisme; l'aspiration de son époque à la connaissance des choses ou de la nature ne le permet pas. Il

(1) Ib. II, 23, 1. L'esprit observe donc qu'un certain nombre de ces idées simples vont constamment ensemble; ces idées étant présumées appartenir à une chose, et les mots étant faits pour les notions communes et employés pour plus de rapidité, cette réunion d'idées dans un sujet est appelée d'un seul nom. Nous nous accoutumons à supposer un substratum, dans lequel elles subsistent.

(2) Ib. IV, 6, 8.

avoue qu'il y a dans l'or une substance réelle, quoiqu'il nous soit impossible de la connaître (1). Il ne prétend pas soutenir que nous ne connaissions absolument aucune substance; seulement la connaissance que nous avons des substances en général est fort petite (2).

Locke ne pouvait admettre que les substances nous fussent pleinement incompréhensibles, puisqu'il en distingue différentes espèces. Il en admet, avec les cartésiens, deux espèces principales, la substance corporelle qui nous est connue par les sens, et la substance corporelle qui nous est connue par la réflexion (3). Il accompagne seulement la distinction cartésienne de quelques observations critiques. Le corps est étendu; mais son essence ne consiste pas seulement dans l'étendue; il faut y joindre l'impénétrabilité et la solidité (4). Il s'ensuit que tout espace n'est pas nécessairement plein; il peut y avoir de l'espace vide (5). Les qualités essentielles de l'esprit sont, suivant Locke, la pensée et la volonté (6). Il soutient cependant que ces qualités ne constituent pas l'essence de l'esprit; car elles ne sont que des opérations, dont l'essence est le fondement nécessaire; il se croit obligé d'admettre que l'âme peut exister sans pensée, dans le sommeil

(1) Ib. III, 6, 6.
(2) Ib. IV, 6, 6.
(3) Ib. II, 23, 29.
(4) Ib. II, 4; 13; 11; 23; 17.
(5) Ib. II, 13, 21, sqq.
(6) Ib II, 23, 18.

par exemple (1). Ceci est en rapport avec ses doutes sur la possibilité de connaître la substance. En effet, comme il reconnaît que la conscience et la pensée sont inséparables, et que notre moi consiste uniquement dans la conscience (2), il serait forcé d'abandonner l'indéfectibilité de la personne en même temps que la continuité de la pensée, s'il ne distinguait pas notre personne de notre substance. Mais le point de vue pratique, où il est placé, l'oblige à soutenir l'identité de la personne, malgré les graves difficultés où il se trouve jeté par là, malgré les recherches sur l'union de l'âme et du corps, les hypothèses, suspectes même à ses yeux, les doutes sur l'identité des essences vivantes en général, auxquels il se voit forcément conduit (3). Il est encore une autre face de la question, dans ses recherches sur l'esprit, qui lui fait mettre en doute la possibilité de connaître les substances. Il ne peut accorder aux cartésiens que l'esprit ne remplisse aucun lieu (4). Il pense que Dieu pourrait très-bien avoir uni à la matière la faculté de penser (5). En un mot, il est très-loin d'être aussi fermement convaincu que le sont les cartésiens, que la substance spirituelle et la substance corporelle soient essentiellement différentes; bien plus, il regarde comme une nécessité d'admettre

(1) Ib. II, 1, 10, sqq.
(2) Ib. II, 27, 9; 23.
(3) Ib. II, 27.
(4) Ib. II, 23, 21.
(5) Ib. IV, 3, 6.

que l'activité de l'esprit ne pourrait exister dans les êtres créés sans une matière passive (1). Cette dernière assertion l'a exposé au soupçon de matérialisme, malgré le zèle et la vivacité qu'il met à s'en défendre. Il croit sans aucun doute à la distinction de la substance corporelle et de la substance spirituelle ; et bien que de son aveu l'immatérialité de l'âme soit seulement très-vraisemblable, et qu'il croie nécessaire de recourir, pour la démontrer, aux doctrines théologiques (2), ses vues suffisent néanmoins pour donner à sa conviction sur ce point une base solide. Il regarde la matière comme une substance dépourvue d'activité, et qui ne peut rien produire ; d'où il conclut nécessairement que la pensée ne peut être un effet de la matière insensible, et que le mouvement ne peut avoir son principe dans la matière, mais seulement dans l'esprit (3). Cela suffirait, à coup sûr, pour lui démontrer la différence essentielle de l'être corporel et de l'être spirituel sans l'idée générale, dont il est pénétré, de notre impuissance à prononcer sur l'essence d'une substance quelconque, corps ou esprit. La notion du corps et celle de l'esprit nous sont fournies par l'expérience ; mais elles manquent également de clarté ; par ces notions nous entendons seulement *quelque chose*, que nous ne pouvons comprendre (4).

(1) Ib. II, 23, 28.
(2) *Lett. à l'évêq. de Worc.*, p. 357.
(3) *Essai sur l'ent. hum.*, II, 23, 25; IV, 10, 10; *De l'éduc.*, 192.
(4) *Essai sur l'ent. hum.*, II, 23, 4, sqq. Nous avons une notion

Locke ne s'éloigne donc pas, à tout prendre, de la conception vulgaire ; il ne laisse pas pourtant d'accorder, dans un sens plus général, que les substances puissent être distinguées, mais aussitôt après il revient à ses observations et à ses doutes. Il les applique cette fois à la classification des choses, aux notions de genres et d'espèces, aux définitions. Il embrasse sans réserve le nominalisme moderne. Tout ce qui existe hors de l'entendement appartient au particulier ; après avoir déjà considéré les substances particulières comme de pures collections de différents modes de l'être, il est très-facilement amené à regarder genres et espèces comme des collections plus grandes, que nous désignons pour notre usage par un nom. Ces noms ne sont pas, il est vrai, tout à fait arbitraires ; mais ils n'ont d'autre loi que de faciliter le commerce des idées (1). Quand nous parlons de l'unité du monde, nous la prenons dans le même sens qu'en parlant d'un amas de choses (2). Il en est de même de toutes nos définitions par le genre et la différence. Nous ferions mieux de définir chaque chose par les idées particulières comprises sous sa notion ; mais cela n'est pas commode, et pour éviter la prolixité nous avons inventé les noms généraux (3). Toute con-

aussi peu claire de la substance de l'esprit que du corps. Il est donc évident que l'idée de substance corporelle dans la matière est aussi loin de notre intelligence que celle de substance spirituelle ou d'esprit.

(1) Ib. III, 3, 6, sqq. ; 11, sq. ; 5, 7.

(2) Ib. II, 24.

(3) Ib. III, 3, 10 ; 4, 4.

naissance générale est donc bornée aux mots, et revient à des propositions identiques (1). On convient aisément, selon Locke, que toute définition n'est qu'une définition de mots (2); l'essence réelle des choses, qu'une définition réelle devrait exprimer, nous est inconnue ; il n'est pas besoin de l'admettre (3). On croit pouvoir exprimer dans les idées de genres et d'espèces les types, selon lesquels Dieu a créé les choses ; mais il s'en faut de beaucoup ; nous sommes incapables d'expliquer la constitution interne des individus, les seules choses réelles cependant ; Dieu seul peut apercevoir le fond et la véritable essence des choses qu'il a créées (4). La divine Sagesse a proportionné nos connaissances aux besoins de notre vie ; elle nous a refusé une connaissance des choses plus profonde, parce que nous n'en aurions fait aucun usage (5). Il semble que la sagesse de Dieu ait dû, comme la doctrine de Locke, tout calculer en vue de l'utilité pratique.

Cependant le besoin pratique lui-même, et bien plus encore la tendance de l'époque à pénétrer la nature des choses conduisent Locke à mettre une limite à ses doutes. Il ne nie point que les collections de propriétés, que nous admettons dans les substances,

(1) Ib. IV, 6, 16; 8, 13.

(2) Ib. III, 4, 6. On convient, je pense, que définir n'est pas autre chose que montrer le sens d'un mot au moyen de plusieurs autres termes, qui n'en sont pas synonymes.

(3) Ib. III, 3, 17.

(4) Ib. III, 6, 3, sqq.

(5) Ib. II, 23, 11.

répondent à la vérité; les différences mêmes de genres et d'espèces, telles que nous les posons, ont sans doute un fondement réel dans la nature; seulement nos pensées ne sauraient atteindre cette vérité et ce fondement(1). La ressemblance, que nous découvrons dans les choses, doit provenir de la nature, dont les productions ont sans doute une certaine uniformité, et c'est cette uniformité que nous exprimons par nos idées de genres et d'espèces. De là la nécessité d'étudier l'histoire de la nature selon une méthode scientifique, et de rechercher des caractères régulateurs de la classification des choses (2). C'est en ce sens que Locke parle d'une certaine parenté naturelle des choses; mais il nous enlève toute espérance d'exprimer cet ordre de la nature par nos classifications artificielles (3). Nous remarquerons que Locke est accoutumé à prendre d'une main ce qu'il donne de l'au-

(1) *Lett. famil.*, p. 509. Il y a dans les objets des constitutions réelles, d'où découlent ces idées simples, que nous voyons combinées en eux. Il y a entre ces constitutions réelles des différences réelles, au moyen desquelles nous les distinguons l'une de l'autre, soit que nous les pensions et les nommions, ou non. Mais ce par quoi nous distinguons les substances particulières et les rangeons en genres et en espèces, ce ne sont pas ces essences réelles ou constitutions internes, mais bien les combinaisons et les idées simples, que nous observons en elles; c'est ce que je me suis proposé de montrer dans le livre III, ch. 6.

(2) *Essai sur l'ent. hum.*, III, 11, 19, sqq.

(3) Ib. III, 3, 13; 6, 36, sq. La nature fait beaucoup de choses particulières, semblables entre elles par plusieurs qualités sensibles, et probablement aussi dans leur forme et dans leur constitution interne; mais ce n'est point cette essence réelle qui les distingue en espèces, ce sont les hommes, qui, à propos de ces qualités, les rangent en classes, afin de leur imposer des noms.

tre; aussi ne serons-nous pas surpris de le voir pousser son scepticisme jusqu'à attaquer la régularité de la nature. C'est un de nos préjugés, selon lui, de supposer que la nature produit toujours selon la même loi; il ne trouve rien d'absurde à croire que des individus de même espèce soient aussi différents entre eux que des individus d'une autre espèce, et il affirme non-seulement que nos idées de genres et d'espèces n'expriment pas l'essence des choses, mais encore qu'il n'existe pas dans la nature des choses d'essences telles qu'on l'imagine (1).

Nous touchons ici à l'extrême limite des doutes émis par Locke. Il ne peut s'y arrêter; à moins de nous enlever tout espoir d'arriver à la connaissance de la nature, il faut qu'il les fasse fléchir. Il considère donc les substances supposées par nous comme des unités naturelles, et en les désignant par des noms nous ne faisons pas une invention arbitraire (2); il se met de plus en mesure de nous assurer une connaissance objective des choses par une recherche sur les modes de l'être; il se propose d'arriver à distinguer leurs véritables qualités de leurs propriétés apparen-

(1) Ib. III, 10, 20. Ce qui, je crois, dispose beaucoup les hommes à mettre les noms de leur invention à la place des essences réelles des espèces, est une supposition déjà mentionnée, savoir, que la nature suit des règles fixes dans la production des choses. Ib. 21. Cela renferme plusieurs hypothèses fausses; la première est qu'il existe de certaines essences déterminées, selon lesquelles la nature fait toutes les choses particulières; la seconde, c'est l'insinuation tacite que nous avons des idées de ces essences en question.

(2) Ib. III, 6, 28, sqq.

tes. S'il y parvenait, il est incontestable qu'il connaîtrait leur substance. Mais le chemin qui conduit à cette connaissance est long et difficile.

Avant tout, ce que nous nommons généralement propriétés des choses, n'est, remarque Locke, que la puissance, inhérente à ces choses, de produire en nous une idée (1) au moyen de l'action qu'elles exercent sur nos sens. Une observation d'accord avec celle-là, c'est que nous n'obtenons pas la notion de force seulement en réfléchissant sur notre propre activité, mais encore par les sens extérieurs, car ceux-ci nous montrent sans cesse qu'un corps produit un effet sur un autre (2). Locke distingue donc certaines propriétés des corps que nous découvrons immédiatement en eux par la perception sensible, et d'autres qui ne se révèlent à nous que par leurs effets sur des corps extérieurs (3). Ces deux ordres de propriétés ont ceci de commun de reposer uniquement sur notre perception sensible, et d'appartenir aux corps non pas en eux-mêmes, mais dans les rapports qu'ils soutiennent entre eux et avec nos sens. De là résulte nécessairement que ces propriétés n'ont aucune ressemblance avec les choses, de même que les idées que nous recevons des choses ne sont pas des copies des choses. Ainsi la couleur n'existe pas dans les choses, elle n'est qu'un

(1) Ib. II, 88. Le pouvoir de produire une idée dans notre esprit est ce que j'appelle qualité du sujet, en qui le pouvoir réside.

(2) Ib. II, 7, 8; 22, 11.

(3) Ib. II, 8, 23.

rapport des choses à notre œil ; la chaleur du soleil, qui fond la cire, n'appartient pas au soleil en soi, elle est un simple effet que nous voyons le soleil exercer sur une autre chose. Ce serait prendre le change que d'attribuer aux choses ces propriétés. Elles s'évanouiraient toutes, si nos sens avaient la puissance de pénétrer jusqu'aux éléments derniers de la composition des corps (1). Néanmoins Locke ne doute pas que ces propriétés n'aient pour fondement de vraies qualités des corps ; il nomme en conséquence celles-là qualités dérivées ou secondaires, celles-ci qualités originelles ou primaires (2). Cette distinction lui vient sans doute des tendances de la physique à pénétrer au delà des manifestations apparentes de la nature jusqu'à ses raisons premières. Il espère que ces tendances aboutiront à découvrir les propriétés originelles des corps. Cette espérance est peu en harmonie avec sa théorie de la connaissance, et ce qui le montre, c'est qu'il nomme ces dernières propriétés, propriétés non sensibles, et qu'il les considère comme quelque chose d'inhérent aux corps, soit que nous les percevions, soit qu'elles nous échappent, et de là le nom qui leur appartient de propriétés réelles (3). Elles expriment quelque chose dont la ressemblance existe dans les

(1) Ib. II, 8, 24 ; 21, 73 ; 23, 11.

(2) Ib. II, 8, 9, sq.

(3) Ib. II, 8, 23. Ces propriétés sont en eux, soit que nous les percevions ou non. — Qualités primaires insensibles. — Qualités réelles, originelles ou primaires.

corps, dont le type y est contenu ; elles ne peuvent être en aucune façon séparées du corps ; quel que soit l'état dans lequel il se trouve, elles se trouvent en chacune de ses parties (1). Locke met au nombre des propriétés originelles l'impénétrabilité, l'étendue, la figure, la mobilité, le nombre (2).

Cette théorie doit surtout son origine à la physique ; la preuve en est dans la très-légère attention et dans la place tout accessoire, que Locke donne aux propriétés originelles de l'esprit. La faculté de perception est celle que Locke regarde comme la qualité primordiale, par laquelle les êtres vivants se distinguent de la nature inanimée (3), et il y joint la faculté d'imprimer le mouvement. L'existence, la durée, le nombre, conviennent aussi à l'esprit comme qualités originelles (4) ; mais on ne peut pas non plus les refuser au corps. Le nombre a l'avantage sur toutes les autres notions primordiales, parce que l'unité ou le fondement du nombre est ce qu'il y a de plus simple (5) ; et cette supériorité accordée au nombre montre l'influence, que les idées mathématiques exercent aussi

(1) Ib. II, 8, 9. Les qualités ainsi considérées dans le corps sont d'abord celles qui sont absolument inséparables du corps, en quelque état qu'il soit, et que les sens trouvent toujours dans toute particule de matière. Ib., 15. Les idées des qualités primaires des corps leur ressemblent, et les types de ces idées existent réellement dans les corps eux-mêmes. Ib., 17, 23. Au moyen de ces idées, nous en avons une de la chose, telle qu'elle est en elle-même.

(2) Ib. II, 8, 9.

(3) Ib. II, 9, 11, sq.

(4) Ib. II, 21, 73.

(5) Ib. II, 16, 1.

sur les vues scientifiques de Locke. Mais un trait caractéristique, c'est qu'en examinant les propriétés de l'esprit, Locke revient sur l'impossibilité, déjà affirmée par lui, où nous sommes de connaître les substances. On demande souvent ce qu'est l'esprit pensant ; il serait tout aussi permis de demander ce qu'est le corps, qui remplit l'espace. Car, s'il nous est impossible de dire comment l'esprit pense, il ne l'est pas moins d'expliquer comment les parties du corps se tiennent réunies dans l'espace et forment un tout impénétrable (1). Locke envisage donc, comme cette observation l'indique, la substance des choses comme ce qui en est le dernier fondement, et ce dont la connaissance rendrait compte de leurs propriétés et de leurs phénomènes. Il est vrai que la voie sensualiste, où il est entré, ne peut le conduire à cette connaissance ; il accorde même déjà beaucoup trop, en admettant que nous puissions par cette voie pénétrer jusqu'aux propriétés originelles des choses.

La part, qui revient dans toutes ces vues à la physique, se manifeste avec plus de force encore par la prédilection de Locke pour la philosophie corpusculaire. Nous serions, selon lui, en état d'expliquer tou-

(1) Ib. II, 23, 23. Quand je dis que je ne sais pas ce que c'est que la chose qui pense en moi, j'entends que je ne sais pas ce qu'est la substance de cette chose pensante ; mais je ne sais pas plus, encore une fois, ce qu'est la substance de cet objet solide. De plus, quand je dis que je ne sais pas comment je pense, on peut me répondre que je ne sais pas davantage comment je suis étendu, comment les parties solides du corps sont unies ou se tiennent de manière à constituer l'étendue.

tes les propriétés secondaires des corps, si, pourvus de sens plus puissants, nous pouvions pénétrer assez avant dans l'intime composition des corps et de leurs mouvements; il est convaincu, en effet, que les molécules imperceptibles, dont les corps sont composés, produisent nos sensations par leur mouvement (1). Il croit écarter par là les propriétés sensibles des corps et tout ramener dans la nature à un mouvement mécanique de la matière qui remplit l'espace; il se jette ainsi, sans s'en apercevoir, dans une hypothèse contraire à la théorie qui nous déclare incapables de rien préciser sur la substance des choses, hypothèse qui d'ailleurs n'explique pas l'origine du mouvement, puisqu'il reconnaît que nous ne saurions comprendre que la matière exerce une force motrice, soit par le choc, soit par la pesanteur (2); hypothèse enfin qui, d'après ses idées, ne peut nous être d'aucun secours pour nos recherches scientifiques, puisque nous ne saurions ni découvrir une liaison entre les qualités dérivées et les qualités primordiales des choses, ni comprendre comment ces qualités peuvent produire une sensation ou une idée (3). Cette opinion tient

(1) Ib. II, 21, 73... Si nous avions seulement des facultés assez pénétrantes pour percevoir les modifications et les mouvements divers de ces corps subtils, qui produisent ces diverses sensations en nous. Ib. II, 23, 11.

(2) Ib. II, 23, 28; *Deuxième rép. à l'évêq. de Worc.*, p. 560; *De l'éduc.*, 192.

(3) *Essai sur l'ent. hum.*, IV, 3, 12. On ne peut découvrir aucun rapport entre une qualité seconde quelconque et ces qualités primaires dont elle dépend. Ib. 13. Nous ne pouvons nullement concevoir com-

étroitement, on le conçoit, à ses dispositions sceptiques et découle naturellement de principes qui séparent les sens et la réflexion, le corps et l'esprit; mais ce qui se comprendrait moins, c'est que Locke puisse malgré cela persister à faire dépendre les propriétés sensibles des choses de leurs propriétés générales et originelles, et à regarder les unes comme un effet des autres; on ne le comprendrait pas, dis-je, si l'on ne voyait clairement que ses idées sur la nature ne sont pas un produit propre de son esprit, mais un pur préjugé qui accompagne toutes ses recherches scientifiques.

Locke s'explique sur les rapports des choses avec plus de confiance que sur les substances et sur leurs propriétés. Il n'admet en général toutes les définitions que comme définitions de mots; il fait une exception pour les modes mixtes de l'être, c'est-à-dire pour les rapports d'idées complexes. Nous connaissons l'essence de ces rapports, nous pouvons en donner une définition réelle, parce qu'ils sont de purs produits de l'esprit humain (1). L'esprit a la faculté de lier ensemble les idées les plus différentes; il forme en lui-même des idées, dont il dispose (2). Il ne les fait pas sur des exemplaires, auxquels il soit obligé de les conformer

ment la forme, la figure, le mouvement de quelque réalité particulière est capable de produire en nous l'idée d'une couleur, d'une saveur ou d'un son quelconques.

(1) Ib. III, 11, 15. L'essence réelle de chaque espèce peut être connue, parce qu'elle n'est pas l'ouvrage de la nature, mais de l'homme.

(2) Ib. II, 24, 3.

fidèlement; au contraire, ses idées sont elles-mêmes les originaux, et la connaissance que nous en avons ne peut être qu'adéquate (1). C'est par conséquent sur des rapports que nos connaissances s'étendent le plus loin, et il ne peut y avoir d'erreur sur ces rapports qu'en ce qui concerne leur expression verbale (2). Du reste nos connaissances des rapports ne peuvent prétendre qu'il existe nécessairement hors de l'entendement des objets qui leur correspondent (3).

Locke rattache à cet aveu une considération, qui jette une lumière plus profonde sur l'idée qu'il se fait de la science humaine. Ses exemples de notions de rapports sont pour la plupart empruntés aux mathématiques et à la morale. La certitude des mathématiques exclut pour lui toute espèce de doute; il reconnaît, conformément à ses tendances pratiques, toute l'importance de la morale, qu'il espère pouvoir démontrer mathématiquement. Néanmoins ces deux sciences n'ont affaire, selon lui, dans toutes leurs théories qu'avec des êtres de raison. Quand les mathématiques enseignent les propriétés du cercle, il n'est pas nécessaire qu'il existe un cercle dans le monde extérieur ; ce que Cicéron enseigne des devoirs reste vrai, quand même personne au monde n'exercerait ces devoirs. Maintenant il s'étonne lui-même de prendre un intérêt si vif à des choses, qui n'ont pas d'existence dans le monde

(1) Ib. II, 31, 3; 14; IV, 4, 5.
(2) Ib. II, 31, 4; IV, 3, 18; 20.
(3) Ib. IV, 4, 8.

réel ; mais tel est le sort de la science humaine ; les débats qu'elle s'épuise à vider, roulent sur des propositions générales, auxquelles ne répond aucun objet (1). Ses vues sur la science humaine se rapprochent donc beaucoup du nominalisme de Hobbes. Mais il reprend à l'instant ce qu'il vient d'accorder. Il ne veut pas que ses théories fassent abstraction et ne se soucient pas de l'existence des choses ; en quoi il a raison, à coup sûr, jusqu'à un certain point. S'il eût du reste réfléchi un peu plus profondément sur l'objet des recherches mathématiques et morales, il aurait aperçu sans doute qu'il s'agit de trouver le moyen de découvrir des lois, qui régissent les choses du monde réellement existantes. Or, s'il en est ainsi, Locke n'aurait pas dû se déclarer satisfait, pourvu que nous concevions exactement ces rapports, sous prétexte que nous nous en formons l'idée à notre gré dans notre entendement.

Ses recherches sur les moyens, par lesquels nous arrivons à la connaissance des choses, montrent bien à quel point il est préoccupé de la réalité. Il accepte la division des choses posée par l'école cartésienne.

(1) L. I. Qu'on ne s'étonne point de me voir placer la certitude de nos connaissances dans la considération de nos idées, sans avoir, à ce qu'il semble, le moindre égard à l'existence réelle des choses ; car la plupart des raisonnements qui occupent la pensée et remplissent les discours de ceux qui prétendent se vouer à la recherche de la vérité et de la certitude, se trouveront être, je crois, si l'on y regarde de près, des propositions et des notions générales, où il ne s'agit pas du tout de l'existence des choses.

Notre moi, le monde corporel extérieur et Dieu, voilà quels sont les objets de notre intelligence.

Il tient, à l'exemple des cartésiens, la conviction que nous avons de l'existence de notre moi pour la plus facile à obtenir. Nous avons de notre être une connaissance intuitive. Lorsque nous pensons, que nous éprouvons du plaisir ou de la douleur, que nous doutons même, nous ne pouvons douter que nous sommes (1). A cette conviction se rattache la connaissance de la substance spirituelle, et Locke admet, sans plus de difficulté que Descartes, la connaissance immédiate de notre moi ; ses doutes sur l'identité des êtres vivants auraient dû lui faire remarquer pourtant, que tout ce que nous apercevons est simplement l'opération vitale actuelle et non le support de toutes les opérations vitales. Si Locke pose la connaissance de la coexistence ou de la liaison nécessaire comme condition de la connaissance de la substance, ce n'est que pour les autres choses et non pour notre moi (2).

Il regarde comme bien plus difficile de connaître l'existence du monde extérieur. La sensation n'en est pas une preuve suffisante ; car elle ne se passe jamais qu'en nous ; Locke manque d'un principe général qui l'autorise à conclure de notre sensation à l'existence du monde extérieur, et il dédaigne d'invoquer comme Descartes la véracité de Dieu. Mais aussi les illusions

(1) Ib. IV, 3, 24. Nous avons une connaissance intuitive de notre propre existence. Ib. 9, 2, sq.

(2) Ib. IV, 1, 6, sq.

du rêve et de l'imagination ne justifient pas les doutes sur l'existence du monde extérieur. Entre les fantômes de l'imagination et la sensation présente, il existe après tout, selon Locke, une différence marquée et tout aussi grande qu'entre deux idées entièrement différentes. Il croit apercevoir comment les sensations procèdent en nous de l'action des choses extérieures, il en appelle là-dessus à l'évidence sensible, garantie de la sensation, et témoignage légitime de l'existence du monde extérieur. Cette évidence ne s'étend qu'à la sensation actuelle ; mais ce que nous venons de percevoir continue-t-il d'exister? c'est ce que nous ne pouvons savoir, si ce n'est par conjecture. Cette conviction, produite par l'évidence sensible, est ce que nous avons à opposer au scepticisme, qui confond notre pensée avec le rêve ou la fantaisie. Locke ne peut, il est vrai, mettre, quant au degré, cette conviction en parallèle avec la certitude de l'intuition intime ou de la démonstration ; mais elle dépasse néanmoins, selon lui, le degré de certitude qu'on peut attribuer à la foi. Il place donc l'évidence à côté de l'intuition et de la démonstration, et la reconnaît comme un troisième genre de connaissance. Si elle n'opère pas une conviction complète, elle suffit pourtant à notre situation ou à la certitude dont nous avons besoin pour agir (1).

(1) Ib. IV, 2, 14. Nous faisons aussi clairement la différence d'une idée, ravivée dans notre esprit par la mémoire, et d'une idée qui entre actuellement dans l'esprit par le moyen des sens, que nous la faisons entre deux idées distinctes. Ainsi, nous pouvons, je crois, ajouter

Bien que Locke dérive toutes nos connaissances des sens extérieurs et du sens intime, et que nous ne puissions connaître Dieu par aucune de ces deux voies, il ne laisse pas de se croire en mesure de démontrer l'existence de Dieu. Sa démonstration n'a pas plus de rigueur que toutes les démonstrations, que nous sommes accoutumés à rencontrer chez lui. Prenant pour point de départ l'existence actuelle du moi, il suppose qu'il n'existe pas de toute éternité ; il invoque les deux principes généraux que rien ne vient de rien, et que notre pensée ne peut être produite par la matière, afin d'en déduire la nécessité de concevoir, comme notre créateur, un être pensant éternel. Il attribue tout aussi facilement à cet être pensant la toute-puissance et l'omniscience, sans se faire le moindre scrupule d'employer à sa démonstration des principes généraux, qui ne devraient d'après sa doctrine être admis que comme des êtres de raison, et ne comporter aucune application à une réalité (1). Sa démonstration ne peut qu'offrir un exemple du peu de rigueur qu'il s'impose, quand il s'agit d'établir des doctrines indispensables, dans sa pensée, aux buts pratiques qu'il a en vue. Du reste l'idée que, selon lui, nous

aux deux sortes précédentes de connaissance une troisième sorte, celle de l'existence des objets extérieurs particuliers ; connaissance que nous obtenons par la perception et la conscience d'idées, qui viennent actuellement de ces objets dans notre esprit; nous pouvons admettre par conséquent trois degrés de connaissance, la connaissance intuitive, la démonstrative et la sensitive. Ib. IV, 5, 21 ; 11, 8, sq.

(1) Ib. IV, 10.

avons de Dieu, est assez indéterminée. Elle est un résultat de la réflexion. Nous composons au moyen des idées simples de la réflexion les notions d'esprits immatériels ; par voie d'extension de cette notion à l'infini, nous obtenons l'idée de Dieu ; d'où il suit que si Dieu est simple en soi (comme il doit l'être), nous n'avons nulle idée de son essence et ne le concevons que par composition (1). L'idée de l'infini résulte uniquement, selon les vues de Locke, d'une addition continuée indéfiniment, et se confond par conséquent avec la représentation de l'indéfini (2).

La connaissance que nous avons de la réalité est limitée, selon Locke, non-seulement pour notre état actuel, mais pour toujours (3). Elle n'est pas suffisante pour notre pensée pratique, qui exigerait, sans aucun doute, une connaissance de la substance des choses. De là pour nous la nécessité de recourir aux degrés inférieurs de la croyance. Locke a raison assurément de s'occuper de la croyance et de chercher à déterminer les degrés divers de la vraisemblance et de la foi profane ou religieuse (4). Seulement il est un danger, auquel il ne semble pas avoir assez pris garde. Il oppose l'une à l'autre la connaissance scientifique et l'opinion ou la foi ; il paraît vouloir les tenir complétement séparées ; elles ne doivent rien avoir de commun,

(1) Ib. II, 23, 23, sqq.
(2) Ib. II, 13, 4 ; 17, 1 ; 3 ; 5 ; 22.
(3) Ib. IV, 3, 6.
(4) Ib. IV, 16.

et la science ne saurait pénétrer dans la foi, ni la foi dans la science (1). Locke paraît ne pas songer que toute foi et toute vraisemblance a son point d'attache nécessaire dans la connaissance de la vérité. Ce que Locke se propose par là, c'est de faire place à une foi, à une vraisemblance pratique, qui ne dépende point des principes mouvants de la science. Plus Locke s'était montré, en appréciant la portée de nos connaissances, enclin au scepticisme, plus il lui semblait nécessaire de donner à la vie pratique, qui réclame des principes fixes, une base qui n'offrît au scepticisme aucune prise. Cependant nous ne pouvons mettre cela d'accord avec les idées, que Locke émet ailleurs particulièrement sur la foi religieuse. Il se prononce avec force contre l'enthousiasme, qui lâche la bride à la fantaisie, et il prétend invoquer partout les règles de la raison dans l'appréciation de la foi religieuse (2). Il va même jusqu'à concevoir le plan et la possibilité d'une morale scientifique. Or, il est évident que sa théorie de la vraisemblance et de la foi ne comporte aucun caclul des degrés dans ces deux choses.

Locke clôt par cet examen des rapports de la con-

(1) *Rép. à l'évêq. de Worc.*, p. 410. Il me semble tout un, de parler de la certitude de la foi, et de parler de la connaissance par croyance, expression que j'ai d'ailleurs peine à comprendre. La foi subsiste par sa propre force, elle repose sur des fondements qui lui sont propres, et dont on ne peut l'enlever pour la placer sur les fondements de la connaissance. Ces fondements sont si loin d'être les mêmes ou d'avoir rien de commun, que, la certitude une fois obtenue, la foi est détruite; il y a connaissance alors, il n'y a plus foi.

(2) *Essai sur l'ent. hum.*, IV, 16, 14; 17, 24; 19, 7; 13; 16.

naissance et de la foi son *Essai sur l'entendement humain*, et cela indique le caractère pratique de son système. Il lui est impossible d'estimer très-haut notre science; il faut nous résigner à la situation qui nous est faite, et nous confine dans la limite des vraisemblances de la pensée pratique. Nous devons donc prendre pour guide le bon sens. Pour juger sainement ce système de Locke, on ne peut négliger les résultats auxquels il est arrivé en ce qui concerne la vie pratique. Il n'a pas esquissé, il est vrai, de morale scientifique, mais il a étudié, comme c'est l'usage de la philosophie moderne, quelques parties détachées de la philosophie pratique. Ses doctrines ont exercé une influence si considérable, qu'il vaut la peine de le suivre dans ses recherches.

Si Locke n'a pas mis à exécution sa morale selon la méthode mathématique, la principale raison en est, sans doute, que ses principes généraux sur la conduite humaine offraient trop peu d'harmonie pour lui promettre, dans une entreprise de cette nature, même un succès approximatif. Son point de départ est une théorie très-sensualiste du bonheur. Ce qui excite nos désirs, c'est le bonheur, qui consiste dans le plaisir corporel et dans le plaisir spirituel (1). Ce que nous appelons bien n'est autre chose que notre plaisir; ce que nous appelons mal n'est autre chose que notre douleur. Les mobiles de notre volonté résident dans

(1) Ib. II, 41.

l'inquiétude, dans le malaise que nous cause l'absence d'une chose (1). Rien de plus d'accord avec son sensualisme. Mais les idées de Locke ne sont pas tellement intéressées qu'il n'incline à introduire un autre élément parmi ces principes égoïstes. Il essaie de ramener aussi le bien et le mal à la conformité à la loi, sans remarquer que par là il assujettit la volonté intéressée de l'individu à une puissance générale (2). L'incompatibilité de ces principes lui échappe, parce qu'entre le bonheur et la légalité il fait entrer comme intermédiaire la récompense et le châtiment. La conduite légale n'est donc pas bonne, et la conduite illégale mauvaise en elle-même, mais parce qu'elles entraînent à leur suite la récompense ou le châtiment. Locke n'est pas plus d'accord avec lui-même sur l'idée de la vertu ; il l'exalte parfois comme une perfection de notre nature, tandis qu'ailleurs il fait dépendre de la loi de l'opinion publique la distinction de la vertu et du vice. Il rappelle les doctrines de Montaigne par sa disposition à regarder cette loi comme une chose de convention, qui prend chez les différents peuples des formes différentes (3). On ne s'étonnera pas que des pensées, dans lesquelles il n'y a guère de suite, le prémunissent très-mal contre les conséquences de la doctrine du bonheur. Il prétend enseigner le respect de la vertu; mais il ne peut que la recommander

(1) Ib. II, 20, 2; 21, 61 ; 28, 5.
(2) Ib. II, 28, 5, sqq.
(3) Ib. II, 28, 10, sqq.

comme le calcul le plus avantageux et le meilleur que nous puissions faire (1).

Locke examine les liens de la société humaine avec un peu plus d'exactitude que les principes de la morale. Il pose pour fondement la distinction de la famille, de l'État et de l'Église, dont son principal effort est de bien circonscrire les différents domaines.

Les prescriptions de Locke sur l'éducation se rapportent à la vie de la famille. Elles ont un but spécial et pratique, puisqu'elles ne concernent que l'éducation d'un jeune Anglais des hautes classes. On trouvera cependant ses conseils fort analogues aux principes de Montaigne et de Charron, et l'on y verra les antécédents immédiats des idées de Rousseau. Cette parenté intellectuelle caractérise la pente de l'époque. Locke s'appuie peu sur des principes scientifiques ; il a foi dans l'expérience. Il est fort opposé à l'éducation publique, qu'il trouve chargée de préjugés. L'éducation est une fonction de la famille. Si l'éducation publique peut donner plus de connaissances, elle présente aussi un plus grand danger, celui d'exposer à la contagion du mal, déjà si répandu. Un précepteur peut remédier aux défauts de l'éducation de la famille (2). L'éducation a pour fin principale la vertu. Toutefois Locke est loin de recommander, pour l'inculquer, l'emploi de la répression corporelle, qui porte

(1) *Le christianisme raisonnable*, p 537.
(2) *De l'éduc.*, 70; 90, sqq.

atteinte au sentiment de la liberté; elle ne doit être appliquée qu'à l'obstination (1). Les meilleurs moyens pédagogiques lui paraissent être la louange et l'émulation; elles ne font pas partie de la vertu sans doute, mais elles y touchent de très-près, parce qu'elles reposent sur le jugement général, qui décide de la vertu et du vice. Il faut donc faire de l'amour de la louange le principal ressort de l'éducation (2). La religion sert aussi à la vertu; on doit donc inspirer aux enfants le respect de la Divinité, sans vouloir les arrêter longuement sur ce qu'elle a d'incompréhensible (3). L'éducation doit s'occuper, outre la vertu, de l'acquisition des connaissances utiles; mais ce n'est là qu'un intérêt subordonné. Locke s'élève ici contre le vain supplice infligé aux enfants par l'enseignement des langues anciennes et de la grammaire, choses de très-peu d'utilité dans les relations actuelles de la vie. Le but de Locke n'est pas de faire des savants. Il ne veut pas, il est vrai, supprimer complétement l'enseignement des langues, mais cet enseignement doit être lié à celui des choses, qui consiste dans la connaissance de la nature et de l'homme, considérée par Locke comme le but de tout enseignement (4). Si Locke ne veut pas qu'on sépare l'enseignement des langues de celui des choses, il recommande aussi de mêler l'amusement et le travail. Il est loin de pousser à une

(1) Ib., 47, sqq.; 78; 131.
(2) Ib., 56; 61; 200.
(3) Ib., 134.
(4) Ib., 147, sqq.; 168, sqq.

éducation molle, et il prescrit la continuité du travail, ne fût-ce que pour remplir les vides de l'oisiveté; le gentilhomme même doit apprendre un métier (1); mais l'étude doit devenir un jeu, et il faut savoir inventer toutes sortes de jeux propres à procurer des connaissances utiles (2); Locke attache au jeu une grande importance, parce qu'il a horreur de la contrainte et d'une éducation d'esclave. On ne peut sans doute éviter complétement la contrainte, mais il faut donner graduellement aux enfants une plus grande liberté (3). On doit dans ce but étudier leurs inclinations particulières et les diriger vers la fin, où tend leur nature; la nature est en général le premier principe de la moralité, auquel il faut s'attacher. Le jeu sert particulièrement à découvrir le caractère individuel des enfants (4). Locke reconnaît, avec beaucoup de pénétration, que l'éducation ne peut conduire qu'à un certain degré de développement moral. C'est un signe que les enfants peuvent être livrés à eux-mêmes, puisqu'ils sont alors en état de se guider par la connaissance de la loi naturelle et des lois de leur pays (5). L'impor-

(1) Ib., 4, sqq.; 201.
(2) Ib., 73; 128; 148, sqq.
(3) Ib., 108.
(4) Ib., 100, sqq.
(5) Ib., 186; *Du gouvernem. civil*, II, 170. Le pouvoir des parents n'est autre chose que celui qu'ils ont de gouverner leurs enfants jusqu'à ce que ceux-ci soient en âge de se servir de leur raison et arrivés à un degré de connaissance, qui permette de les supposer capables de comprendre les régles par lesquelles ils doivent se gouverner eux-mêmes, soit qu'il s'agisse de la loi de nature ou de la loi de la commune où ils sont nés.

tant est pour Locke la connaissance de la loi naturelle; c'est ce qu'on voit assez par les recommandations qu'il fait des écrits de Grotius et de son successeur Puffendorf pour l'achèvement de l'éducation. C'est sur les doctrines de ces auteurs qu'il fonde lui-même sa politique.

Il y combat Robert Filmer, le fanatique défenseur du gouvernement patrimonial, en établissant la distinction de l'État et de la famille. Nous devons distinguer soigneusement les différents rapports de la société humaine, parce que ces rapports coïncident souvent dans les mêmes personnes. Les relations entre Etat et sujets, parents et enfants, mari et femme, maître et serviteur, ne sont pas les mêmes (1). Le pouvoir des parents procède de la nature, le pouvoir politique repose sur un contrat (2). Le pouvoir des parents ne s'étend pas à toute la vie (3). Entre parents et enfants mineurs, il n'y a pas égalité de raison; cette égalité existe au contraire entre gouvernement et sujets (4). Bien donc que Locke reconnaisse combien il est naturel de passer de l'autorité des parents à l'autorité politique, il lui est cependant impossible de dériver le pouvoir de l'Etat des relations de famille (5). De là le progrès essentiel de sa politique sur les doctrines antérieures. Il se croit autorisé par là à dénier

(1) *Du gouvernem. civil*, II, 2.
(2) Ib. II, 173.
(3) Ib. II, 69 sq.
(4) Ib. II, 54 sq.
(5) Ib. II, 74 sqq.

à l'État tout fondement naturel et à l'établir sur un contrat. Le contrat d'association fonde l'Etat ; tout le reste est décidé par la pluralité des associés (1). Avant le contrat politique, la liberté et l'égalité de liberté règnent entre les individus, tels qu'on les voit exister actuellement entre Etats différents ; ce n'est pas pourtant la guerre de tous contre tous ; ce n'est pas l'arbitraire, parce que la loi de la nature et de la raison conduit les hommes à se considérer comme créatures de Dieu et à se protéger réciproquement (2). Si donc le contrat politique est considéré comme un acte volontaire, il ne laisse pas d'être sans puissance contre la loi naturelle ; celle-ci ne peut pas être anéantie (3), et elle est la source d'où découlent les conditions de toute association politique. Conformément à la loi naturelle, l'Etat a pour but la conservation de la vie et de la liberté des personnes, ainsi que celle de la propriété, qui n'est considérée que comme une extension de la liberté personnelle. Par conséquent ces biens prennent aux yeux de l'Etat un tout autre intérêt (4). La famille et sa propriété, constituant un domaine particulier de la vie morale, ne doivent pas être lésées par l'Etat. En entrant dans l'Etat, on ne renonce à d'autre liberté qu'à celle d'être son propre juge ; mais comme le roi lui-même est au nombre de ceux qui se lient par le contrat

(1) Ib. II, 95.
(2) Ib. II, 4 sqq.
(3) Ib. II, 135.
(4) Ib. II, 23 sq.; 26 sq.; 123; 138.

politique, il en résulte que la royauté absolue est impossible, parce qu'alors le roi serait son propre juge (1). L'Etat et le pouvoir politique émanent uniquement du peuple; l'autorité ne peut donc pas avoir de droit supérieur à celui qu'avait le peuple lui-même; et comme personne ne possède un droit illimité, même sur sa liberté et sur sa vie, nul droit illimité ne peut être non plus conféré à l'autorité (2).

Dans la théorie de la constitution de l'État, Locke part, ainsi que ses prédécesseurs, de ce principe que la forme politique dépend du nombre de ceux qui exercent le pouvoir (3). Mais ce n'est là qu'un vieux reste d'une doctrine dès longtemps presque oubliée. Ses vues sur les formes de l'Etat présentent déjà un autre caractère. Il n'est pas favorable à la monarchie pure, ni en général à aucune forme politique pure. Sa théorie repose sur la distinction des pouvoirs, telle qu'il l'a présentée dans une première esquisse. On le voit préoccupé jusqu'à un certain point du souvenir de la constitution anglaise. Il distingue dans l'Etat trois pouvoirs : le législatif, l'exécutif et le fédératif. Le pouvoir législatif est le premier de l'Etat, parce qu'il lui donne l'unité, la forme et la vie. Il émane du peuple et ne doit pas sortir du peuple, qui a le droit de dissoudre ce pouvoir, s'il s'était corrompu, et la puissance de le renouveler; le peuple ne fait que le déléguer.

(1) Ib. II, 87 sqq.
(2) Ib. II, 135.
(3) Ib. II, 132.

Mais une délégation continuelle de ce pouvoir aux mêmes personnes offrirait, selon Locke, une trop grande tentation d'en transgresser les limites, et comme les lois, une fois portées, n'ont plus besoin que d'être réformées de temps en temps, la législation doit être déléguée à une assemblée, qui ne reste pas toujours réunie, et perde son pouvoir dès qu'elle est dissoute (1). Cependant, pour prêter une force constante aux lois, il faut un pouvoir toujours efficace ; ce pouvoir est l'exécutif, qui renferme en lui le judiciaire. A ce pouvoir se joint le fédératif, qui préside aux relations extérieures de l'Etat. Locke considère ce dernier comme le pouvoir naturel, parce qu'il répond au droit déjà existant dans l'état de nature. Les deux pouvoirs exécutif et fédératif, quoique différents dans leur essence, doivent donc résider dans la même main, parce qu'ils ont besoin, pour être efficaces, de toute la puissance de l'Etat (2). Locke recommande en conséquence la monarchie tempérée, où le haut pouvoir exécutif et fédératif appartient au roi, qui participe nécessairement aussi au pouvoir législatif, parce que l'exécuteur de la loi ne peut rester sans influence sur la loi ; car il faut bien que les défauts des lois humaines soient corrigés dans l'exécution. Voilà le fondement des prérogatives du pouvoir royal, prérogatives qui ne peuvent néanmoins être immuables, car le perfec-

(1) Ib. II, 149 sq., 212.
(2) Ib. II, 145.

tionnement graduel de la législation réclame de moins en moins les réformes de la loi par l'exécution (1). Au fond de toutes ces prescriptions relatives à la division des pouvoirs subsiste toujours le principe que la souveraineté réside dans le peuple; quand les pouvoirs sont en conflit et qu'ils viennent à dégénérer, la ressource suprême est dans le peuple lui-même. Le pouvoir législatif et le pouvoir royal doivent nécessairement s'incliner devant ses décisions (2). Quand le gouvernement est corrompu, la société n'est pas corrompue pour cela. Il n'y a, selon Locke, qu'une puissance extérieure, qui puisse dissoudre le peuple (3).

Locke s'efforce de séparer l'Eglise et l'Etat, aussi bien que l'Etat et la famille. L'Etat a en vue les avantages extérieurs de la vie terrestre; l'Eglise, les biens célestes (4). Nous appartenons par la naissance à notre patrie, mais non à notre Eglise; nous n'y entrons qu'en nous y associant volontairement (5). Comme la société civile n'a rien à faire avec les intérêts de l'Eglise, les lois de l'Etat ne doivent avoir aucun égard à la foi religieuse. Il ne peut être question d'un Etat chrétien; la foi ne peut pas exclure du droit. Le principe de l'Etat est que chacun doit jouir de tous les droits

(1) Ib. II, 144 sqq.
(2) Ib. II, 150; 159.
(3) Ib. II, 149. Le peuple conserve toujours un pouvoir suprême de changer ou de renvoyer l'autorité législative. Ib. II, 240. Le peuple doit rester juge.
(4) Ib. II, 211.
(5) *Lettre sur la tolérance*, p. 234 sq.

qu'il reconnaît aux autres; il convient qu'il tolère toute espèce de culte extérieur. Ce qui, par un fanatisme absurde ou par le mépris de la Divinité, pourrait mettre en péril les intérêts de l'Etat, et tel est le cas de l'intolérance et de l'athéisme, est la seule chose qui ne doive pas être tolérée. La superstition et l'incrédulité peut ne pas être sans péché; mais l'Etat n'a pas à punir les péchés, à moins qu'ils ne lèsent les droits d'autrui (1).

Il faut d'autre part que l'Eglise se gouverne elle-même, parce qu'elle repose sur une association volontaire. Chacun est chargé personnellement du soin de son âme. Cependant, comme il est naturel à l'homme de manifester publiquement son respect pour la Divinité, il se forme des communions religieuses, qui possèdent le droit de recevoir ou d'exclure des membres afin de se conserver. La foi ne peut être obtenue par contrainte; l'enseignement et la persuasion sont par conséquent le seul moyen, par lequel l'Eglise puisse se soutenir, et la tolérance des opinions est le vrai caractère de l'Eglise (2). L'Eglise chrétienne, que Locke tient pour la véritable, est celle qu'il a particulièrement en vue. Au fond il se rattache à ceux qui avaient recommandé la religion naturelle. A leur exemple, il ne prétend pas rejeter la religion positive, mais la simplifier, la débarrasser de discussions inu-

(1) Ib., p. 235.
(2) Ib., p. 237; 243; 245 sqq.; 250 sq.; 253.

tiles, de querelles de partis, auxquelles les simples ne comprennent rien, qui ne peuvent pas par conséquent être nécessaires au salut, et ne font que nourrir l'intolérance. Il ne conteste pas à la théologie l'honneur d'être la science suprême ; mais il ne faut pas en faire un instrument de parti (1). Il avait voulu, dans son *Essai sur l'entendement humain,* couper court à de vaines subtilités ; il voudrait qu'on se proposât un but pareil dans la doctrine de l'Eglise. Il faut dans cette doctrine nous attacher aussi à la raison. Une révélation contraire à la raison n'est point soutenable ; la révélation est faite pour enrichir la raison naturelle ; il faut donc qu'elle concorde avec la religion naturelle et n'enseigne que des choses vraisemblables. C'est à la raison à prononcer sur ce qui peut prétendre au titre de révélation. Les prescriptions de la religion naturelle sont les premières règles ; elles sont claires et intelligibles à tous ; la révélation verbale est au contraire équivoque, et elle ne peut être éclaircie que si on la ramène à la religion naturelle. Mais ceci ne conduit pas à nier que la révélation traditionnelle puisse aller au delà de la raison. Locke est aussi opposé au pur naturalisme en religion qu'à l'enthousiasme et au trafic de mystères et de révélations soustraites au jugement de la raison humaine (2). A ceux qui voudraient n'admettre dans les doctrines théologiques que des véri-

(1) Ib., p. 232 ; 236 sq. ; 240 ; 243.
(2) *De la cond. de l'entend.*, 22.

tés naturelles il objecte, dans le sens de ses vues sceptiques, que généralement nous regardons comme nos propres découvertes et tenons pour certaines bien des choses, que nous avons reçues pourtant de la seule tradition (1).

Quant au fond des doctrines religieuses, Locke l'apprécie en prenant pour point de départ la nécessité de la religion. Outre sa mission sur la terre, chacun doit songer encore à la vie à venir ; de là la religion (2). La limitation des connaissances, que nous avons de l'avenir, nous pousse à nous reposer sur la révélation ; la limitation de nos connaissances sur la nature nous permet d'admettre des miracles pour autoriser la révélation. Mais des vérités importantes sont les seules, que Dieu ait dû vouloir nous transmettre par des voies extraordinaires (3). La révélation concerne nécessairement le salut de notre âme ; c'est d'elle que nous devons attendre la rédemption, à laquelle nous ne pouvons atteindre par nos propres forces. En effet, le juste seul peut être sauvé ; mais nul ne peut être juste, c'est-à-dire obéir en tous points à la loi divine (4). Dieu nous a donné la raison, et avec la raison une loi qui devait absolument y correspondre. Mais notre faiblesse a plié sous cette loi ; de là le péché, où nous sommes tombés, et la mort issue du

(1) *Ess. sur l'ent. hum.*, III, 9, 23 ; IV, 18, 5 ; 7 ; 10 sq. ; 19, 4 ; *Discours sur les miracles*, p. 454 ; *Le christ. raisonn.*, p. 474.

(2) *Le christ. raisonn.*, p. 534.

(3) *De la cond. de l'ent.*, 8.

(4) *Disc. sur les mir.*, p. 454 ; *Le christ. raisonn.*, p. 533.

péché. Personne ne peut, il est vrai, être puni pour les actions d'autrui ; mais il faut nécessairement que nous soyons délivrés de la mort et de notre faiblesse. C'est pourquoi Dieu, qui est toujours un père tendre et miséricordieux, nous a promis et envoyé un Sauveur (1). Ce sauveur est le Christ, le Messie. Nous lui devons foi et obéissance ; c'est par elles que nous serons sauvés. Locke ne voit, à l'exemple de Hobbes, dans l'Eglise qu'un royaume, lequel a nécessairement, comme l'Etat, ses lois et sa constitution ; il considère Christ comme un roi qui nous a fait une loi de l'obéissance, en y joignant des promesses pour la docilité, des menaces contre la rébellion (2). La révélation est à la fois miraculeuse et mystérieuse ; notre intelligence du royaume spirituel est fort bornée ; Locke pense toutefois que nous sommes éclairés par un rayon de vraisemblance sur le plan de Dieu dans ce royaume (3). Nous savons qu'au temps de Christ la passion avait obscurci la lumière de la raison, et que le polythéisme régnait ; les prêtres parlaient peu de moralité, les philosophes peu de religion ; le culte extérieur réclamait une transformation ; il fallait qu'une morale pure fût annoncée au peuple ; il fallait une puissance qui prêtât force et appui à la loi naturelle ; la prédication morale ne suffit pas ; nos propres forces ne nous mènent pas loin. Voilà pourquoi Dieu nous a envoyé

(1) *Le christ. raisonn.*, p. 477.
(2) Ib., p. 474 sqq. ; 540.
(3) Ib., p. 477 ; 480 ; 520 ; 522 ; 524 sq.

le Rédempteur pour porter remède à tous ces défauts et à la corruption de la nature humaine (1). Maintenant nous devons croire à Christ et lui obéir. Or le mystère consiste en ce que cette foi traditionnelle doit servir aussi à notre justification. Nous ne pouvons pas pourtant obéir en tous points à cette loi, que Christ a donnée et qui exige le renoncement. Christ ne nous a relevés en rien de la loi naturelle ; il n'a fait qu'ajouter à sa rigueur (3). Pour éclaircir ce mystère, Locke recourt aux forces que prête la religion. Après tout, elle n'exige pas un renoncement absolu. Elle promet des récompenses à ceux qui lui obéissent ; elle nous amène donc à la vertu par l'intérêt. Les philosophes païens ne faisaient pas assez en recommandant la vertu, parce qu'elle trouve son prix en elle-même, et en annonçant l'immortalité de l'âme d'une manière obscure. Il fallait que la révélation nous assurât d'une récompense dans la vie éternelle. A cela vient s'ajouter un nouvel encouragement, et le plus mystérieux de tous, la promesse du secours divin. Faisons ce que nous pouvons, et l'appui du Saint-Esprit nous est promis. Comment le Saint-Esprit opère-t-il en nous ? c'est une question que nous ne devons point chercher à résoudre (4). Tel est le plan de Dieu à l'égard de

(1) Ib., p. 530.
(2) Ib., p. 530 sqq.
(3) Ib. p. 516; 520; 522 ; 527.
(4) Nous sommes intéressés à la vertu, elle est visiblement l'acquisition qui enrichit le plus, et de beaucoup, le meilleur calcul. C'est sur ce fondement, et sur lui seul, que la moralité peut être inébranlable et

l'humanité ; il n'est pas fait pour des recherches savantes et profondes, mais intelligible à la foule des hommes simples, et il est pour tous un objet de méditation nécessaire (1).

On ne saurait prétendre que ces idées découlent du sensualisme de Locke. Elles dépassent de beaucoup les données des sens et de la réflexion ; c'est un intérêt qui pousse Locke à accepter ces vraisemblances. Tel est le caractère général de sa doctrine : il faut y distinguer deux parties, deux éléments, les recherches sur l'intelligence humaine et les prescriptions pratiques relatives à la vie sociale ; mais on ne peut méconnaître que celles-ci ne soient les ressorts réels de toute sa doctrine. Son *Essai sur l'entendement humain* vise essentiellement à nous détourner de vaines subtilités spéculatives ; il entasse les difficultés et les doutes contre la connaissance de l'essence des choses, afin de nous confiner sur le terrain du vraisemblable et de la foi ; il considère les liaisons de pensées, que nous opérons dans la théorie, comme ces liaisons des choses matérielles que nous essayons dans la pratique. Il ne faut pas perdre de vue qu'il circonscrit ainsi ses idées spéculatives par son système pratique,

défier toute attaque. C'est ce qui fait d'elle quelque chose de plus qu'un nom, ce qui en fait un bien substantiel, digne de nos aspirations et de nos efforts, et c'est à la religion de Christ que nous en sommes redevables. A tous ces avantages, il faut en ajouter encore un autre, c'est la promesse de secours que Jésus-Christ nous a faite. Faisons ce que nous pouvons, et il nous donnera son esprit pour nous aider à faire ce que nous devons faire comme nous devons le faire.

(1) Ib., p. 540 sq.

si l'on veut se former un jugement exact sur sa doctrine et sur les conséquences qui en sont sorties.

En face d'une telle inconsistance et de si peu de rigueur dans ses recherches scientifiques, on serait tenté de s'étonner que cette doctrine, d'une valeur si faible, ait pu exercer une influence si considérable et qu'on ne peut contester. On pourrait jusqu'à un certain point la comparer sous ce rapport à celle de Descartes, dont l'action a tenu bien plus à l'impulsion qu'elle a donnée qu'aux résultats positifs qu'elle apportait; mais si les principes d'investigation, que nous trouvons chez Locke, ne s'étaient croisés de manière à offrir aux recherches scientifiques un solide point d'attache, ils n'auraient pas été capables de s'imposer aux convictions et de dominer les recherches, comme ils l'ont fait. Le croisement de ces idées provient essentiellement, si je ne me trompe, de ses vues politiques sur notre intelligence et notre activité.

L'*Essai sur l'entendement humain* n'offre en réalité, dans les recherches particulières qui le composent, rien de bien nouveau, et l'ensemble que l'auteur a conçu ne peut prétendre au mérite de présenter dans un ordre rigoureux, sous une forme sûre et dégagée, les résultats antérieurement obtenus. Le caractère polémique de l'ouvrage, le défaut d'enchaînement logique, le mélange d'hypothèses tirées de la physique, une certaine incertitude dans ses idées sur notre connaissance des choses, tout cela montre plutôt, dans l'ordonnance des parties, l'œuvre d'un amateur qui, sans méditations suffisantes et sans profondeur d'esprit, passe en revue les faits de la science, et qui se choque des exigences élevées par des esprits d'un autre ordre, faute de pouvoir apprécier les motifs profonds qui les dirigent. Il lui suffit, pour écarter les théories du rationalisme, de combattre un malentendu qu'il y aperçoit. Il embrasse le sensualisme, dont les doctrines de plus en plus développées étaient depuis longtemps en voie de succès progressif, et l'on ne peut dire qu'il leur ait donné plus de perfection et d'achèvement. Il n'examine pas la méthode expérimentale, comme Bacon; il ne s'attache pas, comme Hobbes, à étudier l'origine et la valeur de la sensation. S'il fait ressortir l'opposition des sens extérieurs et du sens intime ou de la réflexion plus que les sensualistes antérieurs, ce n'est pas qu'il ait su en tirer un parti plus grand que ne l'avait fait Campanella; c'est un simple effet de l'influence exercée par la doctrine cartésienne, qui avait marqué avec tant de force l'opposition du corporel et du spirituel. Encore si Locke était arrivé, sur cette opposition, à une conclusion plus ferme! Mais ses doutes sur l'immortalité de l'âme, ajoutés à ceux qu'il émet sur la possibilité de connaître la substance, ne font que manifester la tendance sceptique, résultat naturel du sensualisme. Du reste Locke n'a hasardé que les premiers pas dans cette voie; son esprit irrésolu hésite à avancer, de peur de se trouver en lutte avec d'autres tendances de son temps et de son système. Ainsi, pour ne pas voir lui échapper l'objet même de ses recherches sur l'origine de nos idées, il admet, selon la doctrine cartésienne, que nous connaissons notre âme par une intuition immédiate. Ainsi il se repose sur ces faibles démonstrations de l'existence de Dieu, bien qu'il ne puisse signaler aucune représentation sensible, qui puisse nous élever au-dessus du monde sensible jusqu'à l'idée de Dieu. Ainsi il n'hésite pas à mettre en avant une évidence sensible, qui nous informe de l'existence du monde extérieur, malgré l'aveu inévitable que nous ne sommes jamais informés de rien que de nos propres sensations. A ce trait, comme à d'autres signes, nous reconnaissons que la foi aux procédés de la science moderne de la nature l'entraîne au delà de ce que peuvent atteindre ses principes sur l'intelligence humaine. Ces principes mêmes ne sont pas restés complétement intacts à cet égard. Il faut bien l'avouer, au moins pour nous expliquer comment Locke, combattant l'école cartésienne, pose comme principe premier de nos pensées non pas la réflexion, mais les sens extérieurs, tout en convenant que nous n'avons que de notre âme seule une intuition immédiate. Mais cette pente de son époque s'annonce plus nettement encore dans la distinction qu'il établit entre les propriétés dérivées et les propriétés primaires des choses; car cette théorie forme la plus frappante contradiction avec le caractère sceptique de sa théorie de la connaissance. Il obéit ainsi à de simples tendances, et si nous embrassons l'ensemble des idées contenues dans son *Essai sur l'entendement humain*, nous n'y trouverons guère que des opinions produites par des tendances.

La balance est un peu plus favorable à Locke, quand on considère l'économie générale de son principal ouvrage. L'idée, qui en est la base, savoir de soumettre à l'examen la certitude et la portée de nos connaissances en en recherchant les sources, a une valeur justement appréciée. Cette idée n'est pas assurément d'une nouveauté absolue, et personne ne niera que l'exécution ne présente de très-graves imperfections, du moins si les observations précédentes ont quelque fondement ; mais enfin nul philosophe n'avait avant Locke fait de cette idée le centre de ses recherches, sinon comme moyen de développer des vues exclusivement sceptiques ; nul philosophe ne l'avait appliquée avec tant de détails à une revue des différentes sphères de notre intelligence. Certes nous ne saurions adhérer à ses conclusions, quand il se déclare sans réserve contre les principes rationalistes. Toutefois sa polémique aboutit à un résultat, qui n'a rien de décourageant, lorsqu'elle établit l'impossibilité de supposer des connaissances déjà complètes comme principes primordiaux de notre développement intellectuel, et lorsque Locke (fait plus important encore) entreprend de démontrer que tous les matériaux, sur lesquels notre réflexion opère, sont donnés par la sensation, sans que nous ayons d'autre pouvoir que d'en ordonner les parties selon divers rapports. Il s'ensuit que l'idée de rapport occupe dans sa doctrine une place plus considérable que dans celle des cartésiens, malgré l'importance accordée par ceux-ci aux rapports mathématiques. Ce serait là une conception de notre faculté de penser fort estimable, car elle conduit à conclure que la sensation nous donne bien la matière, mais non la forme de nos idées ; seulement Locke atténue de deux manières la valeur de cette conception. D'une part, il dépouille les idées de rapports, ainsi que la connaissance de l'universel, de toute valeur objective ; d'autre part, il doute, si l'ordonnance des matériaux de nos idées est un acte de notre liberté, ou si elle n'est pas plutôt un ouvrage de la réflexion involontaire. Il n'a pas songé du moins que la distinction et le rapprochement des matériaux, sur lesquels notre pensée opère, doivent nécessairement avoir lieu selon les lois de l'entendement ou de la réflexion libre pour nous procurer une connaissance, et cette méprise a enlevé à ses vues toute fécondité. Cela dépassait du reste la sphère du sensualisme, où il était enfermé.

On aperçoit ici même qu'à ses doctrines sur l'entendement humain se mêle un principe, qui leur est étranger. Son sensualisme conduit essentiellement à conclure que nous sommes passifs dans la connaissance. Les images des objets extérieurs s'impriment dans la sensibilité, se représentent dans la réflexion, provoquent l'esprit à les comparer entre elles, de sorte que nous ne pouvons nous empêcher d'apercevoir leur ressemblance ou leur dissemblance ; nulle place dans tout cela à la liberté de l'entendement. Or il n'y a pas de défenseur plus ardent de la liberté que Locke. Il y tient comme à la puissance pratique qui peut, sinon créer de nouveaux matériaux, du moins modifier les rapports des matériaux qui lui sont donnés, soit hors de nous, soit en nous. Ses vues pratiques viennent se combiner avec ses vues sur notre pensée spéculative. De là la faculté, qu'il nous reconnaît, d'établir entre nos idées des liaisons nouvelles. Ce procédé scientifique est un artifice d'invention humaine. Cependant l'entendement se meut ici dans une plus libre carrière; seulement il ne trouve en lui-même nulle loi qui gouverne ses démarches, parce que l'entendement ne trouve généralement en lui rien d'inné. Aussi n'y a-t-il pas lieu d'attendre que ce procédé conduise l'esprit à découvrir la substance, la vérité des choses. Les rapports, dont nous nous formons l'idée, ne sont rien hors de l'intelligence ; ils ne manifestent rien de la nature des objets, et cet arrêt tombe jusque sur les théories mathématiques, auxquelles Locke reconnaît pourtant ailleurs une valeur plus haute. Il en est de ces ouvrages scientifiques comme des autres ouvrages de l'art : c'est à leur utilité de les justifier.

Ainsi les vues pratiques de Locke et sa conception de la science humaine dépendent étroitement l'une de l'autre ; moins il est favorable à la science, plus est forte la pente qui l'entraîne à la pratique, et ses efforts spéculatifs ont eux-mêmes pour objet principal de débarrasser la pratique des chaînes et des préjugés, dont la chargent les subtiles combinaisons de la science. Le couronnement de son œuvre eût été cette démonstration mathématique de la morale, qu'il croyait possible. Mais il s'en est tenu à de vaines promesses, qui témoignent uniquement de l'aveugle confiance de Locke et de ses contemporains dans la méthode mathématique. C'était à cette méthode d'imposer sa forme à toute science; à voir cette opinion répandue non-seulement parmi les rationalistes, mais chez ceux qui ne croyaient pas à l'autorité des principes universels de la raison, on ne peut douter que ce ne fût là dans cette période une idée aussi générale qu'irrésistible.

Locke présumait trop de ses forces en songeant à une exposition rigoureuse et scientifique de la morale; nous en avons des preuves suffisantes dans ses travaux sur la vie pratique. Ils répondent complétement au caractère que la morale devait revêtir graduellement dans les temps modernes. L'intérêt et le désir du bonheur dominent dans les principes généraux de Locke, mais n'ont pas une prééminence assez décidée pour les constituer absolument; la pensée de la vie future, le respect du devoir et de la vertu, l'idée d'une loi naturelle, qui rattache l'individu aux intérêts généraux et qui l'unit à l'humanité et au tout, ouvrent encore un accès et font une place à l'idée même de dévouement. Les réflexions morales de Locke s'éparpillent d'autant plus facilement sur les objets particuliers qu'il maintient avec moins de conséquence ses principes généraux. Locke s'est formé sur ces divers objets des théories, qui, prises dans leur ensemble, offrent le caractère de théories sociales; il traite de la société de la famille dans la pédagogique, de la société de l'Etat dans la politique, de la société de l'Eglise dans la philosophie religieuse; il examine aussi les rapports que ces sociétés soutiennent entre elles, mais uniquement pour montrer qu'elles ont toutes des principes et des buts spéciaux, d'où résulte la nécessité de les séparer. La vie sociale se divise donc théoriquement en domaines distincts, et Locke n'y voit qu'une série de relations dont nous disposons à notre gré, et que nous pouvons concevoir par conséquent comme des combinaisons artificielles. La liberté dans ces diverses sphères repose essentiellement sur leur séparation, qui exclut tout empiètement de l'une sur l'autre; cette liberté n'est au fond que la simple négation d'une action morale étrangère. Ainsi Locke réclame la liberté pour la famille, en astreignant l'Etat au respect absolu de ce qui appartient à la famille; il demande la liberté de l'Etat et dans l'Etat, en divisant les pouvoirs et en les affranchissant de l'Eglise; il demande la liberté dans l'Eglise et la tolérance des opinions, par la raison que l'Etat et la puissance ecclésiastique ne doivent pas être confondues. A tout prendre, toutes ces thèses reviennent à défendre des libertés personnelles, parce que la personne, l'individu existe en soi et s'affirme pour soi; c'est le nominalisme de la philosophie moderne, dont on voit ici les conséquences reparaître au jour. Le développement de la liberté politique en Angleterre a servi de base et de recommandation à ces principes philosophiques.

Les effets produits par la doctrine de Locke sont la résultante des énergiques aspirations de son temps combinées. Cette doctrine incline en gros plus à l'utilité politique qu'à la théorie, plus à l'art qu'à la nature. Notre empire arbitraire sur le trésor des représentations, dont nous disposons, lui paraît analogue à notre action sur les choses extérieures. Mais il va de soi que cette doctrine ne peut atteindre ces choses et ces représentations jusque dans leur principe naturel. La nature est en nous et hors de nous, et elle produit tout suivant ses lois. Dans nos instincts sociaux, nous suivons nécessairement l'impulsion de la nature, nous obéissons à ses lois; la nature nous fournit aussi les matériaux de nos idées; elle associe celles-ci dans les substances, dont nous devinons l'existence, et même dans les notions de genres et d'espèces. Puis se présentent des conjectures sur la nature des corps, sur leur composition, sur les lois de leur mouvement, et même sur leurs propriétés originaires. Mais il est évident que tout cela reste enveloppé de bien plus de nuages que ce que nous savons de la production des idées en nous et de leurs rapports entre elles. Les substances, la véritable essence des choses, les raisons de leur mouvement, en un mot, toute la nature extérieure ne peut nous être connue à fond, bien que nous ne puissions nous empêcher de reconnaître son existence. Les deux mondes de l'être, le monde spirituel et le monde corporel, les deux sphères du savoir, la science de nos idées et la science du monde extérieur, se séparent absolument; Dieu n'a voulu nous révéler que ce qui est utile à notre vie pratique. Or notre vie pratique n'exige que des connaissances vraisemblables. Locke se contente donc, en raison du système pratique, qu'il se propose d'édifier, de la foi et de l'opinion. Sa philosophie est celle du bon sens, qui se repose dans l'opinion vulgaire. De tout ce que le temps lui faisait une loi de reconnaître, elle ne rejette rien, elle n'approfondit rien non plus. Quiconque ne vise à autre chose qu'à la vraisemblance requise pour se conduire, peut embrasser cette doctrine. Mais quel est le fondement de la vraisemblance, et comment peut-elle se découvrir à nos yeux, à des esprits qui ne connaissent pas la vérité, c'est sur quoi il ne faut pas demander à Locke d'éclaircissement.

CHAPITRE III

SHAFTESBURY.

Tradition rationaliste en Angleterre. Wollaston et Samuel Clarke. — Vie de Shaftesbury. — Ses écrits. — Position qu'il prend vis-à-vis de la religion. — Attitude d'opposition contre ses devanciers dans la philosophie moderne. — Platonisme pratique; préférences pour la philosophie pratique. — Nécessité d'asseoir celle-ci sur la métaphysique. Connaissance de soi-même. — Distinction du moi et de ses phénomènes. — L'unité intime de l'homme dans son moi. — La substance dans l'unité intime et dans la liaison régulière des parties. — Elle n'est pas connue par les sens. Polémique contre le sensualisme. — Idées naturelles et instinctives. — Le sens moral. — La réalité de l'universel. — Ordre, régularité et unité de la nature, fondements du réalisme de Shaftesbury. — Il combat les objections tirées de l'existence du mal. — Il conclut de la régularité de la partie, à la régularité du tout et à l'unité du principe. — Sans l'esprit tout serait chaos. — Tout concevoir par analogie avec notre esprit. — Le bien et le beau ne se distinguent pas l'un de l'autre. — Dieu et l'âme du monde. — Dieu, objet permanent de notre amour; il est la bonté suprême. — Nous connaissons cette bonté par celle qui est en nous. — Trois degrés de beauté. La distinction qu'il fait entre eux est défectueuse. — Trois sortes de penchants. — L'intérêt personnel combattu. — Le plaisir spirituel est compatible avec la vertu. — La tendance au bonheur sera satisfaite dans la vie éternelle. — Revue.

Le nom de Locke est arrivé à la postérité comme une des gloires du peuple anglais. Cependant les idées, qu'il a propagées ou fait naître, ne représentent qu'une face de la philosophie, dont la tradition s'est continuée en Angleterre. La direction, que nous avons signalée chez Herbert, Cudworth, ainsi que chez d'autres partisans du platonisme et même des doctrines théologiques, n'a pas cessé de se maintenir et de s'étendre.

Au commencement du XVIIIe siècle, elle est représentée par Shaftesbury, Guillaume Wollaston et Samuel Clarke. Nous ne mentionnons les deux derniers que pour caractériser une disposition prononcée des opinions en Angleterre à cette époque; leurs noms sont encore tenus en honneur aujourd'hui; mais il est hors de doute que le fond des doctrines, indiquées plutôt que développées par Shaftesbury, a exercé sur la postérité une action beaucoup plus profonde. Wollaston et Clarke se sont peu occupés de l'origine de nos connaissances, et peut-être seraient-ils tombés d'accord sur ce point avec Locke, comme ils s'accordent avec lui sur d'autres questions. Mais on les voit tous deux moins enclins au scepticisme que Locke, sans cesse préoccupés qu'ils étaient d'un intérêt pratique; ils comprenaient que nous ne pourrions subsister et nous retrouver parmi les choses, si nous n'avions pas la faculté de les connaître. Clarke était de plus poussé en ce sens par l'intérêt spéculatif, qu'il prenait à la science de la nature, et qui fait de lui un des plus zélés défenseurs des théories newtoniennes. La vérité spéculative paraissait à ces deux philosophes coïncider avec la vérité pratique. Le fond de leurs principes moraux, c'est que nous connaissons notre nature et la nature des choses, et que dès lors nous devons traiter chaque chose selon sa nature. Toutes choses ont un but, et sont disposées pour une fin par rapport aux autres choses; c'est ce que nous ne devons pas perdre de vue, dans l'usage que nous faisons des choses. La convenance ou la finalité des actions est la mesure de la moralité. Le principe suprême de la conduite est donc que toutes choses doivent être traitées selon leur nature. Agir d'après cette loi, c'est le bien; le contraire est le mal; le mal revient donc à méconnaître la nature des choses, et consiste dans une faute de calcul (1). Il est évident que, dans cette théorie morale, la mesure générale est prise du système de la nature.

Antoine Ashley Cooper, le troisième comte de Shaftesbury, comme le nomment les Anglais, pour le distinguer de son grand-père, le célèbre homme d'Etat et le premier comte de Shaftesbury, était né en 1671 à Londres dans la maison de son grand-père. Celui-ci prit soin de sa première éducation. Ainsi il lui inculqua les principes des whigs, et éveilla en lui le besoin de s'affranchir de l'opinion vulgaire. Sur le conseil de Locke, qui prit part à son éducation, on lui donna une gouvernante qui lui parlait latin et grec, et lui apprit ces langues par l'usage. De là son goût pour la littérature ancienne, qu'il a conservé toute sa vie; mais lorsque dans la suite il fréquenta l'école de

(1) Dans l'édition des œuvres de Samuel Clarke, Lond. 1738. *Discours sur l'exist. et les attrib. de Dieu*, p. 575. Le vrai fondement de toutes les obligations morales éternelles est que les mêmes raisons (savoir, les différents rapports, nécessaires et éternels, que les choses soutiennent entre elles, et la propriété ou l'impropriété de l'application des différentes choses ou des différents rapports qui existent entre elles, résultant avec nécessité de la différence des choses elles-mêmes), que les mêmes raisons, dis-je, qui déterminent toujours et nécessairement la volonté de Dieu, doivent aussi déterminer constamment la volonté de tous les êtres intelligents subordonnés.

Winchester, il fut en butte aux plaisanteries de ses condisciples. Au lieu de l'astreindre à suivre le cours ordinaire d'une éducation savante, on le fit voyager. Dès l'âge de dix-neuf ans, il fut appelé à occuper un siége dans la chambre basse, mais il refusa. L'année suivante, il écrivit un de ses principaux ouvrages, l'*Essai sur la vertu*. Cet écrit tomba entre les mains du libre penseur Toland, qui, dit-on, y introduisit des changements avec lesquels il fut publié : Shaftesbury fit ce qu'il put pour supprimer l'édition. A vingt-quatre ans il entra dans la Chambre des communes, et il y défendit avec zèle et avec liberté ses principes politiques, sans s'assujettir en esclave à la tactique de son parti. Le fardeau des affaires était trop lourd pour son organisation maladive. Après la clôture du parlement, il refusa une nouvelle élection, et sous prétexte d'étudier la médecine, il s'adonna aux sciences, sans se soucier de son rang. Il entretint un étroit commerce d'amitié avec Le Clerc et Bayle. La mort de son père lui ouvrit bientôt la Chambre haute, et, lorsqu'éclata la guerre de la succession d'Espagne, il manifesta un grand zèle pour la politique de Guillaume III. Néanmoins il refusa un poste d'honneur que le roi lui offrait dans le gouvernement. Sous la reine Anne, son indépendance lui fit encourir la défaveur du parti dominant. Une fonction dont il avait hérité lui fut ôtée. Il vécut, depuis lors, tout entier à ses travaux scientifiques, sans renoncer cependant complétement aux affaires publiques, et particulièrement à la défense des principes politiques des whigs. Il alla chercher en Italie un climat plus favorable à sa santé chancelante, mais il mourut à Naples en 1713.

Ses écrits dévoilent clairement son caractère, par l'effort qu'il fait pour y réunir à la fois les conditions de la science et celles de l'art. Ils se composent de dissertations, où il imite le ton d'une conversation distinguée. Platon, qu'il place au premier rang des philosophes, lui a servi de modèle. L'art, auquel il vise avec réflexion, est entaché dans ses ouvrages de plusieurs défauts du temps. Admirateur des anciens, il considère Aristote comme le prince des critiques, il insiste chaleureusement sur les unités, dont il fait une loi aussi bien aux arts du dessin qu'à ceux de la parole. Avec l'unité, il recommande aussi la simplicité des anciens; mais son culte ponr Boileau fait pressentir combien il était lui-même peu en état d'y atteindre. Il voit dans le goût français la renaissance de la simplicité antique, et Shakspeare est pour lui un génie barbare. Il combat la rime, les jeux de mots, le bizarre et le bariolé dans l'art et dans la mode, tandis que l'imitation de la conversation mondaine, une allure capricieuse et imprévue montre dans ses écrits la préoccupation des relations conventionnelles des hautes classes. Quelque distinguées que soient les qualités de son style et son habileté d'artiste, on peut reprendre de la recherche et de la contrainte dans ses saillies, quelque chose d'affecté dans le choix des mots et dans l'élégance parée qui préside à leur arrangement. Il admire la nature que poëtes et philosophes doivent reproduire (1); mais c'est la nature des bergeries qui captive son goût amolli. Le sentiment du beau, du vrai, du bien, qui anime ses ouvrages, porte la trace profonde des conventions et de l'afféterie, attachées à la mode du temps. Il ne peut que jeter des regards de désir et de regret sur la simplicité et le naturel, dont les conditions de sa vie lui interdisent d'approcher.

Ses petites dissertations sont pour la plupart des écrits de circonstance. Le premier de ses écrits, l'*Essai sur le mérite et la vertu*, édité d'abord par Toland, refondu plus tard par l'auteur lui-même, lui avait fait la réputation d'un railleur de la religion. Sa seconde publication, la *Lettre sur l'enthousiasme*, composée au moment où les *Prophètes français*, protestants exaltés qui étaient bannis de France, provoquaient en Angleterre une assez grande agitation religieuse, était faite pour jeter le même jour sur son caractère. On voulait pousser le gouvernement à des mesures d'intolérance; pour l'en détourner, Shaftesbury s'efforçait de montrer que l'esprit et l'ironie valent bien mieux pour combattre l'exaltation religieuse que la violence. Il réussit assez bien; mais son succès l'exposa au blâme des rigoristes, qui s'indignaient de le voir livrer aux jeux de la moquerie la majesté de la

(1) *Soliloques*, III, 3, p. 354. Dans la troisième édition des *Caractéristiques*. Londres, 1723.

religion. Shaftesbury fut amené par là à défendre dans d'autres dissertations la liberté de l'esprit, à montrer qu'il ne confondait pas l'esprit libre avec le faux esprit, qu'il savait rendre hommage au sérieux, et même honorer l'enthousiasme, quand il était à sa place. La philosophie est elle-même une sorte d'enthousiasme, une passion du bien et du beau, et qui nous élève au-dessus des intérêts sensibles, misérables et vulgaires (1). Il entreprit de peindre la véritable inspiration philosophique dans celui de ses ouvrages qu'il estimait le plus (2), *les Moralistes*; c'est là qu'on trouve le plus de renseignements sur ses idées en philosophie. Enfin il a essayé de réunir en un tout, sous le nom de *Caractéristiques des hommes, des mœurs, des inclinations et des temps,* ces diverses dissertations, augmentées d'essais sur des questions d'esthétique; et il y a joint un nouvel écrit qui passe en revue toutes ces dissertations une à une, les défend et cherche à en faire voir la liaison. Mais il n'existe pas entre elles d'enchaînement rigoureux. Son allure est pleine de caprice et d'imprévu; il dédaigne la philosophie savante, pédantesque, scolaire; il lui semblerait contraire au bon goût de s'astreindre à une méthode sévère, et cela choquerait la délicatesse du monde, qui ne veut être instruit qu'en passant. Voilà pourquoi sa philosophie est restée à l'état d'esquisse et de fragment.

(1) *Réfl. mél.*, II, 1, p. 50 sqq.; 37.
(2) Ib. V, 2, p. 284 sq.

On ne peut être surpris d'après cela qu'il ait conservé la réputation de persifleur, en dépit de ses protestations réitérées. L'implacable ennemi de l'hypocrisie a encouru le reproche d'hypocrisie. N'a-t-il pas constamment soutenu qu'il faut tout soumettre, jusqu'aux choses les plus vénérables, à la pierre de touche du ridicule? Ne prône-t-il pas la philosophie académique, le libre examen, en proclamant au contraire le dogmatisme une philosophie superficielle (1)? Il lui a peu servi de déclarer qu'il prétendait employer le ridicule uniquement contre le faux enthousiasme, contre la passion précipitée, dont sont entachées presque toujours les plus nobles aspirations de l'homme et jusqu'à la religion (2); que son seul but était d'éprouver le sérieux par le ridicule, et le ridicule par le sérieux; qu'il était persuadé enfin de l'existence du bien et du beau, sur lequel ni le doute ni les coups du ridicule n'ont aucune prise (3). Le ton de l'ironie socratique, pour laquelle il marque une prédilection outrée, a fait suspecter ces affirmations. Et pourtant sa vie exemplaire porte témoignage des sentiments sérieux qui l'animaient, le but et la teneur de ses écrits déposent en faveur de la sincérité de ses paroles. Malgré l'air de scepticisme qui frappe d'abord

(1) *Les mor.*, I, 1, p. 199 sq.
(2) *Lettre sur l'enth.*, 2, p. 16; *Rech. sur la vert. et le mér.*, II, 1, 3, p. 88.
(3) *Sens comm.*, I, 5, p. 74; IV, 1, p. 128; *Les moral.*, I, 2, p. 208.

en lui, il élève un dogmatisme qui lui est propre, et que peu d'hommes ont jusqu'ici professé après lui. Mais il est bien obligé de démolir, seulement pour déblayer le terrain et préparer la base nécessaire à son nouvel édifice (1).

Dans sa lutte contre les opinions dont il voit le monde rempli, il a pris une attitude difficile à garder. Il poursuit de ses railleries d'un côté le système dogmatique de la théologie en vigueur, de l'autre la philosophie athéiste (2). Et ses coups ne sont pas également répartis entre l'un et l'autre. C'est le premier système qu'il attaque le plus souvent, et il ne lui fait que des concessions équivoques; ses coups contre l'athéisme ont plus d'énergie et de violence. Il ne se dissimule pas les difficultés d'une telle situation, et le danger des malentendus auxquels il s'expose (3).

Il combat pour la liberté de la philosophie, et est ennemi de toute intolérance religieuse. Il est inutile de prétendre établir l'uniformité des opinions parmi les hommes ; ni pape, ni symbole, ni livres saints ne sauraient y parvenir (4). Il lui paraît funeste de traiter la religion comme une autre politique (5). Bien que l'homme, qui ne peut se considérer que comme une partie du tout, doive dans sa faiblesse se soumettre à l'ordre supérieur et vivre rempli d'un respect reli-

(1) *Réflex. mél.*, III, 1, 133 sqq.
(2) Ib., I, 1.
(3) *Rech. sur la vert.*, I, 1, 1, p. 7 sq.
(4) *Réflex. mél.*, V, 3, p. 318 sq.
(5) *Lett. sur l'enth.*, 2, p. 18.

gieux, Shaftesbury ne veut point de dogme religieux (1) ; car la religion est une chose de cœur et d'amour, pure d'égoïsme et de craintes serviles (2). Il est de plus en garde contre la superstition, plus redoutable à son sens que l'incrédulité, parce qu'elle oppose au libre usage de l'entendement plus d'obstacles que toute autre chose. C'est en ce sens qu'il se range sans détour parmi les libres penseurs ou latitudinaires, noms que la superstition seule a pu décrier (3). Or il n'y a que la philosophie qui puisse prémunir contre la superstition ; il faut que la vraie religion subisse l'épreuve de la philosophie, qu'elle soit examinée d'après la vraie fin morale, d'où dépend la valeur de notre vie entière. Le sentiment moral est antérieur à la religion (4). La philosophie a de plus à rechercher s'il existe un Dieu ; la religion, au contraire, le suppose (5). La religion n'est qu'une opinion de la foule, opinion sujette à être mélangée d'erreur. Le système théologique vulgaire ne paraît pas à notre philosophe en être exempt ; il veut le purifier par les principes de la religion naturelle, et par ces mêmes principes réunis à ceux de la vraie morale (6) écarter les obstacles les plus grands, sinon les seuls, de la vraie religion. Le principal reproche qu'il

(1) *Réflex. mél.*, IV, 2, p. 224.

(2) *Les mor.*, II, 3, p. 272 sq.; *Rech. sur la vert.*, I, 3, 3, p. 54 sqq.

(3) *Réflex. mél.*, V, 3, p. 305.

(4) *Solil.*, III, 1, p. 297 ; *Rech. sur la vert.*, I, 3, 3, p. 53.

(5) *Les mor.*, II, 3, p. 269.

(6) Ib. II, 3, p. 366 ; *Sol.*, III, 1, p. 281 sq.

adresse à la théologie ordinaire est d'exalter la puissance de Dieu plus que sa bonté. C'est ce qu'on fait en attachant tant d'importance aux miracles, qui du reste ne manifestent la puissance divine que d'une manière très-équivoque ; car l'ordre inviolable du monde démontre, bien mieux que les miracles, la bonté, la sagesse et la puissance divines. Le vrai miracle, la véritable révélation de Dieu est l'ordre de l'univers (1). De mauvais esprits pourraient exercer aussi des miracles; le bien que renferme la sage ordonnance du monde selon les lois infaillibles d'une Providence éternelle ne peut être que l'œuvre du vrai Dieu. Adorer un être qui agit arbitrairement, qui ne veut pas absolument et nécessairement le meilleur, ce n'est pas adorer Dieu, mais un démon (2). Shaftesbury s'élève alors contre les doctrines qui parlent d'un Dieu terrible et jaloux, et qui peignent la vie comme si elle était sous l'empire d'un être méchant. On s'imagine servir la religion en méprisant la vertu ; on exagère la corruption de la nature humaine ; on s'efforce de lui ôter jusqu'aux racines de la vie morale, comme si c'était le moyen de glorifier la Providence. Rien de plus lugubre qu'une telle religion ; Shaftesbury croit nécessaire d'y opposer la joie, qui nous fait tout voir éclairé de la lumière du bien. Le bien comble nécessairement ceux-là mêmes qui nient le

(1) *Les mor.*, II, 5, p. 326 sqq.
(2) *Rech. sur la vert.*, I, 1, 2, p. 11.

bien (1). Il est une autre erreur de la théologie ordinaire, et une erreur plus subtile, que Shaftesbury blâme comme aussi dangereuse. On prétend nous exciter au bien par des promesses ou des menaces. Ce moyen n'a pour effet que d'allumer l'égoïsme, et il est indigne de la vraie religion. La foi aux récompenses et aux châtiments peut, il est vrai, être efficace et bienfaisante; mais il faut alors qu'on ait en vue les vrais biens et les vrais maux d'une nature toute morale et qui se rencontrent d'eux-mêmes dans les voies de l'homme juste et du méchant (2).

De ces principes du théisme dérive son jugement sur le christianisme, dont il ne veut pas rejeter les révélations (3). Il faut convenir pourtant que ses déclarations à l'égard de la religion positive sont la plupart du temps assez équivoques dans les écrits qu'il a publiés. L'histoire lui paraît partout sujette au doute; la tradition est toujours incertaine, et on ne peut s'y abandonner que dans une sorte de scepticisme passif, toutes les fois qu'on n'a pas reçu la grâce d'une révélation spéciale, et cette grâce lui manque, comme il est forcé de l'avouer (4). Quant à la religion établie,

(1) *Lett. sur l'enth.*, 3, p. 22 sqq.; 4, p. 53 sqq.; *Les moral.*, II, 2, p. 256.

(2) *Rech. sur la vert.*, I, 3, 3, p. 71; *Sol.*, III, 1, p. 281 sq.; *Les mor.*, II, 2, p. 247.

(3) *Les mor.*, I, 2, p. 209. Car, si opposé que je sois à la cause du théisme ou au nom de théiste, pris dans un sens qui exclut la révélation, je ne laisse pas de considérer le théisme, rigoureusement entendu, comme la racine de tout, et de croire que pour être un chrétien solide, il faut être avant tout un bon théiste.

(4) *Réflex. mél.*, II, 2, p. 73. La plus haute foi implicite elle-même

il la considère comme une sorte de coutume qu'il faudrait, dans l'intérêt de la sociabilité, se garder de troubler, quand même elle ne serait pas protégée par la loi. Shaftesbury ne veut pas s'arrêter à ce qu'elle a d'attaquable ; elle est dans son ensemble favorable à la sérénité de l'âme, quoique parfois les guides religieux soient obligés pour maintenir les règles de faire résonner des cordes plus sévères (1). Il croit pouvoir démontrer, sans s'écarter du point de vue historique, que la doctrine et la morale chrétienne se sont répandues à la faveur de circonstances ménagées par la Providence (2). En rapprochant ces déclarations de quelques autres plus intimes, on serait tenté de croire qu'il n'a pas voulu professer publiquement son attachement au christianisme. Il nous est parvenu une lettre qu'il écrivait à son frère, et où il lui rappelle une communion récente qu'ils ont faite en termes vraiment religieux et qui témoignent de son attachement à l'Eglise. Nous possédons d'autres lettres adressées à un jeune ecclésiastique, aux études duquel il s'intéressait ; il y vante les lois positives de notre saint législateur, convaincu que la vraie fin de l'Évangile en démontre la vérité, et que tout ce que la foule ne peut

n'est en réalité qu'une sorte de scepticisme passif, une résolution de n'examiner, de ne repasser, de ne considérer, de n'entendre, autant que possible, rien qui pût porter préjudice à cette foi, que nous redoutons de perdre une fois que nous l'avons épousée.

(1) Ib. II, 3, p. 103 ; 105 ; II, 2, p. 70 sqq. ; V, 3, p. 315 sqq.

(2) Ib. II, 2, p. 77 sq.

(3) *Biograph. britan.* (édit. 1789), IV, p. 275, not.

apprendre que par des miracles et par des prescriptions positives, le sage et l'homme vertueux l'apprennent de la nature même des choses. Il trouve dans le fond même des choses révélées le témoignage de leur divinité et de leur vérité (1). Quelque amour qu'il ait d'ailleurs pour la liberté religieuse, il n'est pas toutefois disposé à laisser la religion sans fonctionnaires pour l'enseigner et sans autorité pour la gouverner (2).

Il s'exprime contre les libertins et leur doctrine funeste avec bien plus de force encore dans ces lettres que dans les écrits qu'il a publiés. Il distingue deux espèces d'athées, les douteurs, et les téméraires qui nient Dieu. Les premiers lui paraissent dignes de pitié, mais il trouve de plus les seconds punissables (3). Les principales raisons de l'athéisme consistent dans l'opinion qui méconnaît l'ordre du monde et attribue tout au hasard. Rien de plus triste qu'un tel système, qui ne voit partout que confusion et nulle part un objet d'amour permanent (4). Mais il est encore, selon Shaftesbury, une seconde sorte d'athéisme mêlé de fanatisme, parce qu'il repose sur le culte de l'aveugle déesse nature (5). Ces deux sortes d'athéisme ébran-

(1) *Quelques lettres écrites par un lord à un jeune étudiant de l'Université* (Londres, 1716), 5; 6. La foi même de la religion en prouve la vérité... Le témoignage et la preuve de la divinité et de la vérité de la révélation sont dans l'excellence des choses révélées.

(2) Ib., 7.

(3) *Les moral.*, II, 3, p. 260 sqq.

(4) *Rech. sur la vertu*, I, 2, p. 11 ; 3, 3, p. 70.

(5) *Réflex. mél.*, II, 2, p. 65 sq.

lent les bases de la moralité et révoltent la raison humaine. Au contraire, la foi en Dieu lui paraît si naturelle que peut-être il serait, selon lui, tout aussi difficile de trouver un pur athée qu'un homme absolument vicieux (1).

Ces vues de Shaftesbury dépendent en réalité des idées philosophiques auxquelles il s'est arrêté. Il voulait, comme nous en avons fait la remarque, entrer ici dans une voie nouvelle. Par aversion pour l'ancienne école, il allait jusqu'à recommander l'*Essai* de Locke, qui a le mérite d'avoir rompu avec elle (2); il ne pouvait toutefois approuver ni la philosophie de Locke ni celle de Hobbes. Il combat la morale égoïste, la doctrine qui rejette tout élément inné, fait de la moralité une chose de convention et de mode, et dérive toutes nos idées des seules impressions sensibles (3). Il combat Hobbes comme un contempteur de toute morale et de toute religion, comme un persécuteur effréné de la superstition (4). Le mécanisme moderne, dans les théories de la nature, lui répugne en général. Il ne conteste pas la valeur des mathématiques, mais la vraie mathématique est modeste; elle n'a rien à faire avec ce qui nous intéresse avant tout, avec l'âme; l'explication mécanique de la vie de l'âme est une folie. La vraie philosophie consiste dans la con-

(1) *Rech. sur la vert.*, I, 2, 4, p. 59; 3, 3, p. 57; 69 sq.
(2) Plus. lett., 1.
(3) Ib., 8; *Solil.*, III, 1, p. 299; *Réflex. mél.*, IV, 2, p. 214 sq., not.
(4) *Sens. comm.*, II, 1, p. 88 sqq.

naissance de nous-mêmes et de notre vrai bien; la physique n'a aucune lumière à nous donner sur ces choses (1). Toute spéculation qui ne nous rend pas meilleurs ne mérite pas le nom qu'elle s'arroge (2). Si, parmi les philosophes antérieurs, il en est à qui Shaftesbury se rattache, ce sont les théologiens modérés, Cudworth entre autres, et même Henri More (3). Sa doctrine incline au platonisme tempéré, dont les idées théosophiques, appliquées à l'explication de la nature, avaient détruit le goût (4). Cependant il tolère les platoniciens modernes plutôt qu'il ne les recommande; il lui semble que les philosophes de l'antiquité offrent une nourriture bien autrement forte; et parmi eux il recommande surtout Platon, Aristote, comme critique, les derniers stoïciens, Épictète, Arrien, Marc-Aurèle.

Ces indications suffisent déjà pour marquer le caractère décidément pratique de sa philosophie. Ce qui l'irrite dans l'ancienne école, c'est qu'elle cultive la philosophie comme un objet d'érudition morte et de froide raison; le grand intérêt en philosophie est de conduire au bien, à la sagesse, et c'est moins un ouvrage de la tête que du cœur (5). Ce qui me laisse in-

(1) Plus. lett., 5; *Solil.*, III, 1, p. 290; 294.
(2) Plus. lett., 5.
(3) *Les mor.*, I, 2, p. 103; II, 3, p. 262; *Réflex. mél.*, II, 2, p. 64 sq.
(4) Il raille les partisans de Paracelse; *Solil.*, III, 1, p. 287. Shaftesbury fit parvenir ses écrits à Leibnitz; mais on ne voit pas qu'il ait connu sa philosophie.
(5) Plus. lett., 6. La sagesse est plus dans le cœur que dans la tête.

différent ne peut m'exciter à l'action ; il n'y a que ce qui m'inspire de l'aversion ou de la joie qui soit capable de me donner une impulsion, et tels doivent nécessairement être les motifs de philosopher. La véritable appréciation des choses, voilà le fond de la philosophie (1). Shaftesbury se rencontre dans cette direction pratique avec les moralistes anglais de son temps ; mais ses recherches pénètrent plus avant ; il déclare qu'on ne peut approfondir la morale qu'en cherchant ses bases métaphysiques (2) ; il ne se fie pas au bon sens, au sens commun, dans la vulgaire acception du mot. Puisque les idées les plus diverses se placent sous son patronage, il est nécessaire de demander en quoi il consiste (3). Pour arriver à la certitude sur nous-mêmes et sur notre véritable essence, pour parvenir au bien, il faut une investigation plus profonde.

En insistant avant tout et si fortement sur la connaissance de nous-mêmes, Shaftesbury rappelle à l'esprit le principe cartésien. Je pense, donc je suis. Il convient avec Descartes que rien n'est plus certain que notre moi, car notre existence s'affirme avec nécessité jusque dans le doute. Nous pouvons douter du monde extérieur, mais non de ce qui se passe au dedans de nous. Il est également certain que nous sommes une essence pensante (4). Mais Shaftesbury ne

(1) *Réflex. mél.*, IV, 1, p. 194 sqq.; *Solil.*, III, 1, p. 293 sq.
(2) *Les moral.*, II, 1, p. 236.
(3) *Sens. comm.*, I, 6, p. 78 sqq.
(4) *Rech. sur la vert.*, Concl., p. 175 ; *Les mor.*, III, 1, p. 369 ; *Réflex. mél.*, IV, 1, p. 192.

s'en tient pas là et ne clôt pas aussi précipitamment que Descartes ses recherches sur notre essence. De ce que nous sommes une essence pensante ne résulte pas encore l'unité de notre moi, l'identité de notre personne. Le souvenir même que nous avons de nos pensées antérieures n'est pas décisif quant à l'idée de notre substance, car le souvenir peut tromper (1). L'examen de nous-mêmes nous découvre deux êtres en nous, et beaucoup d'accidents que nous ne devons pas confondre avec notre véritable essence; il nous découvre un moi supérieur et son image illusoire, un moi faux et corrompu, qui se mêlent et s'entrelacent dans notre nature ; si nous ne savons pas les distinguer, nous resterons dans l'erreur sur notre essence (2). Travailler à nous connaître, c'est supposer qu'il y a deux êtres en nous, que notre personne se dédouble en quelque sorte, puisqu'une essence y doit observer l'autre (3). Shaftesbury est fort disposé à tomber d'accord avec les cartésiens, quand ils distinguent l'esprit pensant du corps étendu; il apporte de nouveaux arguments pour établir que notre essence ne consiste pas dans notre corps. Notre essence permanente ne peut consister dans la matière de notre corps sans cesse changeante et qui n'est pas aujourd'hui ce qu'elle était hier. Ce ne sont pas les transformations de mon corps, c'est le changement de mes

(1) *Réflex. mél.*, IV, 1, p. 193 sqq.
(2) *Solil.*, I, 2, p. 168 sq.; III, 1, p. 279; 2, p. 311.
(3) Ib. I, 2, p. 170.

penchants et de mes idées qui fait de moi un autre homme (1). Mais dans l'esprit pensant lui-même, Shaftesbury distingue l'essentiel et l'accidentel, et il cherche à découvrir, par l'étude et la connaissance de nous-mêmes, le vrai caractère qu'il faut attribuer à notre moi.

La nature même du problème doit attacher son attention sur l'homme et sur la raison humaine. Bien qu'il ne considère pas les animaux comme des machines, il ne leur accorde pas néanmoins la raison et la réflexion, du moins dans le même sens qu'à l'homme (2). La prérogative de l'homme est fondée sur la conscience qu'il a de ses rapports immédiats à l'ordre universel et au principe de la nature (3); or cela implique la réflexion sur lui-même et sur les divers rapports qu'il soutient. Shaftesbury lui reconnaît donc un sens réfléchi, par lequel il converse avec lui-même, c'est-à-dire avec ses propres penchants et développements internes, et est capable ainsi d'être satisfait ou mécontent de lui-même (4). Voilà comment se produit et existe en nous la duplicité. Des réflexions répétées se développent en nous successivement, et à des de-

(1) Ib. III, 1, p. 283 sq. Car ce n'est certainement pas par notre visage seul que nous sommes nous-mêmes. Ce n'est pas nous qui changeons quand notre complexion ou notre forme changent. *Les Moral.*, II, 1, p. 236; III, 1, p. 350.

(2) *Rech. sur la vert.*, II, 2, 1, p. 131.

(3) *Réflex. mél.*, IV, 2, p. 224... Avoir la conscience de ses relations les plus immédiates avec le système universel et avec les principes de l'ordre et de l'intelligence.

(4) *Rech. sur la vert.*, I, 2, 3, p. 28. Sens réfléchis.

grés divers elles nous conduisent à la connaissance de nous-mêmes (1). A notre unité s'oppose la multiplicité de nos pensées.

On remarquera que les doutes élevés par Shaftesbury sur l'unité du moi indiquent une certaine préoccupation des doctrines de Locke. Shaftesbury reprend les doutes de Locke sur la possibilité de connaître la substance, pour les tourner contre Descartes et contre Locke lui-même. Il ne veut cependant examiner les difficultés renfermées dans la notion de substance qu'autant que l'exige le but de sa philosophie; mais ce qu'il regarde comme hors de doute, c'est que nous devons admettre dans la multiplicité des phénomènes que nos sens nous révèlent une unité, et une unité permanente qui systématise, régit, ordonne et tient rassemblées en un tout ces parties multiples (2). Il croit pouvoir démontrer l'existence de cette unité en nous d'abord, et il invoque pour preuves l'imputation morale, par laquelle nous attribuons toujours les actions antérieures au même moi, quelques changements qui se soient passés en lui, et la certitude intime qu'à travers toutes les vicissitudes de notre vie, nous sommes restés cependant une seule et même personne (3). Il oppose ainsi l'i-

(1) Ib. II, 2, 1, p. 113.

(2) *Les Moral.*, II, 4, p. 285. Toutes les choses où il y a de l'ordre ont unité de dessein; elles concourent à une même fin, sont parties constituantes d'un tout, ou bien sont en elles-mêmes des systèmes complets. Ib., p. 297. Votre union est votre support principal.

(3) Ib. III, 1, p. 350 sq. C'est grand hasard qu'un homme reste parfaitement le même, ne fût-ce qu'un jour ou deux. Une année produit plus de changements qu'on n'en peut compter... Mais quoique cela

dentité de notre essence à la variabilité des phénomènes ; cette identité lui fournit une base tout autrement solide, selon lui, que l'idée toujours incertaine de l'identité d'atomes corporels, qui sont en contradiction avec la divisibilité infinie de la matière. Ce n'est pas dans la matière, mais dans l'unité interne et dans l'identité des choses qu'il faut chercher le simple (1).

L'unité de l'essence, de la substance, du caractère, de la personne, n'est pas une unité extérieure, mais une unité interne qui rassemble et domine les parties ; s'étendant à chacune des parties, loin d'en résulter, elle leur est nécessairement imposée par le tout. Shaftesbury la considère comme quelque chose de spirituel ou d'animique, parce que le spirituel seul peut embrasser une multiplicité, et que le corporel au contraire n'offre jamais que des éléments divisibles et épars, sans liaison interne. Toute chose, toute substance qui a une nature propre, un caractère particulier, a nécessairement ses parties unies par un lien intime

puisse arriver, et surtout à un homme que des vices contraires mettent souvent en querelle avec lui-même, néanmoins, s'il vient à souffrir ou à être puni à cause de ses vices, il se trouve lui-même encore, si je ne m'abuse, un seul et même homme. Vous voyez, par conséquent, qu'il y a dans votre personne et dans la mienne une singulière simplicité, puisqu'elles seraient toujours en réalité les mêmes personnes, quand il n'y aurait pas en elles un atome, une passion, une pensée qui fussent restés les mêmes.

(1) Ib., p. 347 sqq. Partout où nous voyons cette sympathie de parties que nous apercevons dans notre arbre réel, partout où il y a un concours évident à une fin commune, où tout conspire à soutenir, nourrir, propager une forme si belle, nous pouvons dire, sans nous tromper, qu'il existe une nature particulière appartenant à cette forme.

qui y met l'ensemble et l'accord, qui leur communique harmonie et beauté. Toutes les fois que nous apercevons un ensemble naturel, une liaison régulière de parties, nous pouvons en conclure légitimement l'existence d'une substance. Chaque arbre possède une nature animée de ce genre, qui unit par un lien sympathique les molécules de matière variable dont l'arbre est composé (1). Nous ne pouvons percevoir par les sens cette unité qui relie les parties; la connaissance de cet ensemble nous vient du dehors; ce qui est beauté n'est pas un objet des sens, n'est pas enseigné, mais senti; les animaux ne connaissent pas la beauté, car elle n'est accessible qu'à l'esprit (2). Les informations que nous recevons soit d'autrui, soit des sens, n'ont en général qu'une valeur subordonnée; c'est en nous-mêmes que nous devons puiser nécessairement nos meilleures connaissances; des hommes livrés à leurs sens ne peuvent prononcer sur le spirituel, mais les natures spirituelles peuvent prononcer sur ce qui est sensible (3).

On comprend que Shaftesbury combat ici le sensualisme de Locke. Les arguments qu'il oppose à cette doctrine sont peu développés. Locke avait fait ressortir le désaccord des philosophes sur les principes de la science; Shaftesbury répond en remarquant que leurs luttes déclarées ne laissent pas de couvrir tou-

(1) Ib. III, 2, p. 412 sqq.
(2) *Rech. sur la vert.*, II, 2, 1, p. 102 sq.
(3) *Les Moral.*, III, 2, p. 415.

jours un secret accord (1). Il ne faut pas par exemple entendre, comme Locke, par inné des connaissances développées et complètes dès la naissance. Il voudrait que pour prévenir ce malentendu on parlât d'idées naturelles, au lieu de parler d'idées innées, et il fait observer avec insistance que chaque espèce de chose vivante possède une intelligence et une activité, qui ne lui vient pas d'impressions extérieures, mais du fond même de sa propre nature. C'est là le principe du bon sens lui-même, qui tôt ou tard se développe dans l'homme par l'expansion pure et spontanée de ses facultés (2). Les idées de Shaftesbury sur ce point ne dépassent pas beaucoup la doctrine de Herbert. Il conçoit le développement de la raison en nous par analogie avec le développement naturel; ce n'est pas par une action simplement extrinsèque que l'âme voit naître en elle ses pensées; le germe fécondé, l'œuf d'où doit sortir la vie spirituelle, repose en elle, il éclôt par une vertu immanente de la nature. Shaftesbury propose donc, à l'exemple de Herbert, de remplacer l'expression d'inné par celle d'instinctif, en

(1) Plus. lett., 8; *Réflex. mél.*, IV, 2, p. 214, not. Le passage d'Horace :

> Dente lupus, cornu taurus petit. Undè, nisi intus
> Monstratum?

lui paraît réfuter suffisamment ceux qui nient dans l'homme quelque chose d'inné.

(2) *Les Moral.*, III, 2, p. 410 sqq. L'esprit, qui se connaît lui-même, ne peut tenir ce pouvoir que de la nature. Si donc le mot inné vous déplaît, changeons-le, et appelons, si vous le voulez, instinct tout ce que la nature enseigne, à l'exclusion de toute art, de toute culture et de toute discipline.

faveur de ceux que pourrait choquer la première (1). On aura remarqué que dans tout ce débat Shaftesbury se préoccupe particulièrement des idées pratiques. Ces idées ne peuvent procéder des sens, puisqu'elles ont trait à un bien futur dont nous n'avons encore aucune expérience. La nature nous donne, outre les organes, un guide pour en diriger l'emploi, et ce guide est l'instinct. De même que les animaux ont une imagination préalable, une sensation antécédente de l'avenir, l'homme possède, mais dans un degré bien supérieur, une faculté analogue; chez lui la raison remplace l'instinct et lui donne un pressentiment par lequel il distingue ce qui est beau et ce qui est laid (2). Nous sommes guidés par un goût naturel qui nous fait approuver ou improuver; quelque altéré qu'il puisse être, la force naturelle de ce goût perce à travers tous les obstacles et nous ramène à notre destination primitive (3). A nos penchants naturels se rattache un sentiment moral ou un sens du juste et de l'injuste, un préjugé naturel que rien ne peut étouffer. Ce sens moral est même commun aux animaux et aux hommes, et il est la base sur laquelle s'appuie le jugement de la raison (4). Il est clair que Shaftesbury ne

(1) Ib., p. 412 sq. *Préconceptions et présentations.*

(2) *Réflex. mél.*, IV, 2, p. 214 sqq. D'ailleurs il est évident que, si dépravés que puissent être notre humeur et notre goût, nous ne pouvons pas résister aux anticipations naturelles qui guident la nature et qui sont notre règle perpétuelle pour approuver ou pour improuver.

(3) *Rech. sur la vertu*, I, 3, 1, p. 42, sqq.; solil. III, 1, p. 197, sqq.

(4) *Rech. sur la vertu*, I, 2, 1, p. 21; 2, p. 26; 3, p. 28.

résiste au sensualisme qu'en plaçant, à côté du sens grossier et borné au moment actuel, un sens supérieur et qui d'avance atteint l'avenir.

Bien que Shaftesbury ne présente les principes de son rationalisme qu'en traits fort généraux, il ne laisse pas d'en tirer des conséquences très-hardies. À peine amené par l'unité spirituelle de notre moi à concevoir une unité dans la liaison et l'accord de plusieurs parties, il va plus loin et maintient l'existence d'une unité supérieure qui relie les individus en espèces. Les individus sont reliés par une forme naturelle commune. L'union naturelle des individus mâles et femelles, le sentiment de la sociabilité qui rapproche tous les individus de la même espèce et les unit en vue de l'avantage et du plaisir communs, nous manifeste en eux un système naturel. Ainsi la société civile qui existe entre les hommes n'est pas une œuvre de l'art, mais de la nature (1). Il y a plus : nulle espèce particulière ne peut être considérée comme un tout complet, puisqu'elle ne pourrait ni être ni vivre sans d'autres espèces. Les exemples d'analogies et de points de rapport, qui font de différentes espèces un même système vivant, ne manquent pas ; Shaftesbury en déduit l'unité naturelle des genres, et, poursuivant toujours ce pro-

(1) *Les Moral.*, III, 1, p. 348, sq. Une nature particulière appartenant à cette forme, et commune à tous les êtres de la même espèce. *Recherch. sur la vertu*, I, 2, 1, p. 18; *Sens. comm.*, III, 2, p. 110, sqq. S'il est quelque chose de naturel dans une créature ou dans une espèce, c'est ce qui est conservateur de l'espèce même, et ce qui sert à son développement et à sa perpétuité.

cédé, l'unité des genres les plus élevés du règne animal tout entier, puis de la terre et de tout l'univers (1). Il a partout en vue la même loi qui nous découvre l'unité sous la diversité des phénomènes ; elle ne s'applique pas seulement à la connaissance du moi et des individus, elle domine toutes nos pensées et les pousse à chercher dans toutes les sphères de l'existence l'ordre, la régularité, l'harmonie. Quand nous l'apercevons, nous devons admettre l'existence d'une unité dominante qui est le principe de cette harmonie. Si l'on peut dire de l'univers qu'il est un, il faut poser nécessairement en lui comme réel un principe d'unité (2).

Nous trouvons ici un point de vue duquel la philosophie moderne avait été s'éloignant de plus en plus. On avait voulu bannir des théories de la nature les causes finales ; mais une doctrine, telle que celle de Shaftesbury, qui envisageait les choses sous un aspect moral et concevait une profonde relation entre la

(1) *Rech. sur la vertu*, I, 2, 1, p. 17, sqq.; *les Moral.*, II, 4, p. 286. Voici donc le point capital sur lequel nous insistons ; c'est que ni homme, ni animal, ni un système quelconque de parties, complet intérieurement, ne peut être appelé dans le même sens complet extérieurement, et qu'ils doivent être considérés comme ayant des relations extérieures au système que forme leur espèce. Il en est de même de cette espèce au système animal tout entier, de celui-ci au monde (à notre terre), et enfin de ce monde à un monde plus vaste et à tout l'univers.

(2) *Les Moral.*, II, 4, p. 284. Il n'est rien à coup sûr de plus fortement imprimé dans nos esprits, ou de plus intimement entré dans nos âmes, que l'idée ou le sentiment de l'ordre et de la proportion. Ib. III, 1, p. 347. Si l'on peut dire du monde qu'il est un, il doit y avoir quelque chose en lui, qui le fait un.

vie morale et la nature, ne pouvait manquer de relever et de défendre la réalité des causes finales dans la nature. Or à cette doctrine se rattache aussi celle de la réalité des idées générales; car rien ne fait plus éclater la régularité des choses que l'accord qui existe entre elles, l'unité constante et bien ordonnée qui domine les choses individuelles, unité toute naturelle et dont il n'est pas permis de contester la réalité. Shaftesbury, faisant exception dans la philosophie moderne, se déclare donc pour le réalisme et repousse le nominalisme. Mais il rapporte principalement son réalisme à la morale et à la religion (1), et c'est ce qui caractérise la direction la plus frappante de ses efforts et de ses pensées. En effet, son réalisme se fonde, comme nous l'avons exposé, sur la recherche de l'ordre dans la nature, et il se distingue ainsi du réalisme des platoniciens et de celui du moyen âge, dont les principes résidaient presque exclusivement dans la logique et dans les problèmes généraux de la science. On doit reconnaître ici un progrès dans le développement du réalisme; on le reconnaît surtout, si l'on songe que la science de la nature pouvait seule fournir le moyen d'établir entre les choses cette classification, dont le réalisme se propose de défendre la réalité objective.

En soutenant l'ordre et la régularité de la nature, Shaftesbury ne pouvait laisser sans réponse les ob-

(1) *Les Moral.*, II, 2, p. 257; 5, p. 267, sq.

jections de ceux qui les ont niées. Il est trop éloigné des théories mécaniques de la nature pour y avoir grand égard. Mais il s'applique à atténuer les objections tirées généralement de l'expérience du mal et du désordre apparent qu'on voit dans l'univers. Ces objections soulèvent un vieux problème de la philosophie, problème inévitable et qu'il est de la plus grande importance de résoudre (1). Or Shaftesbury fait observer que de l'imperfection et des lacunes de nos connaissances il n'est pas légitime de conclure l'imperfection de l'être (2). Ce qui paraît un défaut dans la partie peut être un trait de sagesse quand on aperçoit le tout. On se plaint particulièrement de l'imperfection de l'homme; on s'imagine que le chef-d'œuvre de la création dénonce au plus haut degré la faiblesse de la sagesse suprême. Mais il faut songer que tout est calculé dans l'homme en vue de la raison, et que la misère de l'homme est l'aiguillon qui le pousse à développer sa raison, qui éveille en lui la sociabilité, et qu'elle produit ainsi les plus nobles fruits de l'existence (3). La nature a besoin de contrastes pour créer l'ordre et la beauté; elle se déploie par des transitions nécessaires; la plus haute perfection ne peut être un résultat immédiat; que des individus soient condamnés à souffrir dans ce développement,

(1) Plus. lettr., 6.

(2) *Les Moral.*, II, 4, p. 288. Un esprit qui ne voit pas infiniment ne peut rien voir pleinement. Ib. III, 1, p. 363.

(3) Ib. II, 4, p. 300, sqq.

cela n'est pas douteux; mais il ne faut pas aller pour cela imputer des défauts à la nature; car au contraire de ces souffrances jaillit ce que la vertu a de plus noble, le renoncement, l'immolation de l'individu au tout (1). Shaftesbury ne se flatte pas de sortir d'affaire par des remarques de ce genre, relatives au détail; il n'espère arriver à son but que par un raisonnement tiré de l'enchaînement universel des causes. La nature dans son ensemble est couverte à nos yeux; mais nous pouvons apercevoir un plan et des fins dans quelques parties isolées (2). Admettre de l'ordre dans une seule partie du tout, et soutenir que la confusion règne dans l'étendue sans bornes de l'ensemble, c'est une contradiction qui entraîne comme conséquence inévitable la confusion de chaque partie et l'écroulement du tout dans le chaos; car l'infiniment grand domine de toute nécessité ce qui est par rapport à lui infiniment petit. De l'ordre que nous voyons régner dans ce que nous pouvons embrasser de l'univers, nous pouvons donc inférer que le tout est réglé en vue d'une fin (3).

Maintenant Shaftesbury conclut, de l'ordre de l'en-

(1) Ib. I, 3, p. 213, sqq.; *les Moral.*, III, 1, p. 366, sqq.

(2) *Rech. sur la vertu*, I, 2, 1, p. 14, sqq.

(3) *Les Moral.*, III, 1, p. 362. Convaincu de l'harmonie et de la correspondance de toutes les choses que nous voyons, j'ai considéré qu'il était déraisonnable de ne pas admettre que la même harmonie existe partout. Car si dans tout le reste infini il n'existait pas de principe d'union, il semblerait à peu près impossible que les choses, qui remplissent notre sphère, passent pour avoir quelque harmonie et offrir quelque ordre. Car ce qui est infini serait prédominant.

semble, à l'existence d'un principe universel de toutes choses. En effet, s'il y avait deux ou plusieurs principes, ou ils s'accorderaient ou ils seraient en lutte; dans le dernier cas, il devrait y avoir un troisième principe supérieur qui établît l'harmonie entre eux, et c'est ce principe qu'il faudrait regarder comme principe suprême. L'ordre des choses ne se peut expliquer que par un principe universel (1). De plus nous devons concevoir ce principe comme spirituel. Nous avons vu en effet que l'unité des choses repose sur un lien interne que n'atteignent pas la vue et les sens; la matière est inerte; l'esprit seul peut être un principe d'ordre et de mouvement (2). Sans esprit tout serait chaos; la matière n'a pas de beauté en elle-même; la matière informe serait la laideur même; tout objet d'où l'esprit est absent est un objet d'horreur; le corps ne peut se régir lui-même, se rendre beau, avoir ni dessein ni but; il ne reçoit la beauté que par la forme, l'efficacité et l'action que par la vie que l'esprit lui communique. L'ordre universel démontre par conséquent qu'un esprit gouverne toute la nature, est partout présent comme principe des choses et anime tout selon des lois éternelles. Cette âme universelle est aussi immédiatement présente à notre âme (3). Chacun a son intelligence; n'y aurait-il pas

(1) Ib., p. 365.
(2) Ib., p. 358.
(3) Ib. III, p. 366, sq. Le principe vital est largement réparti, infiniment varié, répandu partout, inextinguible. Tout vit. Ib., p. 370. Toi, le vrai et le parfait, qui t'es ainsi communiqué toi-même plus im-

d'intelligence pour le monde? On dit que la nature veille sur toute chose; mais qu'est-ce que la nature? Est-elle une personne, une essence douée de pensée, de réflexion et de conscience? Ou bien a-t-elle tout donné sans se rien réserver à elle-même? De même que nous sommes un tout, une unité par l'individualité, ainsi la nature ne peut être un tout, une unité que par l'individualité, une dans sa propre essence. Notre être, dont nous ne pouvons douter, mais qui est un être dérivé, ne peut tenir son existence que d'un autre être; cet autre, nous devons le concevoir comme un être analogue à nous, par conséquent comme un individu primordial. Il faut donc, à côté du corps universel de l'universel, poser un esprit universel du monde (1).

Ces doctrines ont une évidente parenté avec celles des modernes platoniciens et même des théosophes; elles sont seulement tempérées par le sentiment toujours présent des bornes de notre intelligence. Ces idées sont aussi vagues que celles des devanciers de Shaftesbury dans la même voie. A la manière de la philosophie ancienne, elles ne distinguent pas le bien du beau; Dieu est appelé beau sans scrupule et glori-

médiatement à nous, de manière à résider en quelque sorte au dedans de nos âmes, toi qui es l'âme primordiale, partout diffuse, qui vivifies et qui inspires le tout.

(1) Ib. III, 1, p. 355, sq. Etant ainsi convaincu, par le doute même, de ma propre existence plus que de toute autre chose, de ma personnalité, de ma réalité, copiée sur le type d'une autre réalité supérieure et primordiale, la grande réalité de l'univers, je m'efforce d'être un avec lui... Il y a une masse générale, un corps qui est celui du tout, dans ce corps un ordre, dans cet ordre un esprit.

fié, selon les expressions de Platon, comme beauté primordiale (1); on rencontre pourtant la remarque que Dieu est plutôt la source de la beauté qu'il n'est beau. A les juger rigoureusement, les arguments de Shaftesbury nous induisent à admettre simplement une âme du monde, mais non un Dieu. Il distingue en plus d'un passage l'âme du monde et Dieu; il vante la nature et la force vivifiante de la nature comme investie du ministère de la Providence et de sa pleine puissance créatrice; il loue Dieu comme le créateur de qui cette puissance émane (3). Mais Shaftesbury n'ose descendre dans les abîmes de la divinité où nos pensées se perdent; il se tient attaché à la révélation de Dieu dans la nature (4); c'est pourquoi il n'essaie pas d'éclaircir plus exactement les rapports de Dieu et de la puissance universelle de la nature. Il parvient à concilier à son gré sa foi en Dieu et la théorie stoïcienne qui considère l'univers, dans sa forme actuelle à laquelle nous appartenons, comme une œuvre périodique, destinée à périr par un embrasement final, pour peu que Dieu retirât tout à lui et voulût subsister seul, tout en toute chose (5). Il se contente d'éveiller par un langage enthousiaste l'enthousiasme

(1) *Les Moral.*, III, 2, p. 395; 399; 416.

(2) Ib. II, 4, p. 295.

(3) *Rech. sur la vertu*, I, 1, 2, p. 10; *les Moral.*, III, 1, p. 345. O puissante nature! sage ministre de la Providence; créatrice déléguée! Et toi, divinité, qui lui donnes ses pouvoirs, créateur souverain!

(4) *Les Moral.*, II, 5, p. 274; III, 1, p. 345.

(5) Ib. III, 1, p. 380, sqq.

pour la beauté de l'univers, afin que, ravis par une noble inspiration, nous ne puissions en contempler la splendeur sans y voir la main du créateur (1). Ainsi Shaftesbury n'a fait que développer, en les parant, les raisons théologiques de l'existence de Dieu, et ne s'est préoccupé que du but pratique sans se lancer dans les profondeurs de la théorie. La seule instruction que nous devions acquérir, c'est que nous gravitons vers Dieu comme vers le centre naturel de notre existence (2).

Par suite de cette direction pratique, la seule chose qui donne à l'idée de Dieu une valeur inébranlable, c'est que cette idée nous propose un objet permanent d'amour, nous affermit dans la certitude de nos croyances morales, fortifie en nous le sentiment naturel du juste et de l'injuste. L'homme qui adore un Dieu juste et bon trouve en lui le modèle de la justice et de la bonté. Il le regarde comme le suprême objet de l'amour, comme l'être vraiment aimable, en vue duquel tout le reste doit être aimé, et cette voie est la seule qui l'élève au comble de la vertu (3). L'idée de Dieu confirme en nous celle d'un ordre universel, qui ne comporte ni lacune, ni défaut, ni malice dans son auteur, ni anomalie. En effet, la cause univer-

(1) *Rech. sur la vertu*, I, 3, 3, p. 75, sq.

(2) Ib. III, 1, p. 373. Animés d'un sublime esprit qui nous tourne vers toi, qui nous fait tendre à toi, maître céleste, centre de nos âmes ; nos esprits gravitent naturellement vers toi, comme les corps terrestres gravitent vers le centre de la terre.

(3) *Rech. sur la vertu*, I, 3, 2, p. 50; 3, 3, p. 76. La perfection, le comble de la vertu est dû nécessairement à la foi en un Dieu.

selle des choses ne saurait être que bonne, car toute malice provient d'un intérêt égoïste, opposé à l'intérêt des autres, et ne peut trouver place par conséquent dans l'être universel (1). La nature universelle ne peut être infidèle à elle-même ; elle ne peut vouloir que le bien de tous. Cela remplit de confiance notre âme, qui faisant partie du tout, veut nécessairement aussi le bien du tout (2). Bien qu'il recule devant les recherches métaphysiques, Shaftesbury ne laisse pas d'entrer ici dans un plus sérieux examen de l'essence de Dieu, en prenant pour guide l'idée pratique de la bonté divine. Pour connaître Dieu, il faut nous observer nous-mêmes ; car nous ne trouvons qu'en nous seuls le bien, c'est-à-dire la mesure sur laquelle nous devons concevoir Dieu. Quiconque est enclin à la colère imagine un Dieu colère ; mais nous devons au contraire adorer en Dieu une bonté, qui comble de bienfaits jusqu'aux ingrats. De là Shaftesbury conclut que, pour arriver à une conception de Dieu qui soit digne de lui, il faut nous délivrer de toute humeur chagrine, de tout sentiment amer ; quand notre âme sera dans des dispositions de sérénité et de douceur, elle sera semblable à la bonté de Dieu, elle en pourra sentir en elle-même quelque chose. Nous ne pouvons connaître le bien que si nous sommes bons, et nous ne pourrons

(1) Ib. I, 1, 2, p. 11; *Lettr. sur l'enthous.*, 5, p. 39. Il ne peut y avoir de malice que là où l'on suppose un intérêt. Un être universel ne peut rencontrer d'intérêt opposé au sien, ni par conséquent de malice.

(2) *Les Moral.*, I, 3, p. 211, sqq. ; III, 1, p. 359, sq.

louer dignement la bonté de Dieu qu'en exerçant nous-mêmes la bonté (1). Aussi, selon Shaftesbury, la sagesse réside plus dans le cœur que dans la tête, et les doutes éveillés par l'existence du mal ne nous tourmenteraient plus, si le mal était vaincu en nous: « Sens en toi la bonté, dit-il, et toutes choses t'apparaîtront bonnes et belles (2). »

Il est évident que cette théorie n'est que la dernière conséquence tirée de la connaissance du moi, laquelle sert à Shaftesbury comme à Descartes de point de départ. C'est en nous que nous devons sonder les profondeurs divines. De même que nous trouvons en nous d'abord l'unité et l'harmonie de la beauté, ainsi nous devons les transporter au tout et au fondement du tout, nous devons y découvrir le bien qui est le fondement de toutes choses. La connaissance du moi devient par là le vrai principe de toute connaissance ; nous ne pouvons rien connaître que par analogie avec le moi, puisque Shaftesbury, au lieu de concevoir encore le moi pensant dans son opposition à la matière corporelle, s'élève à l'idée d'une unité spirituelle qui embrasse et domine tout. Toute beauté, toute réduction du multiple à l'harmonie et à l'unité, a son unique principe dans l'esprit ; car toute chose d'où l'esprit est

(1) *Lettr. sur l'enthous.*, 4, p. 32, sqq.; 5, p. 42, sq. Nous ne pouvons avoir une idée suffisante de la Divinité sans être suffisamment bons. Un cœur vide et impur, en louant la Divinité, offre certainement la plus grande dissonance du monde. *Les Moral.*, II, 3, p. 267. Car comment la suprême bonté serait-elle intelligible à ceux qui ne savent pas même ce que c'est que la bonté?

(2) Plus. lettr., 6.

absent ne montre aux yeux de l'esprit que ténèbres et confusion. Pour apercevoir au contraire la beauté divine, il faut que l'esprit contemple en soi le divin, objet plus digne que tout autre de sa contemplation (1). En exposant ces idées, Shaftesbury distingue trois degrés de beauté : la beauté des corps, celle de l'esprit et celle de Dieu. La beauté des corps n'est qu'une beauté empruntée; elle procède de la forme que le corps reçoit, et suppose un principe supérieur de beauté, une puissance formatrice ou plastique, laquelle appartient à l'esprit, au principe du mouvement. Il s'ensuit que la beauté de l'esprit est supérieure à la beauté du corps. Bien plus haute encore est la beauté de Dieu, qui est non-seulement le principe de la beauté dans le monde corporel, mais encore celui des esprits, et qui réunit ainsi en lui-même, c'est-à-dire dans leur fondement universel, la beauté des formes dérivées et la beauté des formes primordiales.

Conduit par ces idées, Shaftesbury arrête principalement ses regards sur les liens de l'unité universelle, tandis qu'il s'occupe beaucoup moins des différents caractères, que présentent les parties multiples, dont le tout est composé. Mais ce qu'il parvient le moins à analyser, ce sont les idées qui conduisent à l'unité du

(1) *Les Moral.*, III, 2, p. 426. Il n'y a rien de si divin que la beauté; elle n'appartient pas au corps, elle n'a de principe et d'existence que dans l'esprit et la raison; elle ne se communique et ne se découvre qu'à cette partie supérieure et divine, quand celle-ci se considère elle-même, seul objet digne de sa contemplation. Car tout ce qui est vide d'esprit n'offre aux yeux de l'esprit que vide et ténèbres.

tout. La vertu et la vérité morale, voilà la beauté la plus naturelle; toute beauté est vérité; un jugement vrai et le génie ne sont pas possibles sans harmonie et sans vertu. La connaissance de notre unité et de notre harmonie internes est pour lui la mesure, sur laquelle nous devons tout apprécier, et dont nous devons avant tout nous rendre maîtres. Etre en harmonie avec nous-mêmes, c'est ce qui constitue pour nous la fermeté du caractère; il faut que nous apprenions à tenir en bride nos passions par la raison, la partie principale de notre âme; nous arriverons par là au gouvernement assuré de nos facultés internes. Le bien et le vrai ont donc pour Shaftesbury un seul et même sens. On rencontre bien des idées destinées à établir des distinctions jusque dans notre unité intérieure; mais ces idées restent vagues et incomplètes. Shaftesbury oppose l'une à l'autre la pratique et la spéculation; la première résulte d'un instinct, la seconde consiste à réfléchir sur cet instinct. Il s'ensuit donc que nous pouvons opposer une résistance à notre tempérament. Mais la réflexion rationnelle est aussi fondée sur un instinct, sur un sens du bien et du beau, et la vraie liberté est de suivre la nature, dont nous avons reçu un instinct qui nous pousse à vivre avec Dieu et avec les hommes dans un échange d'affection. Ceci suppose du reste la possibilité d'un conflit entre les éléments de notre existence, et Shaftesbury ne cesse, dans son humeur satirique, de flageller tout ce que ce conflit engendre de contraire à la nature, d'artificiel et de vulgaire; mais d'où provient ce conflit entre nos penchants, c'est une question sur laquelle sa théorie jette peu de lumière. En revenant sur les mobiles de notre activité, il s'attache uniquement au lien général qui nous unit au tout, et ferme les yeux à la vue du mal. Il distingue, il est vrai, les actions volontaires, les seules qui puissent nous être imputées, puisque nos propres inclinations en sont la source, des actions involontaires, où nous sommes de pures machines; mais il ne se demande pas en quoi consiste l'indépendance d'un être actif, et comment son énergie peut s'affranchir des effets de la nature. De même il ne relève presque jamais dans la société humaine que son harmonie naturelle. Il n'admet pas la guerre de tous contre tous; la sociabilité, la concorde entre les hommes lui paraît naturelle; le droit naturel règne même en dehors de l'Etat, et la société civile n'aurait pas pu l'inventer, s'il n'avait pas existé avant elle; l'Etat ne fait qu'éveiller le sentiment naturel du bien commun. L'esprit de parti lui-même découle de l'instinct naturel, et n'en est qu'une dégénération; l'égoïste pur n'embrasserait aucun parti. Shaftesbury ne peut pas plus admettre qu'il existe un égoïste pur, qu'il ne peut concevoir un athée parfait, ou un parfait ennemi de la vertu. Il n'est pas vrai que l'intérêt soit le souverain du monde; il est de bien plus puissants instincts qui rapprochent les hommes, et sont les ressorts de la société (1). Nous sommes membres

(1) Ib. III, 3, p. 115.

d'un tout organisé, et rien par conséquent de plus naturel que de travailler à son service. C'est par rapport à ce système qu'il faut que nous soyons jugés; quand nous lui sommes utiles, nous sommes bons; quand nous nous montrons indifférents à son égard et qu'ainsi nous en troublons l'ordonnance, nous sommes mauvais (1); mais cela ne pourrait arriver que si l'ordre du tout était mauvais ou imparfait, c'est-à-dire par une supposition contradictoire avec la théorie de la perfection du monde. Nous sommes tous attirés vers le centre universel des choses, comme les corps le sont par la pesanteur. Nous ne pouvons reconnaître comme bon que ce qui est permanent (2), et la permanence des choses a son fondement en Dieu. Il s'ensuit que nos efforts doivent viser à nous mettre en harmonie avec Dieu; notre fin est de lui ressembler. Il est le souverain bien, auquel nous devons consacrer notre amour (3). Ainsi coïncident le but pratique et le but spéculatif; c'est dans l'amour de Dieu qu'il faut chercher le bien, et dans le sentiment du bien que nous pouvons connaître Dieu.

Ces doctrines théoriques sont le fondement de la morale de Shaftesbury. Elle se développe avec aisance et simplicité, dès qu'on a conçu les principes généraux du

(1) *Rech. sur la vertu*, I, 2, 1, p. 16, sqq. Par conséquent, si mon être est pleinement et réellement mauvais, il doit être mauvais à l'égard du système universel, et par conséquent le système de l'univers est mauvais ou imparfait.

(2) *Les Moral.*, II, 1, p. 225.

(3) Ib. II, 3, p. 270; III, 1, p. 358, sq.

philosophe. Il ne laisse pas toutefois d'énoncer ici des vues opposées, et est forcé de revenir sur le côté obscur de sa doctrine, la possibilité du mal et des déviations de la nature.

Dans l'appréciation morale, tout dépend des inclinations internes, qui nous meuvent à agir; car d'elles seules procède tout ce qu'on peut nous imputer, comme action libre; l'action extérieure au contraire dépend de circonstances fortuites (1). Les diverses créatures ont reçu des penchants différents selon leur nature. Ces penchants ont pour fin l'avantage, le bien du sujet; mais, dans l'ordre général, ils se rapportent aussi nécessairement au système, dont le sujet fait partie, car il ne peut trouver son bien qu'en se maintenant en harmonie avec son système (2).

Ici la teneur générale des idées de Shaftesbury le jette, à propos de l'appréciation morale, dans un certain embarras. D'après ses vues, il ne devrait admettre que des penchants correspondants à la nature et au système de chaque chose. Mais la nécessité pratique de prononcer sur le bien et le mal le conduit à reconnaître d'autres espèces de penchants. Il en distingue dans l'homme trois espèces : des penchants qui ont pour fin le bien commun, des penchants personnels qui ne tendent qu'au bien particulier de l'agent, enfin des pen-

(1) *Rech. sur la vertu*, I, 2, 1, p. 21, sq. C'est donc simplement par ses inclinations qu'une créature est estimée bonne ou mauvaise, conforme ou opposée à la nature.

(2) Ib., p. 15; 20.

chants qui ne tendent ni au bien général ni au bien particulier, et qui troublent au contraire l'ordre du tout. Il appelle les premiers penchants naturels, les seconds penchants égoïstes, les derniers penchants contre nature. Ceux-ci sont toujours vicieux et conduisent au mal, les deux autres espèces de penchants peuvent être vicieux ou vertueux, selon le degré de développement qu'ils atteignent (1). Les penchants naturels s'appellent aussi penchants sociaux; Shaftesbury les décrit comme des forces énergiques, qui nous poussent au dévouement, nous font travailler pour les enfants, la famille, l'Etat, et nous élèvent, d'un élan magnanime, au-dessus des préoccupations de notre propre avantage (2), effets divers qui s'accordent avec cette aspiration dominante à l'unité que Shaftesbury a signalée. Mais les penchants naturels opèrent trop faiblement en nous, lorsqu'ils se heurtent contre l'amour-propre; ils peuvent aussi devenir trop forts, lorsqu'ils portent atteinte à l'amour de soi, qui est naturel à l'homme, ou lorsqu'un d'eux vient à prédominer, à usurper l'empire aux dépens des autres; ainsi la religion elle-même peut être poussée à l'excès. Il est confirmé dans

(1) *Rech. sur la vert.*, II, 3, p. 86 sq. Les affections ou passions qui influencent et gouvernent l'animal sont nécessairement, ou bien : 1° les affections naturelles, qui tendent au bien public; 2° ou les affections égoïstes, qui ne conduisent qu'au bien privé; 3° ou des affections qui n'ont aucun de ces caractères, qui ne tendent ni au bien public ni au bien privé, mais qui ont une fin contraire et peuvent, par conséquent, être appelées avec raison affections contre nature... La dernière sorte d'affections est évidemment tout à fait vicieuse. Les deux premières peuvent être vicieuses ou vertueuses, selon leur degré.

(2) Ib. II, 1, 1, p. 77 sqq.

ces vues par un vif sentiment de l'harmonie; mais il ne laisse pas de trouver de la difficulté à concevoir qu'un penchant naturel puisse tourner contre la nature (1). Il conclut en définitive que les penchants sociaux ne peuvent jamais pécher par excès de force, mais seulement par défaut (2). Ils ne peuvent être, après tout, hostiles aux penchants intéressés, parce que le bien du tout ne peut subsister qu'avec le bien particulier et avec celui de chaque personne (3). Cette remarque montre que les deux espèces de penchants coïncident, à vrai dire, et doivent être considérées comme également naturelles. Il est même étonnant que Shaftesbury n'ait pas considéré avant tout comme penchants naturels ceux de l'amour-propre; l'esprit de son temps, la place qu'il donne lui-même à l'observation du moi, comme fondement de nos connaissances, devaient le conduire à voir, dans le besoin de conservation et de développement personnels, le premier et le plus énergique ressort de notre nature. Mais sa doctrine le poussait dans une direction différente, elle l'attachait surtout à l'unité universelle; et c'est pourquoi il signale l'aspiration au bien général comme le premier effet de l'impulsion naturelle, il l'oppose même, à ce qu'il semble, de parti pris à l'instinct intéressé, pour marquer fortement son opposition à l'esprit dominant de son époque. La prédominance des

(1) Ib. II, 1, 3, p. 87 sqq.
(2) Ib. II, 1, 3, p. 97.
(3) Ib. II, 1, 1, p. 99 sqq.

penchants intéressés, qu'il voit s'établir parmi ses contemporains, lui paraît destructive des liens sociaux et de l'ordre général (1). Si nous regardons de près à la peinture qu'il fait des vices, nous remarquerons que, par les penchants de la troisième espèce, les penchants contre nature, il entend seulement une exaltation excessive des penchants intéressés (2). Il compte dans le nombre l'inhumanité, la méchanceté, l'envie, la misanthropie, et d'autres passions fondées sur le plaisir qu'on prend au mal d'autrui (3). Il laisse entendre qu'elles dérivent de l'amour-propre, en faisant observer qu'on ne les nourrit qu'en vue du plaisir, que procure la satisfaction, même purement instantanée, de la passion (4). Ainsi cette distinction entre les penchants contre nature et les penchants intéressés ne peut pas non plus se soutenir. Toute la classification de Shaftesbury s'écroule donc ; elle n'est qu'un résultat de l'embarras où se trouve sa théorie, quand il s'agit de s'expliquer sur les distinctions morales. D'après cette théorie, tout instinct et tout penchant procède de la nature, et tout ce qui est naturel est bon ; elle ne peut expliquer le mal que comme une aberration de la nature, et le penchant contre nature que comme une erreur, où nous tombons sur le vrai bien (5).

(1) Ib. II, 2, 2, p. 139 sqq.
(2) Ib. II, 2, 2, p. 162 sq. Ces passions égoïstes sont les causes certaines de ces passions horribles et contre nature qui s'élèvent en nous.
(3) Ib. II, 2, 3, p. 165 sqq.
(4) Ib., p. 168 sq.
(5) Ib. I, 2, 2.

Toutefois, cette classification atteste évidemment l'intention d'exalter les penchants sociaux comme la vraie source du bien, et de les opposer aux penchants personnels. De là, une lutte continuelle de Shaftesbury contre la morale d'Epicure. Ses idées prennent ici un tour parfaitement analogue au bon goût de ses habitudes de vie et de langage ; il contredit moins ses adversaires qu'il ne s'attache à les gagner à son opinion. Ne prenons donc pas le change sur ses expressions, si parfois il a l'air de ne parler que le langage d'un égoïsme plus raffiné. Il ne fait point scrupule de déclarer que la volonté tend au plaisir, car volonté et plaisir ont une signification connexe. Seulement il faut se demander qu'est-ce qui est digne de nous faire plaisir (1). Un homme raisonnable ne saurait regarder comme le vrai but de la vie les vains plaisirs, l'agréable chatouillement des sens, qui ne laisse après lui que du dégoût (2). Il ne peut être interdit de rechercher le plaisir sensible, de fuir la douleur, c'est une impulsion de la nature même ; mais, êtres raisonnables, nous devons évidemment estimer à plus haut prix le plaisir spirituel ; il est plus pur et moins passager (3) ; Shaftesbury est même tenté de choisir pour le plaisir spirituel un autre nom, à cause du fréquent abus qui est fait du mot plaisir (4). La satisfaction de

(1) *Les Moral.*, II, 1, p. 266.
(2) Ib., p. 233 sqq.; *Solil.*, III, 2, p. 308 sq.
(3) *Rech. sur la vert.*, I, 2, 4, p. 36 ; II, 2, 1, p. 99 sq.
(4) *Les Moral.*, II, 1, p. 232.

nos penchants naturels, et la félicité, qu'elle nous procure, sont choses que nous recherchons nécessairement; il importe par conséquent de démontrer qu'elles ne sont pas incompatibles avec la vertu.

La démonstration repose sur la conviction, que les vrais plaisirs spirituels consistent dans la satisfaction des penchants naturels, ou dans les conséquences qui en dérivent (1). Shaftesbury cherche à préciser l'idée de ces plaisirs par une série d'exemples. La paix de l'âme, que procure une bonne conscience, accompagne notre vie, quand nous remplissons nos devoirs; si nous les violons, la conscience proteste d'une voix qu'on peut surmonter, mais qu'on ne saurait étouffer (2). Une âme bien ordonnée, une belle action sont le plus délicieux spectacle dont l'esprit puisse jouir. Quiconque a goûté les douceurs de la vertu, de l'amitié, de l'amour, ne cessera plus de les chercher. Nous posséderions le souverain bien, s'il nous était possible de vivre dans un commerce ininterrompu de bienveillance, dans l'exercice continuel d'actions généreuses (3). Il en peut être réellement ainsi. Car le plaisir

(1) *Rech. sur la vert.*, II, 2, 1, p. 101. Les plaisirs spirituels ou bien sont les affections naturelles elles-mêmes dans leur opération immédiate, ou bien ils en procèdent pleinement, et ne sont autre chose que leurs effets.

(2) Ib. II, 2, 1, p. 122 sqq.

(3) Ib. II, 2, 1, p. 105; 159; *les Moral.*, II, 1, p. 239. Y a-t-il, dans ce que vous admirez, rien d'aussi beau que l'amitié? d'aussi charmant qu'une action généreuse? Que serait-ce donc si toute la vie n'était en réalité qu'une amitié continuelle et qu'un seul acte de cette nature? Ce serait certainement le bien solide et impérissable que vous cherchez.

du bien n'aboutit pas à la satiété, au dégoût, il ne suppose pas un malaise antécédent ; de plus, nous ne manquons pas d'objets d'un amour permanent. Nous pouvons aimer de cet amour notre patrie, l'humanité plus encore, et sur toute chose l'harmonie de la nature et de son auteur, envers qui nous avons une dette éternelle de reconnaissance et d'amour (1). A côté de ces peintures de la félicité, dont la pratique du bien nous comble, se placent celles du malheur que le vice attire sur nous. La résistance, opposée aux penchants sociaux, ébranle le fond de notre être, elle nous rend malheureux en nous mettant en lutte avec le système dont nous faisons partie (2). Toutes ces remarques particulières reposent sur l'idée de l'unité, fondement du bonheur de l'individu qui travaille au bien de l'ensemble. On peut en ce sens, sans rien faire de contraire à la vertu ni qui mérite d'être flétri du nom d'égoïsme, rechercher les délices du bien pour le bien seul et parce que notre propre bien est attaché à celui de l'ensemble (3). Telle a été la sage ordonnance du Créateur (4).

Il nous est permis, d'après cela, de poursuivre notre propre félicité, et nous pouvons nous l'assurer par nos propres efforts, puisqu'elle ne dépend pas des biens externes et qu'elle consiste uniquement dans le

(1) *Rech. sur la vert.*, II, 2, 3, p. 168; *les Moral.*, II, 1, p. 239 sqq.
(2) *Rech. sur la vert.*, II, 1, 2; 2, 2.
(3) Ib. I, 2, 1, p. 15 sq.; 3, 3, p. 65 sqq.
(4) Ib., concl., p. 175.

contentement intérieur (1). Les biens externes ne doivent pas cependant être négligés pour cela ; les égards que nous devons avoir pour le reste du monde, pour le système des êtres qui nous environnent, nous permettent d'attendre quelque appui de ce système. Aussi Shaftesbury ne néglige-t-il pas les consolations de la religion. En pensant au souverain bien, il reporte ses regards sur la vie future. Nos imperfections, surtout les bornes de notre intelligence, nous font espérer un plus complet développement de l'ordre, dans lequel nous verrons tous nos doutes résolus, et les voies de la Providence s'illuminer à nos yeux d'une pure lumière. Par une suite de ses dispositions à la bienveillance et à l'humanité, Shaftesbury croit que quiconque a goûté à l'amitié et à l'amour ne peut que s'attacher avidement à l'idée que les fils d'union spirituelle, noués ici-bas, se dérouleront dans un autre monde. C'est ce qui a inspiré aux poëtes eux-mêmes la croyance à l'immortalité de l'âme. Nous avons encore besoin de lutter pour maintenir notre vertu; un jour il nous sera donné de jouir d'une vie plus parfaite (2). Mais le prix de la vertu, qui nous est réservé, ne peut être qu'une vertu nouvelle; il n'est point d'autre bien qui lui soit approprié. Shaftesbury exprime ses espérances de la vie future en disant qu'elle ne sera qu'une succession de grâces ajoutées à des grâces, de vertus ajoutées à des vertus, de connaissances ajoutées à des

(1) *Les Moral.*, III, 3, p. 443 sqq.
(2) Ib. II, 3, p. 274 sqq.

connaissances, de sorte que nous comprendrons de plus en plus la suprême vertu, la suprême perfection, le maître et le dispensateur de toutes choses (1).

Les écrits de Shaftesbury ne contiennent que l'ébauche d'un système philosophique. Il est difficile, sans doute, de dire ce qu'auraient pu devenir les germes qui s'y trouvent contenus; toutefois, rien ne nous autorise à affirmer que, si l'existence paisible du philosophe se fût prolongée, il eût donné à ses pensées beaucoup plus de profondeur et de précision. Il joue avec elles et s'applique à les colorer, mais nous ne le voyons nulle part faire effort pour en fortifier les côtés faibles. Mais enfin ses écrits contiennent des germes féconds. Notons, parmi ces germes, le retour qu'il fait sur l'unité du moi, type d'après lequel il considère, par analogie, toute substance et toute unité dans l'univers; sa conception réaliste des genres et des espèces et l'importance qu'il leur reconnaît dans le système des choses; l'idée d'une cause universelle et immanente, conservatrice de l'ordre, et qui tourne au bien même les perturbations apparentes. On trouvera une profonde cohérence entre ces vues diverses, et dans les esquisses de Shaftesbury il n'est pas peut-être

(1) Plus. lett., 4. Il ne peut y avoir pour la vertu que des récompenses de même nature qu'elle; elle ne comporte aucune addition. Et le ciel lui-même ne peut être autre chose que des grâces ajoutées à des grâces, des vertus à des vertus, des connaissances à des connaissances, au moyen desquelles nous puissions comprendre de plus en plus la vertu souveraine, l'excellence suprême, le dispensateur de toutes choses.

une seule partie qu'on ne pût, sans trop de peine, faire rentrer dans l'économie du système. Néanmoins, quand on voit dans son exposition ces inégalités étranges, qu'il laisse subsister au lieu de refondre ses pensées, on ne peut s'empêcher de songer à la situation spéciale que ses idées lui firent en face des tendances contemporaines, et de croire qu'il en résulta pour lui d'insurmontables obstacles.

Cette situation de Shaftesbury se manifeste par une polémique constamment éveillée. Il a beau demander la paix, il est et il reste homme d'opposition. Ses adversaires sont de deux sortes : ce sont, d'un côté, les théologiens intolérants; de l'autre côté, le parti renouvelé des libres penseurs, les savants matérialistes, les défenseurs de la morale de l'intérêt, l'école de Locke. Il se prévaut, contre les premiers, de la bonté divine, qui n'a pu vouloir que le meilleur monde possible, un monde plein d'ordre, et que ne peut troubler le péché lui-même; il maintient en ce sens l'inclination imperturbable de la nature vers le bien, et il regarde la doctrine du péché originel comme un blasphème contre la bonté divine. Contre ses autres adversaires il invoque l'idée de Dieu, dont la conception se rattache pour lui à la connaissance du moi, connaissance la plus sûre qu'il y ait, type originel de toutes les autres. Il nous conduit à inférer que le spirituel est la vraie substance, le corporel au contraire un pur phénomène; que le moi nous découvre une unité interne, laquelle nous rattache à des sphères plus vastes par l'action d'un instinct inné qui mérite plus de confiance que nos sens ; qu'en dernière analyse, nous devons contempler dans cette vaste unité le tout et la sagesse divine, que nous faisons partie de cette unité suprême, et ne pouvons refuser de la servir. L'idée que Shaftesbury a dans l'esprit est sans doute celle de l'unité de la nature, et il ne paraît pas très-éloigné de la confondre avec l'unité de Dieu. Il lui semble suffisant que son principe suprême soit nécessairement conçu comme principe spirituel. L'étude de la nature lui répugne, parce qu'il trouve le corporel beaucoup plus obscur que le spirituel ; il s'établit sur un terrain mieux éclairé, où l'observation de la vie morale lui promet une intelligence plus profonde de l'ordre et de la beauté universelles. L'analogie des choses de l'univers et de notre moi lui met en main un fil sûr, selon lui, pour le conduire dans ces recherches. Il est à regretter seulement qu'il n'ait pas approfondi davantage les lois de notre vie intime. Du moins a-t-il presque complétement négligé les lois logiques de notre intelligence. Son attitude polémique vis-à-vis de l'ancienne théologie et de Locke a pu, certes, y contribuer pour beaucoup. L'ancienne logique lui paraissait un reste de la scolastique. Les recherches de Locke sur l'origine et la liaison de nos idées étaient antipathiques à son esprit, parce qu'il y voyait l'unité interne de notre pensée effacée comme source de nos connaissances et perdue de vue. Il n'avait d'ailleurs, pour s'appuyer sur ce terrain, nulle tradition auxiliaire, aucun devancier. C'est pourquoi il se contente de tourner au moins l'attention sur ce qu'il y a d'original dans nos idées, de soutenir que nous ne recevons pas tout du dehors, que l'instinct nous guide dans la connaissance des choses, qu'il nous fait puiser au fond même de notre nature des idées innées sur l'universel. Il a fait des lois morales un objet de recherches plus attentives et plus vastes; mais sur ce point même ses idées restent dans les généralités, et n'entrent pas dans des investigations spéciales. Il est forcé de combattre pour la cause des principes supérieurs eux-mêmes aussi bien les théologiens qui condamnent les joies de la vie, que la morale intéressée qui ne tient compte que de l'utilité individuelle et ne fait cas que du plaisir sensible. L'argument dont il se sert, c'est que, si nous devons suivre la sage nature, d'autre part l'impulsion naturelle n'a pas moins pour fin la conservation et le bien universels que le bien de l'individu, et que le bien universel assure une félicité bien plus grande et bien plus durable que la satisfaction des penchants égoïstes. Ici encore les traditions du temps passé lui font défaut, et il est obligé de rompre en visière aux vues et aux tendances modernes. La morale d'une théologie lugubre, qui méprise le monde, lui est aussi odieuse que la frivolité asservie aux plaisirs des sens et à l'utilité temporelle.

Dans cette lutte qu'il soutient contre les opinions opposées de son temps, il prend pour base de ses recherches logiques aussi bien que de ses recherches morales la loi universelle de la nature comme son plus sûr garant. Nous pouvons à cet égard le défendre contre le reproche de ne s'être, après tout, fait l'avocat que d'un égoïsme plus délicat. Il proclame le dévouement un devoir, et sa tendance générale est plutôt de ne pas tenir assez de compte de l'individu, et d'exagérer l'importance de l'universel. Après s'être livré à la pente naturaliste, où il se complaît à glorifier en termes enthousiastes la vie universelle, on le voit expliquer que la vie et la mort se succèdent, se remplacent nécessairement dans la vicissitude des choses, que l'incessante révolution des formes ne laisse point à l'individu de durée constante, et il en vient jusqu'à ne rien trouver dans la doctrine de la combustion finale de l'univers, qui soit contraire à ses vues (1). Il est, à coup sûr, bien près, dans cette voie, de sacrifier le particulier à l'universel. On serait plus fondé à lui reprocher de n'avoir pas su distinguer suffisamment dans notre vie morale la raison et la nature. Il est vraiment singulier qu'il ne parvienne à ne donner place au mal que par un détour et sous l'étrange idée de penchant contre nature ; on dirait qu'à ses yeux la nature subit l'envahissement d'une chose qui n'a point en elle de fondement. On voit par là très-clairement combien il était difficile à sa doctrine d'admettre la distinction des qualifications morales. On aperçoit bien à ce trait, qu'elle s'était dé-

(1) *Les Moral.*, III, 1, p. 366 sq.; 380 sq.

veloppée en opposition aux théologiens intolérants qui tenaient la nature pour corrompue. Shaftesbury ne voit au contraire dans la nature que la bonté du Créateur, que sa vie qui pénètre tout et dont l'univers ne peut se détacher sans s'anéantir. Le plus parfait ouvrage de l'architecte parfait ne peut rien contenir de mal. Dès lors, quand Shaftesbury regarde les actions des hommes et ne peut s'empêcher d'y reconnaître ce qu'il combat, l'erreur et le vice, il est forcé de recourir à l'idée que les bons restent fidèles à la nature, et que les méchants s'en écartent. Il lui eût été difficile d'expliquer comment une chose peut se soustraire aux lois de sa nature, et peut-être une idée se dérobe-t-elle et subsiste-t-elle au fond de sa pensée, c'est que tout ce qu'il y a de mal procède d'un ordre caché de la nature et n'est qu'un bien déguisé; mais il lui eût été tout aussi difficile de faire comprendre comment pèut naître en nous d'une impulsion naturelle le bien, dont nous nous faisons honneur comme d'un acte libre de notre raison. Là réside la faiblesse de Shaftesbury, et de toutes ses idées scientifiques. Pascal avait fait voir que la raison, dans ses développements progressifs, dépasse les œuvres de l'instinct; les principes généraux de Shaftesbury ne laissent rien inférer de pareil. Les idées générales de l'entendement, les ouvrages de la vie sociale, les vertus humaines, tout procède uniquement de l'instinct. Shaftesbury cède ici aux dispositions naturalistes de son époque, et c'est sa condescendance à leur égard qui lui fait combattre la morale intéressée avec les formes les plus tempérées, et donner de parti pris à sa doctrine une apparence tout à fait favorable aux penchants dans lesquels l'individu ne cherche que sa propre satisfaction. La conception de Dieu à laquelle il s'arrête, se ressent aussi de ces préférences naturalistes ; cette idée a plus d'une analogie avec celle de la nature naturante dans Spinosa ; car Shaftesbury, de même que Spinosa, laisse flotter l'idée de l'unité suprême entre l'unité de l'univers et celle de son principe. Nous n'oublions pas. certes, la différence capitale qui sépare sur ce point les doctrines des deux philosophes. Les idées de Shaftesbury ne s'élancent pas d'emblée, comme celles de Spinosa, jusqu'à l'absolu ; elles maintiennent la diversité des choses ; Shaftesbury, prenant l'unité du moi pour point de départ, donne partout au spirituel le pas sur le corporel, et est loin par conséquent de mettre en doute la vie et le développement des choses ; mais parce qu'il donne au spirituel un rang plus élevé que le fait Spinosa, ce n'est pas une raison pour conclure qu'il tienne moins que lui au naturel ; car quand il considère le spirituel, c'est précisément la prédominance de la nature dans l'esprit qu'il s'attache à signaler.

Ainsi le rationalisme se maintint dans la philosophie anglaise à côté du sensualisme de Locke. Le dernier ne pouvait dissimuler une tendance marquée au matérialisme et à l'égoïsme ; le premier s'appuyait sur les besoins de l'esprit et sur les exigences de la vie morale. Les deux doctrines avaient pour caractère commun de prendre, sous l'influence de l'école cartésienne, leur point de départ dans la conscience, et par là elles favorisaient également une conception psychologique des problèmes de la philosophie; mais le sensualisme ne tirait du principe Je pense, donc je suis, que la diversité des représentations ou des phénomènes psychiques; le rationalisme, au contraire, s'attachait avant tout à l'unité du moi, ou à la substance de l'âme. On ne peut dénier à Shaftesbury le mérite d'avoir représenté avec intelligence et vivacité cet aspect des choses. Ce rôle était d'autant plus important que les doctrines théologiques, qui avaient jusque-là servi en Angleterre d'appui au rationalisme, avaient, dans ce siècle de recherches hardies et de libre examen, perdu toute influence. Au reste, nous devons faire observer aussi que ce rationalisme ébauché n'était pas fait pour se mesurer avec le sensualisme travaillé et à vastes proportions, tel que Locke l'avait fait : signe extérieur et visible que le sensualisme était destiné à éclipser son adversaire chez les Anglais. Nous trouvons un signe intérieur du même fait dans la faiblesse avec laquelle les défenseurs de la raison revendiquaient ses droits, pour ainsi dire, d'une voix timide, en soutenant modestement les idées de l'entendement comme des ouvrages de l'instinct. De là vient que ce rationalisme ne parvint jamais à dépasser un vague sentiment de l'un et de l'universel, et à développer le système des idées générales;

on le vit toujours invoquer avec complaisance le sens commun, travailler à gagner des partisans, à faire admettre la vraisemblance de ses opinions par l'éclat oratoire, au lieu d'établir la conviction sur des fondements solides et scientifiques.

LIVRE TROISIÈME

TRANSFORMATION DE LA THÉOSOPHIE EN MÉTAPHYSIQUE

CHEZ VAN HELMONT LE JEUNE ET CHEZ LEIBNITZ.

LIVRE TROISIÈME

TRANSFORMATION DE LA THÉOSOPHIE EN MÉTAPHYSIQUE CHEZ VAN HELMONT LE JEUNE ET CHEZ LEIBNITZ.

CHAPITRE PREMIER

FRANZ MERCURE VAN HELMONT.

Sa vie. — Caractère de ses écrits. — Conciliation de la théologie avec la raison et la science de la nature. — Tendance au sensualisme. — Connaissance du suprasensible. — Il est opposé au dualisme : tout doit s'expliquer par Dieu. — Dieu créateur par essence. Eternité du monde. — Dieu n'a créé que les germes des choses. Mutabilité des créatures. — Christ, médiateur entre Dieu et les créatures. — Les créatures capables de changement soit en bien, soit en mal. — Perfectibilité illimitée des créatures. — Infinité du monde dans le temps et dans l'espace. — Infinité virtuelle et spirituelle de toute créature. — Préexistence de chaque chose vivante. — Monadologie. — Chaque chose est pour soi, et n'est qu'une partie du tout. — Le principe mâle ou spontané, et le principe femelle ou réceptif. — Le corps n'est qu'un degré inférieur du spirituel. — L'esprit composé de plusieurs esprits. — Pénétrabilité relative des choses. — Le corps est l'élément passif, l'esprit l'élément actif. — L'âme considérée comme esprit central. — Immortalité de l'âme. — L'homme en tant que microcosme, chute de l'homme. — Les quatre mondes. — Le mécanisme règne dans le monde de la composition. — Théodicée, harmonie des mondes. — Le mal conduit au bien. — Transmigration des âmes. — Perfectionnement des âmes en ce monde. — Progrès continu. — Revue.

Parmi les mouvements de la philosophie anglaise s'étaient encore prolongés les échos de la nouvelle école platonicienne et de la théosophie ; nous les avons trouvés non-seulement chez les prédécesseurs de Locke, mais jusque chez Shaftesbury. Nous avons dû remarquer également que l'école cartésienne elle-même n'en était pas restée tout à fait exempte. Toutefois, à l'exception des philosophes anglais assez peu importants qui précèdent Locke, les vrais représentants de la philosophie moderne dans sa pleine maturité offrent de très-faibles traces d'une influence persistante de l'école précitée. On se demande nécessairement si cette école, qui a contribué si puissamment à éveiller la pensée moderne, n'avait laissé nulle part de souvenirs plus profonds. Les tentatives intellectuelles périssent sans doute comme les autres par leurs faiblesses originaires, et les faiblesses de la nouvelle philosophie platonicienne, qui s'était perdue dans la Kabbale, le mysticisme et la théologie, avaient éclaté avec une terrible énergie; mais parmi les excroissances maladives de cette école, il s'y était conservé des germes féconds. Or si les choses périssent par leurs faiblesses, elles se renouvellent par les principes de vie qu'elles renferment; comment ne se serait-il pas rencontré quelque esprit pénétrant, qui aperçût la vérité cachée dans ces idées théosophiques, qui la dégageât de son alliage de chimères, découvrît le moyen de la concilier avec les conquêtes définitives de la philosophie moderne, et la conservât ainsi à l'avenir? Nous ne doutons pas que ce rôle n'ait été celui de Leibnitz.

Assurément les rêveries et les imaginations théosophiques voulaient être soigneusement épurées, avant d'entrer dans la philosophie moderne et de prendre place parmi ses découvertes. On devait s'attendre à voir de nombreuses tentatives se renouveler, avant qu'elles aboutissent au succès. Henri More et Cudworth nous ont présenté des essais de ce genre; mais un essai tout autrement remarquable, parce qu'il approcha bien plus de la doctrine de Leibnitz, est celui que tenta Van Helmont jeune. Parmi les philosophes, où l'on a cherché des antécédents de la monadologie de Leibnitz, Van Helmont est incontestablement celui qui a le plus de rapport avec le système du philosophe allemand, comme avec sa personne.

Franz Mercure Van Helmont, fils du médecin fameux, dont nous avons examiné ailleurs les doctrines, était né en 1618, probablement à Vilvorde près de Bruxelles. Il fut de bonne heure initié par son père aux sciences occultes. L'éducation qu'il reçut l'éloigna tout à fait des routes battues de l'enseignement établi; aussi le voit-on plus tard obligé de s'excuser des rudesses de son style latin, et passer auprès de bien des gens pour un esprit sans culture (1). Son esprit inquiet, comme il le dit lui-même, ne se contenta pas de suivre les voies d'investigation que son père lui avait ouvertes; la séparation de la physique et de la théologie ne répondait pas à ses aspirations, qui le

(1) Boinebourg le décrit ainsi : Homo omnium litterarum insciens est, et suæ spontis in religione, cætera sic sat probus in communi vita. Gruber. *Commerc. epist. Leibn.*, p. 1104.

portaient à une conciliation de toutes les sciences. Marchant dans des chemins inaccoutumés, et visant à des résultats supérieurs, il prit un air original et bizarre. Les exercices d'un ascétisme très-austère l'écartèrent des distractions et des occupations du monde. Ses parents, grands personnages, le regardaient comme un homme impropre à tout, tandis qu'il se complaisait lui-même dans le rôle de philosophe. Dans l'édition des œuvres de son père, qu'il entreprit dès l'âge de vingt-six ans, mais que divers obstacles, élevés sur sa route, ne lui permirent pas d'achever avant l'année 1655, il se nomme le philosophe « *par l'Un dans lequel est tout*, » il s'appelle l'anachorète en pèlerinage. Il avait fait déjà de nombreux voyages, et s'était rendu depuis 1648 à la cour impériale, et avait été employé au conseil et dans des ambassades. Il était également bien accueilli chez l'électeur de Mayence, Jean-Philippe, grand amateur des sciences occultes. Des services désintéressés et continués pendant dix ans, services heureusement et glorieusement employés à opérer la réconciliation des maisons princières allemandes, reçurent pour prix le titre de comte accordé à lui et à sa famille ; il ne prétendait posséder auparavant que le titre de baron. Il était vers cette époque sur le point de retourner dans sa patrie, pour y recueillir un riche héritage ; mais nous le retrouvons ensuite presque toujours en pays étranger. Ses opinions peu orthodoxes, particulièrement sur la métempsycose, le firent appeler à Rome par l'Inquisition. Il ne lui fut pas permis de reparaître à Mayence, et il vécut, entouré de considération, à la cour de l'électeur palatin, et à Salzbach chez le comte palatin, intimement lié avec son chancelier Knorr de Rosenroth, auteur de *la Kabbale dévoilée*, ouvrage auquel Van Helmont participa. Brouillé avec l'Église romaine, ennemi fervent de la hiérarchie, il passa ensuite en Angleterre, et entra dans la société des Quakers. Cette liaison paraît avoir peu duré, mais il ne laissa pas de continuer à porter le costume des Quakers. Il vécut dans une étroite liaison d'idées avec une dame anglaise, la comtesse Connaway, et fut, après la mort de cette dame, l'éditeur de petits écrits philosophiques, composés par elle sous son influence, et qu'on peut ainsi regarder comme des monuments de sa pensée. Il éprouvait quant à lui, du moins dans sa vieillesse, une forte répugnance à rien publier sous son nom, et usait volontiers de moyens différents pour répandre ses idées. Nous le retrouvons dans ses dernières années en Allemagne, bien reçu chez la princesse Sophie de Hanovre, en commerce assidu avec Leibnitz, qui le connaissait et faisait grand cas de lui depuis longtemps. De là il se rendit à Berlin près de la fille de cette princesse, l'électrice de Brandebourg. Il mourut peu de temps après, en 1698 ou 1699, dans le pays de Clèves, près d'une parente, la baronne de Mérode.

Au premier abord sa vie est une vie d'aventures, sans suite ni plan. Ses ouvrages eux-mêmes (1) sem-

(1) J'ai à ma disposition les ouvrages suivants : *Alphabeti vere na-*

blent fortifier cette apparence, tout pleins qu'ils sont de recettes, de projets et des calculs les plus bizarres sur le passé et sur l'avenir. A côté des spéculations philosophiques les plus générales, on y rencontre des expériences ayant trait à de vraies minuties, et fort peu rigoureuses. On remarque en même temps que ces écrits procèdent des aspirations confuses de la théosophie. On voit aussi que l'auteur n'est arrivé que par degrés à fixer ses idées. Le profane et le religieux s'y mêlent d'une façon singulière. Les développements de la science moderne ont évidemment agi sur ces idées d'une manière assez profonde, bien que les résultats en soient presque toujours combattus. Van Helmont attaque Hobbes, Descartes, Spinosa ; mais tout en blâmant leurs explications mécaniques de la nature, il ne peut pas les rejeter sans réserve ; il les trouve fondées dans la plupart des cas, parce que la nature entend merveilleusement la mécanique ; seulement les explications de ce genre font connaître l'écorce des choses, mais non le fond (1). Il consulte volontiers l'expérience ; il incline même vers les principes sensualistes. L'association des travaux et des recherches, telle que la société royale de Londres en offrait alors le modèle,

turalis Hebraici brevissima delineatio. In lucem ed. a. F. M. B. ab Helmont. Sulzbaci, 1667 ; *Discours paradoxes* de F. M. Van Helmont. Rédigés et publiés par J. B. (en anglais). Lond. 1685 ; *Opuscula philosophica.* Ams. 1690. *Seder Olam, sive ordo seculorum, historica enarratio doctrinæ.* 1693. Il mentionne lui-même d'autres écrits ; je ne sais s'ils ont paru.

(1) *Princ. phil.*, 9, dans les *Opusc. phil.*

est mentionnée par lui avec éloges, et il voudrait bien en tirer un parti utile à ses projets (1). Quelle que soit son originalité de caractère et d'esprit, il ne vit pas tellement à part qu'il échappe à toute influence des progrès accomplis de son temps; bien plus, il s'en informe curieusement, et on le voit animé lui-même d'une égale ardeur pour faire valoir ses découvertes; il n'a pas fréquenté sans motif les cours et le grand monde. Il a en effet plus d'une découverte utile à communiquer; il veut appliquer à la guérison des sourds-muets son alphabet naturel de la langue hébraïque; il recommande une méthode mécanique pour la guérison des déviations de l'épine dorsale, et l'on voit une veuve anglaise fonder, sur ses indications, un institut de ce genre à Londres; il connaît des procédés pour mille choses, et possède des recettes de toute nature. Ses observations, ses découvertes portent, il est vrai, une forte empreinte de l'alchimie la plus abstruse; ses principes ne lui permettent pas de mettre en doute la transmutation des métaux, mais il repousse néanmoins la pratique des faiseurs d'or, la recherche de la pierre philosophale (2), et il est revenu des trois éléments de Paracelse (3). Déjà nous ne pouvons pas douter que sa vie et ses travaux, tout agités et mobiles qu'ils paraissent, ne soient conduits par des vues d'utilité publique, et même désintéressées, sinon pures de toute

(1) *Alphab. vere nat.*, præf.
(2) *Disc. parad.*, I. p. 122, sqq.
(3) Ib., p. 91.

vanité; mais ce qui manifeste l'enchaînement de ses idées et de sa vie, ce sont uniquement ses philosophêmes et les espérances religieuses qui s'y rattachent. Sa jeunesse avait encore appartenu aux temps où les agitations religieuses mettaient le monde en combustion. Il a travaillé à hâter l'ère d'une pacification définitive des querelles religieuses. Il voit approcher l'époque, où cette réconciliation se consommera dans une Eglise visible, qu'il appelle l'Eglise philosophique; déjà les germes cachés de cette nouvelle Eglise sont épars aujourd'hui; elle apparaîtra au grand jour dans l'année 1700 (1). Il entrevoit une œuvre, à laquelle il a voué une bonne partie de ses forces. Il est convaincu, qu'avec l'aide de tous les moyens fournis par la culture profane, cette œuvre peut s'accomplir; son désir serait d'avoir pour sa part contribué à préparer les âmes à la recevoir. Il l'annonce, il s'encourage à se tenir prêt lui-même à son avénement.

Ses espérances religieuses et ses doctrines philosophiques tiennent les unes aux autres par le lien le plus étroit. Il se propose une conciliation de la foi religieuse et de la raison, et se croit fondé à penser que les difficultés de la théologie ont une cause unique, c'est que la théologie ne s'est pas assez familiarisée avec les secrets de la nature, ou avec la révélation de Dieu dans la nature (2). Son interprétation des

(1) *Seder Olam*, p. 126.
(2) *Phil. vulg. refutata*, dans les *Opusc. phil.*, p. 234, sqq.; 338.

dogmes chrétiens est fort libre; il explique tout par ses vues philosophiques. Quelque importance qu'il attribue à la Kabbale et à la langue hébraïque, il ne regarde pas le récit de la création, tel que le présente Moïse, comme une tradition sur l'origine du monde; il refuse à la doctrine de la création *ex nihilo* son assentiment (1). Les idées, par lesquelles il s'écarte du dogme de l'Eglise, sont presque toutes conçues dans l'esprit de la théologie, qui se propageait de son temps. Il appartient aux antitrinaires (2), et compte parmi les adversaires du dogme de l'éternité des peines (3). Il n'a d'ailleurs nul penchant pour la philosophie païenne; s'il accepte les doctrines platoniciennes, c'est avec de grandes réserves; il n'y recourt que pour l'opposer comme contre-poids à la philosophie vulgaire (4). Il s'est affranchi aussi des vieilles traditions philosophiques; entraîné par le mouvement général de son époque, il prétend néanmoins marcher dans sa propre voie. On sent en lui sans doute l'influence prolongée des idées théosophiques; mais il a renoncé, en très-grande partie, aux théories physiques de la théosophie, ou bien, s'il en paraît quelques vestiges, on voit ces théories réduites à une forme très-affaiblie. Son intelligence ne s'anime que dans l'examen des principes universels de la métaphysique.

(1) *Sed. Ol.*, p. 26.

(2) Ib. I, p. 3; *Princ. phil.*, I, 7.

(3) *Sed. Ol.*, 66, p. 21; *Princ. phil.*, 6, 8, et dans plusieurs autres endroits.

(4) *Phil. vulg. ref. ded.*; præf.

A ces principes se rattache cette pente au sensualisme que nous avons déjà signalée chez lui et que nous aurons bientôt à observer de plus près. Toute science humaine dérive primitivement des sens (1). Toute acquisition est nécessairement progressive; pour que nous connaissions les choses, il faut que leurs images arrivent jusqu'à nous; car l'esprit des enfants est comme un papier blanc, qui peut recevoir peu à peu des idées (2). Helmont fait intervenir à ce propos les théories relatives à l'action du cerveau dans la connaissance, sans toutefois pousser très-loin cette recherche. Il faut que les formes sensibles qui émanent des choses soient reçues en nous par les organes des sens; elles se réunissent dans le cerveau; celui-ci étant composé de parties, les formes ne parviennent pas à une parfaite unité, sans quoi nous connaîtrions, comme Dieu même, tout d'une seule vue (3). Helmont ne s'arrête pourtant pas au domaine sensible; nos conclusions atteignent jusqu'au suprasensible (4). Notre penser, de même que toute activité des choses, ne se borne pas à une pure réceptivité, l'intelligence élabore par sa propre énergie les éléments qui lui sont livrés. Bien que fort loin d'être favorable à la doctrine des idées innées, Helmont ne laisse pas

(1) *Phil. vulg. ref.*, p. 318. Humana omnis scientia ex sensu primitus oritur.

(2) *Disc. parad.*, II, 4, p. 150.

(3) *Disc. parad.*, II, 5, p. 32, sqq.; p. 68, sqq.; *Princ. phil.* p. 69; 106.

(4) *Phil. vulg. ref.*, p. 318.

d'affirmer que nous avons une idée innée de Dieu. En effet, Dieu ne soutient pas avec notre esprit les mêmes rapports que les créatures extérieures, dont nous ne sommes informés que par un mouvement venu du dehors; il nous est présent de la façon la plus intime (1). Au fond, Helmont vise, comme tous les rationalistes, à rendre compte de tout par cette connaissance innée de Dieu, pour ramener les choses à leur dernier principe. Il croit avoir reconnu à la connaissance sensible toute la valeur qui lui appartient en la déclarant indispensable à notre progrès temporel.

De cette tendance rationaliste à tout expliquer par Dieu dépendent ses efforts pour tout réduire à un principe unique. Il se prononce avec force contre le dualisme, contre tout système qui admet plus d'un principe, ainsi que contre la pluralité des personnes ou des substances en Dieu. Si tout n'émanait pas d'un seul principe, il ne pourrait y avoir d'ordre dans l'univers (2). Dieu doit être adoré comme une substance différente, il est vrai, quoique non séparée des créatures, mais présente à chacune d'elles de la manière la plus intime (3). L'essence de toutes choses réside en

(1) *Princ. phil.*, 1, 3; 5, 3, p. 32. Connatus nobis intellectus, qui a Deo mentibus nostris est insitus. Ib. 7, 4, p. 106. Du reste il admet encore ailleurs des idées et des principes innés. Ib. 6, 2, p. 44.

(2) Préface mise en tête des œuvres de son père, 4, 2; *Princ. phil.*, 1, 7. Dans la remarque 7 de ce chapitre, il rapporte aussi la Trinité à Dieu en lui-même, à Christ et au monde.

(3) *Princ. phil.*, 1, 3. Ipsa quoque sensu proprio et reali est essentia vel substantia distincta a creaturis suis, quamvis ab illis non divisa vel separata.

lui, parce qu'à lui appartiennent la perfection sans limites et l'infinité absolue (1). Cette infinité, que Van Helmont distingue beaucoup mieux qu'un grand nombre de ses contemporains d'une autre sorte d'infinité qui peut convenir aussi aux créatures, cette infinité, dis-je, consiste uniquement dans la perfection. De sa perfection résulte son immutabilité; car il ne peut devenir ni moins parfait, ni plus parfait; cette immutabilité est le caractère qui différencie essentiellement Dieu des créatures, lesquelles sont variables par nature (2). Cette immutabilité est liée à la simplicité, qui ne le distingue pas moins essentiellement des créatures. Car celles-ci, destinées à recevoir en elles le variable, ne peuvent être sans parties, tandis que Dieu est absolument simple en son essence, hors du temps, au-dessus du changement, sans parties, sans figure, sans extension dans l'espace (3). Lorsque Van Helmont vient ensuite à songer que Dieu est néanmoins présent à toutes choses, que nous le concevons nécessairement comme agissant dans l'espace, il aperçoit ici une énigme insoluble, dont nous ne pouvons nous rendre compte qu'au moyen de comparaisons imparfaites (4).

Cette énigme suppose l'activité créatrice de Dieu dans l'univers. Dieu ne peut être conçu sans elle; car

(1) Ib., 1, 1; 6, 16, p. 54; *Disc. parad.*, 2, p. 19.
(2) *Princ. phil.*, 5, 3, p. 32; 6, 1.
(3) Ib., 1, 2; 3, 8; 7, 4, p. 107.
(4) Ib., 3, 8.

est créateur par essence, puisque nul accident ne peut lui convenir; ce qu'il est, il l'est de toute éternité; c'est donc de toute éternité qu'il a créé le monde. Il ne peut être sans agir, de même que le feu ne peut être sans brûler (1). Mais son efficace créatrice ne cesse jamais, car tout est éternel en lui (2). Helmont admet, il est vrai, que la puissance absolue de Dieu aurait pu tout réaliser d'un seul coup; mais il ne perd pas de vue non plus la différence nécessaire du créateur et de la créature; et c'est pourquoi il ajoute que la sagesse et la bonté de Dieu ont préféré que toutes choses arrivassent à leur perfection par un progrès successif, afin de posséder cette perfection comme l'œuvre de leur propre énergie (3). Dieu s'est donc contenté de créer les semences de toutes choses, et sa création permanente consiste à amener graduellement ces germes à leur plein épanouissement (4); par sa volonté tout est à la fois, ce n'est que par rapport aux créatures que tout se réalise dans le temps et d'une manière successive. Ainsi le développement des choses et le temps ont commencé après la création; le monde n'est pas coéternel à Dieu, mais son existence ne laisse pas de s'étendre à l'infini dans le passé et

(1) *Princ. phil.*, 3, 7.

(2) *Sed. Ol.*, 4, p. 3. Attributum creatoris Deo est essentiale, quia nulla sunt in Deo accidentia. Ib., 5, p. 4. Et etiam novas (sc. creaturas) continuo creat atque in omnem æternitatem seculorum quoque creabit.

(3) *Princ. phil.*, 9, 6, p. 133.

(4) Ib., 4, 1; *Sed. Ol.*, 36, p. 11.

dans l'avenir (1). La mutabilité des créatures subsiste aussi bien que l'immutabilité du créateur; les créatures sont nécessairement soumises au temps et à la succession dans leur mouvement vers la perfection; c'est en ce sens qu'on peut dire que les ténèbres sont nécessairement avant la lumière (2).

Il serait à souhaiter que Van Helmont, reconnaissant, comme il le faisait, l'incompréhensibilité de la puissance créatrice, se fût abstenu d'entrer dans de plus longs détails sur la manière dont les choses émanent de Dieu. Mais il ne peut se débrouiller complétement des métaphores de la théosophie. Il combat la théorie de la vieille philosophie, d'après laquelle Dieu tirerait le monde de la matière; il combat aussi la doctrine de la création *ex nihilo*, car on ne peut admettre en Dieu aucun néant (3); au contraire, il adopte la théorie de l'émanation, qu'il ne prend pas du tout, cependant, dans sa signification physique originelle, et qu'il combine au contraire d'une manière assez bizarre avec la doctrine de la création (4). Ses déclarations indécises sur ce point n'ont pas d'ailleurs une très-grande importance; il faut remarquer seulement, que ce qui tient Van Helmont enchaîné à cette énigme, c'est son effort pour trouver un moyen terme entre la perfection divine et l'imperfection de l'univers.

(1) *Princ. phil.*, 2, 1; 3, 3.
(2) Ib., 2, 6; préf. aux œuvres de son père, p. 11.
(3) *Princ. phil.*, I, 3; *Disc. parad.*, II, 1, p. 4, sq.
(4) *Princ. phil.*, 1 ann. 1 sq.; 1, 2; 6; 3, 1, sqq.; 5, 4; 8; 5; 9, 6, p. 135.

Le Christ, fils de Dieu, est chargé d'opérer cette médiation. La base de cette conception n'est autre que des analogies physiques. Dieu commence par émettre du fond de son essence une subtile lumière; cette lumière est le Christ; elle remplit l'espace infini comme une lumière créatrice trop rayonnante encore, trop subtile pour que les créatures inférieures puissent la concevoir; il faut qu'elle subisse une nouvelle dégradation pour produire les choses de l'univers. Ainsi Dieu, par bonté, modère graduellement les rayons de la lumière, dont les créatures n'auraient pas pu soutenir le plein éclat (1). Tout cela est un symbole de la doctrine de la Trinité; Dieu le père, l'âme du Messie, et enfin le corps du Messie, avec toutes les choses de l'univers, deviennent, par cette violente interprétation, une représentation des trois personnes (4). Tous ces jeux d'esprit ne nous donnent pas encore la signification qu'il attache à sa doctrine. Le sens de ses idées commence à se révéler dans la manière dont les trois espèces d'êtres, Dieu, le Christ et les créatures, sont distinguées l'une de l'autre. La déduction de leurs caractères distinctifs trahit aussi l'influence de la doctrine cartésienne. Helmont distingue des substances, leurs attributs essentiels, et leurs modes variables d'être. Lès modes, dans leurs changements, n'altèrent point la substance, la chose reste identique sous

(1) *Princ. phil.*, 1 ann. 1, sq.
(2) Ib., 1 ann. 3, sq.

leur variabilité. Au contraire, les attributs constituent les différentes espèces des choses, et nulle espèce ne peut se changer en une autre. Van Helmont n'admet que trois espèces de choses : Dieu, qui est immuable ; le Christ, qui ne peut changer en mal, mais peut changer en bien ; les créatures, qui peuvent changer soit en bien, soit en mal (1). Ainsi le Christ constitue entre Dieu et les créatures le moyen terme exigé pour qu'il ne se trouve point de lacune dans l'être (2). Ce qui rend son essence propre à ce rôle de médiatrice, c'est qu'il réunit en lui mutabilité et immutabilité, temps et éternité. L'éternité et l'immutabilité lui appartiennent, parce qu'il est attaché éternellement et immutablement au bien ; le temps et la mutabilité lui conviennent, parce que, d'après la nature nécessaire des créatures, il ne peut échapper à la loi du développement successif (3). Nous voyons Van Helmont établir ici entre Dieu et les créatures une différence purement métaphysique ; il n'a pour but, sans doute, que de nous représenter comment l'essence immuable de Dieu peut néanmoins entrer, par son action efficace, dans les changements de l'univers, et le suprasensible passer à l'existence sensible. Mais la manière dont il ménage cette transition laisse entrevoir aussi en lui une conception morale des choses. L'intervalle entre l'éternel et le temporel ne serait pas trop grand pour

(1) Ib., 6, 3, sq.
(2) Ib., 5, 3, p. 33.
(3) Ib., 7, 4, p. 93.

Van Helmont, si le temporel n'était susceptible que de changer en bien ; ce mode de mutabilité réside dans l'essence de la créature, comme Helmont le soutient à plusieurs reprises ; mais les créatures de cet univers peuvent aussi changer en mal ; de là l'origine des doutes qui s'élèvent en lui sur la bonté de Dieu, doutes que nous reverrons paraître ailleurs chez lui. C'est pourquoi il croit avoir besoin d'un médiateur entre Dieu et ses créatures.

Beaucoup d'autres idées rappellent encore cette façon de voir. Cependant Van Helmont fait effort pour trouver dans la création un ouvrage digne de Dieu. C'est pourquoi il ne peut s'empêcher d'attribuer au monde l'infinité. Sans doute, le monde ne peut la posséder en tant que créature, qui reflète le créateur, que dans son évolution graduelle, et parce qu'il va se perfectionnant, sans jamais atteindre pourtant la perfection suprême (1). Mais la justice divine ne laisse pas de subsister nécessairement dans la création, et elle subirait une atteinte, si Dieu avait moins donné au monde qu'il ne pouvait lui donner ; or, il pouvait lui donner l'infini, sinon en réalité, du moins en puissance, c'est-à-dire qu'il pouvait douer les créatures de la faculté de se perfectionner sans cesse ; nous ne pouvons donc refuser aux créatures cette infinité (2). Par

(1) Ib., 9, 7. Eodem modo res se habet circa varios vitæ gradus, qui principium habent, non autem finem ; ita ut creaturæ capax sit ulterioris et perfectioris gradus vitæ, idque magis semper magisque in infinitum, et nunquam tamen pertingere potest ad æqualitatem cum Deo.

(2) Ib., 6, 6, p. 54. Suprema enim creaturæ excellentia est in po-

la même raison, les modes des créatures ne sont pas séparés les uns des autres par des intervalles infinis, ils ne sont que des degrés différents de la perfection qui est réalisée dans l'évolution (1). Dieu a dû donner aux créatures quelque ressemblance avec lui ; et non-seulement l'homme, mais toutes les créatures portent en elles une image de Dieu, où se trouvent nécessairement toutes les essences comme elles se trouvent en lui ; seulement ces essences s'y trouvent de la manière dont les créatures comportent cette infinité de l'être, c'est-à-dire dans la puissance, dont elles sont douées, de se développer sans cesse à l'infini ou du moins à l'indéfini, et de tout recevoir en elles (2). Il suit de là que Dieu conserve bien, comme son caractère propre, l'infinité dans le sens absolu du mot, mais qu'aussi les créatures possèdent une grandeur infinie, puisqu'elles peuvent s'étendre indéfiniment et croître sans cesse en perfection, sans toutefois arriver jamais à la perfection absolue. Toute créature contient en elle un nombre illimité de créatures ; toute partie de la création peut s'étendre à l'infini (3). Mais cette infinité des

tentia tantum, non vere actu esse infinitum, id est semper posse fieri perfectiorem et excellentiorem in infinitum, quamvis hoc in infinitum nunquam attingi queat.

(1) Ib., p. 55.

(2) *Disc. parad.*, II, 2, p. 19 ; 4, p. 137. En effet toute créature de Dieu n'est-elle pas infinie ou au moins indéfinie, en tant qu'aucun terme ou aucune limite ne peut être assignée à son accroissement et au déploiement de ses facultés ?

(3) *Princ. phil.*, 3, 5 ; 9 ; 6, 6, p. 54. Neque hoc ipso contradicimus iis, quæ dicta sunt cap. 3 de infinitate creaturarum ; illa enim non intelliguntur de infinita illarum bonitate et excellentia, sed tantum res-

créatures n'est point comparable à l'infini ou à la perfection de Dieu. Un infini peut être, selon Van Helmont, plus grand qu'un autre infini, et Dieu est infiniment plus grand que toute créature (1). Nous serons moins surpris de cette singulière assertion en nous rappelant que l'école cartésienne avait soutenu l'infinité de l'espace sans pouvoir se dissimuler que toute infinité du monde corporel reste beaucoup au-dessous de l'infinité spirituelle. Il pourrait nous sembler plus étrange de voir Van Helmont indiquer, il est vrai, la différence du véritable infini ou du parfait et de l'indéfini, mais s'abstenir d'en tirer aucune conséquence.

Une idée qui se rapporte aux doctrines précitées, c'est que Van Helmont trouve la grandeur et la perfection de Dieu, sa puissance et sa bonté révélées d'abord dans l'étendue infinie de l'univers à travers l'espace et le temps (2). Ces deux infinités sont choses qu'il tient pour établies avant tout le reste ; l'univers n'a point de limites, et il est de toute éternité ; aussi le Christ précède-t-il le monde des créatures selon l'ordre de perfection, mais non selon le temps (3). A ces infinités se rattachent toutes celles qui conviennent encore aux créatures, et d'abord l'infinité des

pectu multitudinis et magnitudinis, ita ut una non possit numerari vel altera mensurari ulla comprehensione creati intellectus.

(1) Ib., 3, 6. Nec énim objici potest nos creaturas Deo statuere æquales ; sicut enim unum infinitum majus esse potest altero, ita Deus semper infinite major est, quum omnes ipsius creaturæ, ita ut nullæ hic institui possit comparatio.

(2) Ib., 3, 4 ; 6.

(3) Ib., 5, 5.

parties que toute créature renferme en elle ; car chaque corps enveloppe un nombre illimité de corps, chaque esprit un nombre illimité d'esprits (1). En second lieu, l'infinité des effets que chaque créature exerce ; car toutes les substances de l'univers forment ensemble une chaîne infinie ; leur action rayonne incessamment, et leurs effets atteignent à l'infini, non pas sans doute immédiatement, mais par le moyen des parties qui remplissent l'intervalle (2). Cela constitue une extension infinie de chaque chose, sinon matériellement, au moins virtuellement (3). Ces infinités physiques et corporelles n'ont pourtant aux yeux de Van Helmont qu'une valeur inférieure à l'infinité spirituelle. Ce qui lui importe, c'est que le Dieu parfait se manifeste dans des essences également parfaites, et il ne reconnaît de vraie perfection que dans la vie spirituelle. Une matière morte n'aurait rien de commun avec Dieu (4) ; l'esprit est donc partout présent ; mais tous les esprits inférieurs se transforment dans un esprit d'ordre supérieur, qui est l'esprit humain, et celui-ci est destiné à progresser sans relâche dans la voie de la perfection, afin de devenir de plus en plus semblable à Dieu (5).

Nous n'exprimons rien moins ici que la proposition

(1) Ib., 6, 11, p. 68, sq.
(2) Ib., 5, 10.
(3) Ib. 9, 9.
(4) Ib., 7, 2, p. 81 ; *Sed. Ol.*, 34, p. 10.
(5) *Princ. phil.*, 6, 6, p. 54, sqq. ; *Disc. parad.*, II, 1, p. 4.

capitale de la doctrine de Van Helmont. Il est nécessaire, pour la mettre en pleine lumière, de signaler encore quelques autres propositions qui lui serviront d'appui. Nous retrouvons chez lui, par exemple, le principe platonicien que les choses sont déterminées quant au nombre. Elles peuvent bien être pour nous impossibles à dénombrer, mais Dieu en connaît le nombre (1). De plus Dieu a créé toutes ces choses d'un seul coup. Quand on parle d'un accroissement infini des choses (2), il ne faut entendre par là que leur entrée dans une nouvelle carrière d'existence; telle est, entre autres, la naissance. Aussi Van Helmont combat en grand détail la doctrine de la création des âmes au moment de la naissance; il soutient leur préexistence, et défend la génération univoque; la naissance n'est pour lui qu'un développement de l'esprit hors du corps (3). A cette proposition s'en rattache une autre de Platon, savoir que la justice de Dieu a doté toutes les créatures également, et que leurs différentes destinées n'ont résulté que de leur propre choix (4). Parmi toutes les vicissitudes de l'existence, la substance de chaque chose demeure identique: conséquence forcée de l'invariabilité numérique des choses. Avec les genres universels des choses, réduits

(1) *Princ. phil.*, 7, 4, p. 104.
(2) Ib., 3, 4.
(3) *Disc. parad.*, II, p. 133; *Sed. Ol.*, 46, p. 16; *Princ. phil.*, 8, 4.
(4) *Sed. Ol.*, 36, sq., p. 11.

à trois par Van Helmont, l'individualité de chacune d'elles est pour lui la base immuable de tout changement. Un entier renversement de toute justice, l'anéantissement de toute imputation morale et même de toute vérité objective, tels seraient les résultats qu'on ne pourrait éviter en admettant que les individus ne restassent pas identiques, et que l'un pût se transformer en un autre (1). Ce principe général, fondement de toute vérité des choses, Van Helmont le pousse plus loin encore ; il maintient l'existence d'une véritable individualité, d'une unité indivisible des choses, par laquelle tout doit s'expliquer. Tout corps n'est pas divisible, l'âme est absolument indivisible (2). Il faut admettre, dans la nature, des atomes ou des monades d'où procèdent tous les ouvrages de la vie, monades physiques et non mathématiques que Dieu ne divisera pas, et que nulle puissance externe n'est capable de diviser. Elles réagissent l'une sur l'autre et sont le fondement de toute existence physique (3). Elles jouissent d'une durée éternelle ; mais elles y sont toutefois soumises au changement et sem-

(1) *Princ. phil.*, 6, 2. Si ipsæ rerum essentiæ individuales mutari possent in se invicem, sequeretur creaturas non habere verum esse, adeoque certi esse non possemus ullius rei, nec veram habere possemus ullius rei cognitionem vel scientiam. — Omnis enim scientia vera sive certitudo cognitionis ab objectorum dependet veritate.

(2) *Sed. Ol.*, 31, p. 9; *Princ. phil.*, 7, 4, p. 101.

(3) *Princ. phil.*, 6, 2. Divisio rerum nunquam fit in minima mathematica, sed in minima physica ; cumque materia concreta eo usque dividitur, ut in monades abeat physicas, qualis in primo materialitatis suæ statu erat, — tunc iterum suscipere apta est suam activitatem. Ib. 7, 4, p. 101 ; 105.

blent en quelque sorte périssables, parce qu'elles n'ont pas encore atteint leur but, qui est d'être réunies à l'unité de leur principe (1).

On remarquera que l'ensemble de ces idées de Van Helmont ne se trouve exprimé chez lui que d'une manière défectueuse. Selon lui, Dieu a créé par la contraction de sa lumière d'abord le Christ, ensuite le monde; selon lui, ce monde se compose d'un nombre déterminé d'individus; Van Helmont ne peut lui attribuer ni véritable perfection ni véritable infinité; il entend seulement, quand il emploie ces expressions, que les créatures ont en elles la faculté de se développer à l'infini. Cette idée de la vie infinie dans l'univers est celle qui lui tient le plus au cœur. Partout il fait ressortir l'énergie plastique, dont sont doués chaque corps, chaque esprit (2). Mais il rencontre aussi des difficultés qu'il ne réussit pas à lever complétement. L'idée de la monade indivisible lui paraît exclure en elle toute possibilité d'un mouvement ou d'un changement quelconque; car il faudrait pour les recevoir qu'elle eût des parties (3). Comment, de plus, est-il possible qu'une substance transmette le mouvement à une autre, puisque tout mouvement n'a lieu dans la

(1) Préf. aux œuvres de son père, p. 12. Omnes partes minimæ integræ et perennes, verum tamen caducæ reddi possunt, quia nondum in unum coiere.

(2) *Princ. phil.*, 6, 7; 8, 4, p. 122.

(3) Ib., 7, 4, p. 105, sq. Motionem habere non potest (sc. atomus) internam, quia omnis motio duos habet terminos. — Atomus autem tam est exilis, ut nihil in se recipere queat.

substance que comme un pur mode de son être (1)? Pour échapper à ces objections, il reconnaît à ses atomes une sorte de multiplicité et fait créer le mouvement en chaque chose par Dieu ; les objets extérieurs, intermédiaires du mouvement, sont de purs instruments de Dieu, des moyens par lesquels il propage le mouvement (2) ; cette théorie rappelle l'occasionalisme. A cette idée d'une réaction réciproque des choses l'une sur l'autre, réaction purement apparente d'ailleurs, se rapporte une autre opinion ; c'est que le monde est lié par une sympathie universelle des choses, qui a été affaiblie par le péché, et que nous ressentons par suite avec moins de force (3). Tout est lié ; chaque chose n'est qu'une partie de l'ensemble, bien que d'autre part chaque essence existe pour soi (4). Aussi Van Helmont repousse-t-il la doctrine atomistique, dès qu'elle pose chaque atome comme séparé de tous les autres. D'un côté il maintient, comme on voit, l'union de toutes choses dans leur principe divin ; de l'autre côté il insiste sur la séparation des choses comme indépendantes. Veut-il rendre compte de l'enchaînement causal des monades, il affirme que la créature ne peut se donner à elle-même l'essence et le mouvement, ni les donner à d'autres créatures ; est-il

(1) Ib. 9, 9, p. 142. Quomodo motus transire potest de proprio suo subjecto in aliud, eo quod ipsa essentia sive entitas modi in hoc consistat, ut inhæreat vel inexistat suo corpori.

(2) Ib., 7, 4, p. 106, sqq. ; 9, 9, p. 142, sq.

(3) Ib., 6, 4.

(4) *Disc. parad.*, I, 4, p. 58, sq.

question au contraire de la séparation et des péchés des créatures, il déclare comme une vérité irrécusable que Dieu leur donne seulement la faculté du mouvement; qu'elles peuvent abuser d'elles-mêmes, et par conséquent de la faculté qu'elles tiennent de lui (1).

Fortifiés par l'esprit nominaliste de la philosophie la plus récente, qui exaltait l'individualité des choses, les doutes de Van Helmont sur l'enchaînement causal des objets ne sont pas restés sans effet; mais, malgré tout, le but que sa doctrine poursuit avec le plus de vigueur et de suite est de faire ressortir la liaison causale. Un fait qui l'atteste, c'est que la séparation ne se prononce, ne s'approfondit que tardivement et par un effet du péché. On serait en outre fondé à dire qu'il a développé avec assez de pénétration les concepts métaphysiques qui sont le fondement du rapport de cause à effet, si ces concepts ne se perdaient pas dans son exposition sous le voile des images physiques, où se complaît la théosophie. Sa physique consiste principalement à déduire que le soleil et la lune, ou en d'autres termes une lumière chaude et une lumière froide sont les deux forces génératrices de la nature. Il pose le soleil comme le principe mâle, et la lune comme le principe femelle, dont la coopération est nécessaire à toute production. Il oppose en termes exprès ces deux principes aux trois éléments des chimistes (2). Si l'on observe de près l'usage qu'il fait de ces

(1) Ib., 8, 2, p. 114, sq.
(2) *Disc. parad.*, I, 1; 4, p. 91.

forces primordiales pour expliquer les phénomènes, on remarquera qu'il entend par elles deux concepts métaphysiques ; il entend par principe femelle la réceptivité, par principe mâle la spontanéité, dont la conjonction est l'absolue condition de tout effet. Il établit qu'il faut que deux choses réagissent l'une sur l'autre pour produire une œuvre, qu'il faut en outre qu'elles soient animées l'une pour l'autre d'un profond amour, ayant pour principe leur parenté naturelle ; et leur parenté consiste en ce que chacune d'elles contient d'avance en soi, caché et comme endormi, ce qui réclame pour être réalisé l'opération de l'autre chose. Réceptivité et spontanéité préexistent donc nécessairement des deux côtés ; cette condition est la seule sous laquelle deux choses puissent produire une œuvre commune (1). Partout donc il n'y a qu'évolution ; rien n'est introduit du dehors dans une chose ; les effets dans les choses sont de simples développements de forces qui sommeillent ; nulle part il n'existe de matière purement passive ; mais partout aussi un stimulus extérieur est nécessaire pour le développement de la force interne.

(1) Ib. II, 2, p. 13, sqq. Partout où s'accomplit une action, il doit nécessairement y avoir un être qui la fait et un être qui la reçoit, et ainsi l'agent doit renfermer ces deux natures. — L'homme et la femme ont dû, avant de s'unir, se plaire l'un avec l'autre, prendre plaisir l'un à l'autre, s'aimer l'un l'autre. — Il ne peut y avoir aucune union entre deux choses étrangères l'une à l'autre à tous égards, et entre lesquelles il n'y a pas de relation ou d'affinité. — L'homme renferme la femme d'une manière cachée, et comme si elle était endormie en lui, et la femme renferme l'homme de la même façon.

Ces doctrines nous jettent bien loin des principes de la physique mécanique. Aussi Van Helmont se livre-t-il à une discussion fort diffuse de la philosophie cartésienne, qui représente en général à ses yeux les principes de la physique mécanique. Il faut en convenir, cette discussion n'est pas conduite par lui avec une dialectique très-savante. Il se contente de soutenir avec ardeur une idée qui lui est chère, c'est que l'essence spirituelle et vivante de Dieu n'aurait rien pu produire, qui n'eût avec elle absolument aucune ressemblance. La matière morte et inerte est donc, à son sens, une conception impossible. L'esprit et le corps ne peuvent pas différer absolument l'un de l'autre. La diversité des choses ne consiste qu'en une plus ou moins grande ressemblance avec Dieu, et revient par conséquent à des différences de degré. Tout est lumière; il n'est point de ténèbres, qui ne pussent être changées en lumière (1). Le corps n'est qu'un degré inférieur de spirituel; les choses deviennent semblables à Dieu en se spiritualisant, elles lui deviennent dissemblables en se corporalisant (2). Le corps et l'esprit vivent unis l'un à l'autre dans les êtres animés, et l'esprit aime son corps : preuves de leur homogénéité; car les êtres homogènes seuls peuvent s'aimer, et les différences extrêmes ne pourraient être rapprochées et unies que par des degrés intermédiaires (3). Il faut

(1) *Princ. phil.*, 6, 11.
(2) Ib., 7, 1.
(3) Ib., 7, 3; 8, 3.

observer ici que, dans cette doctrine, le spirituel est toujours considéré comme la véritable essence des créatures, et le corporel comme un simple degré inférieur de spirituel. C'est pourquoi Van Helmont cherche à démontrer qu'il existe partout du spirituel; dans tout corps il y a vie, connaissance, amour, au degré le plus bas; en tout corps réside un mouvement propre et primordial que l'affaiblissement ou la paralysie peuvent seuls lui enlever (1). Bien loin donc d'admettre la doctrine cartésienne, Van Helmont est au contraire convaincu que le corps le plus humble peut remonter par un progrès naturel de son développement aux degrés supérieurs de la vie et de l'existence spirituelle (2). Toutefois, il faut l'avouer, les forces spirituelles sont conçues par lui d'une manière très-corporelle; elles ont leur siége dans les pores des corps (3). Dans ce débat contre Descartes, Van Helmont insiste particulièrement sur les caractères de la divisibilité et de l'indivisibilité, de la pénétrabilité et de l'impénétrabilité. Il veut montrer qu'on a tort de considérer tout corps comme divisible, tout esprit comme indivisible. Nous avons déjà remarqué qu'il admet des corps indivisibles ou atomes; au contraire, le spirituel n'est pas à ses yeux absolument indivisible; il conçoit, ainsi que Paracelse, l'esprit comme composé de beaucoup d'esprits ou pensées, qui requiè-

(1) Ib., 7 prol. p. 71, sq.; 2, p. 80.
(2) Ib., 6, 6; 9, 6, p. 133.
(3) Ib., 7, 4, p. 100.

rent aussi chacune un support corporel (1). Il n'accorde pas davantage que le corps soit absolument impénétrable, l'esprit absolument pénétrable. S'il fallait prendre la pénétrabilité dans l'acception rigoureuse du mot, et entendre par là la présence intime d'une chose dans l'autre, sans différence locale et sans extension, elle ne saurait convenir à aucune créature; seuls, Dieu et le Christ pénètrent toutes choses, sont présents à tout d'une manière très-intime et qui exclut toute extériorité. Au contraire, les créatures sont chacune distinguées de toute autre par la différence de leur être, et cette différence ne permet pas qu'elles se pénètrent rigoureusement l'une l'autre. Une partie du temps n'en saurait pénétrer une autre partie (2); de même aussi, des corps différents s'excluent l'un l'autre du même espace, et c'est en quoi consiste la condition de tout mouvement mécanique; car nulle créature ne pourrait chasser l'autre du lieu que celle-ci occupe, s'il lui était possible de remplir avec elle un même espace (3). On ne peut nier, cependant, que des créatures ne puissent se pénétrer jusqu'à un certain point. Nous passons sous silence les observations physiques, peu exactes, que Van Helmont invoque à l'appui de cette assertion; elle repose en général sur

(1) Ib., 6, 11, p. 68, sq.; 7, 4, p. 101, sqq.
(2) Ib., 7, 4, p. 95, sq.
(3) Ib. 3, 5; 7, 4, p. 95, sq.; 8, 1, p. 115. Si enim hæc impenetrabilitas non esset, creatura una haud movere posset aliam, quia hæc illi non opponeretur, nec ullo modo eidem resisteret.

l'hypothèse de forces spirituelles qui résideraient dans les choses, et sur l'idée qu'en réagissant l'une sur l'autre, ces forces doivent se pénétrer réciproquement dans une œuvre commune. Une œuvre de cette nature atteste la pénétration de différentes forces dans le même espace, tandis que les choses agissantes restent séparées localement l'une de l'autre. De là résulte le corps sensible et palpable, qui ne peut jamais toucher un autre corps extérieurement. Les esprits seuls, les forces efficientes des choses se pénètrent réciproquement et réagissent l'une sur l'autre (1). On ne peut douter non plus que l'explication des phénomènes de la nature ne dépende entièrement de la coopération des forces ; aussi Van Helmont admet-il sans hésiter que c'est dans les forces vivantes des esprits qu'il faut chercher l'essence des créatures et le fondement de la nature. Toute forme individuelle des choses doit être dérivée de la vie intime dont elles sont douées (2).

(1) Ib., 7, 4, p. 98. Una nempe creatura tangere quidem alteram immediate potest, præsens autem esse non potest in omnibus ejus partibus. *Disc. parad.*, I, 1, p. 9. Maintenant cette union du père et de la mère... ne peut en aucune façon être consommée dans le corps et par rapport au corps en tant que tel, mais dans l'esprit et par rapport à l'esprit, dont le corps est fait et qui le constitue... Car un corps... peut toucher un autre corps, mais ne peut lui être uni, ses parties fussent-elles réduites à toute la petitesse imaginable... Une union ne peut avoir lieu, si toutes les parties qu'il s'agit d'unir ne se pénètrent absolument et n'entrent l'une dans l'autre. Or il est évident que des corps sensibles et palpables ne sauraient se pénétrer l'un l'autre aussi intimement, qu'ils ne peuvent que se toucher extérieurement et être contigus. Il suit de là que toute union s'accomplit nécessairement dans l'esprit et par rapport à l'esprit.

(2) *Disc. parad.*, I, 3, p. 43.

Van Helmont s'élève fréquemment contre la différence essentielle qu'on a voulu établir entre l'esprit et le corps ; toutefois il ne peut nier qu'il existe entre eux une différence. Elle consiste, selon lui, et selon l'ancienne doctrine, en ce que le corps est la partie passive, l'esprit la partie active des créatures. La discussion de Van Helmont contre l'école cartésienne est dirigée uniquement contre le dualisme, qui voit dans le corps et l'esprit deux genres différents de substances. Il soutient au contraire que la partie passive ou le corps et la partie active ou l'esprit se trouvent unies dans toute créature, et que l'élément actif et l'élément passif peuvent se changer l'un dans l'autre (1). Il ramène la partie spirituelle à la perception et à la vie, la partie corporelle à l'étendue et à la figure ; à l'une il attribue l'énergie vitale, à l'autre le mouvement local et mécanique; toute créature a nécessairement une partie corporelle, parce qu'elle a besoin, au moins dans ses rapports avec d'autres créatures, d'un instrument de son activité extérieure (2). Si l'esprit subit l'action du corps, c'est uniquement parce qu'ils sont tous deux réunis dans la même substance (3). Tout être vivant

(1) *Princ. phil.*, 6, 11, p. 66. In qualibet visibili creatura corpus est et spiritus, sive principium magis activum et magis passivum.

(2) Ib., 9, 6, p. 134. Hæc autem capacitas prædictarum perfectionum distinctum omnino est attributum a priori, id est vita et perceptio omnino distinctæ sunt ab extensione et figura, atque sic etiam actio vitalis plane distincta est a motione locali et mechanica, quamvis ab eadem nec separata sit nec separabilis, sed eadem semper utatur tanquam instrumento suo, ad minimum in omni concursu suo cum creaturis.

(3) Ib., 8, 2, p. 115, sq.

est constitué par une action analogue et peut être, par conséquent, envisagé sous deux aspects, comme un corps qui a un esprit, comme un esprit qui a un corps. En effet, la lumière parfaite et la vie de Dieu sont nécessairement présentes en toute créature, mais sous les conditions d'une limite. Il faut que la lumière divine se réfléchisse sur une substance obscure pour devenir conscience dans les créatures (1). Tout esprit a besoin de ce support corporel ; tout ce qui est produit de spirituel dans le monde doit aussi se réaliser extérieurement ou corporellement (2). Mais le spirituel est partout ce qui existe de bon et de vrai dans les choses; le corporel, ce sont uniquement les ténèbres qui circonscrivent la lumière, c'est l'imperfection dont les créatures ne peuvent, malgré toute leur ressemblance avec Dieu, jamais être exemptes. Le mouvement mécanique du corps n'est que le mouvement d'un instrument; l'esprit règne sur le corps (3).

Cette opposition, établie entre le corps et l'esprit dans les substances qui composent l'univers, détruit au fond la distinction que faisait Paracelse entre le corps, l'esprit et l'âme, tout comme l'opposition de

(1) Ib., 6, 11, p. 67. Spiritus autem lux est sive oculus contemplans propriam suam imaginem, et corpus caligo est istamque imaginem recipit, quando spiritus in illud respicit. — Reflexio imaginis certam quamdam requirit opacitatem, quæ nobis corpus dicitur.

(2) Ib., 5, 6, p. 58; *Disc. parad.*, II, 2, p. 14. Rien de ce qui se manifeste dans ce monde extérieur ne se manifeste seulement comme esprit, mais se montre nécessairement revêtu d'un corps. *Sed. Ol.*, 27, sqq., p. 8, sq.

(3) *Princ. phil.*, 9, 1 ; 8, sq.

la réceptivité et de la spontanéité avait remplacé les trois éléments chimiques. Van Helmont pousse plus loin encore cette division trinaire, selon le mode ordinaire des théosophes, en subordonnant l'esprit à l'âme (1) ; mais l'âme n'est envisagée, après tout, que comme un esprit supérieur, qui a reçu un empire plus étendu sur les organes corporels. Van Helmont voit en elle l'esprit central que la doctrine de son père nous a déjà fait connaître. Il regarde cet esprit central comme nécessaire pour lier l'une à l'autre la réceptivité et la spontanéité, liaison qu'il prétend démontrer par la composition du cerveau (2). D'un point de vue plus général, la doctrine de l'esprit central s'enchaîne à ses yeux avec celle des monades ; selon cette doctrine, toute créature se compose de beaucoup de parties, soit corps, soit esprit ; mais pour maintenir l'unité et l'ordre dans cette composition, il faut que toutes ces parties soient soumises à une hiérarchie sans lacune, sous l'empire d'une monade principale (3). Il y a dans notre corps beaucoup de monades réunies, et dans notre esprit beaucoup de pensées qui

(1) *Disc. parad.*, II, 4, p. 126 ; *Sed. Ol.*, 41, p. 15.

(2) *Disc. parad.*, II, 5, p. 69.

(3) *Princ. phil.*, 6, 11, p. 69. Sicut corpus, videlicet hominis vel bestiæ, nihil est aliud quam innumerabilis multitudo corporum simul in unum compactorum inque certum ordinem depositorum ; ita spiritus hominis vel bruti similiter est innumerabilis quædam multitudo spirituum simul unitorum in hoc corpore, qui etiam suum habent ordinem atque regimen, ita ut unus sit primarius regens, alter locum tenens, alius aliud quoddam sub se regimen habeat, et sic per totum prout in exercitu militari fieri solet.

sont chacune une créature et réclament aussi leur corps, afin de subsister et d'avoir un siége fixe dans la mémoire. Or, l'esprit central, image de Dieu, embrasse toutes ces pensées, tous ces esprits ; il y a place en lui pour beaucoup d'images qui lui arrivent par les sens, et qui sont ensuite réalisées par l'esprit central, lequel les nourrit, en forme sa trame et en fait sa propriété ; plus il sait ainsi réunir d'images en lui, mieux cela vaut (1). C'est ainsi que l'homme arrive à être un microcosme, un abrégé spirituel du monde (2). Du reste, cette doctrine de Van Helmont n'est pas arrivée à une forme parfaitement harmonique, comme on le voit en particulier à l'incertitude de son langage, lorsqu'il s'explique sur l'immortalité de l'âme ou de l'esprit central. Toutes les monades sont impérissables ; cela résulte déjà de ces deux principes que le nombre des choses est invariable et la monade indivisible. C'est pourquoi il admet une vie permanente des âmes, lesquelles ne sauraient être changées en corps (3), et il entend par âme ce qu'il y a d'éternel dans toutes les choses périssables. Nous devons prendre ses expressions en ce sens, lorsqu'il dit que l'âme est éternelle et immuable, égale à elle-même dans toutes les parties, et que tout être qui la possède la possède tout entière (4). D'autre part on entrevoit

(1) Ib., 7, 4, p. 103; *Disc. parad.*, II, 2, p. 12, sqq.
(2) *Princ. phil.*, 5, 6; *Disc. parad.*, I, 4, p. 58.
(3) *Scd. Ol.*, 48, p. 16, sq.
(4) Préf. aux œuvres de son père, p. 9.

dans son esprit une autre idée de l'âme, quand il la considère comme esprit central, et il s'efforce aussi de maintenir en ce sens l'immortalité de l'âme, de sorte qu'elle ne peut non-seulement cesser d'être, mais même perdre son empire sur les monades subordonnées. Il recourt, pour justifier cette assertion, à la justice de Dieu, qui doit conserver l'esprit dominant malgré la composition de son empire, afin de l'appeler à rendre compte de l'usage qu'il a fait de sa puissance. Cependant l'âme humaine est la seule à qui il ose promettre une durée immortelle, en raison de la solidité particulière d'organisation qu'il se plaît à remarquer en elle (1).

Cette doctrine a l'air, il faut l'avouer, tout exceptionnel; mais cet air disparaît, si l'on remarque que pour Van Helmont l'idée de l'homme a une valeur générale dans l'univers. En effet tous les esprits doivent, comme nous l'avons fait observer, s'élever au degré supérieur de l'esprit humain. L'homme est considéré comme la fin et le résumé de toutes les créatures, comme le petit monde où tous les germes sont concentrés et épanouis. Voilà le fondement de son immortalité (2). Ici Van Helmont a dans l'esprit, on le reconnaît sans peine, un idéal de l'homme, et il n'y a pas lieu de s'étonner si l'homme, tel que la réalité

(1) *Princ. phil.*, 7, 4, p. 108.

(2) *Disc. parad.*, I, 4, p. 105. L'homme est et doit être nécessairement la fin générale de toutes les créatures, et le petit monde, dans lequel tous les germes existent et ont atteint leur perfection, et qui par conséquent ne peut jamais être anéanti.

le lui montre, ne lui paraît pas répondre à cet idéal. C'est pourquoi il recourt au dogme de la chute, par laquelle l'homme, tiré du centre, a été relégué à la circonférence (1), c'est-à-dire a perdu son empire sur les choses. Ce dogme se rattache d'ailleurs au système de Van Helmont par d'autres points encore et par un lien plus général. Van Helmont maintenait la nécessité de la vie universelle dans la nature, du perfectionnement incessant des créatures; or l'univers, tel que l'expérience le lui fait connaître, ne concorde pas avec les exigences de la raison. De là l'idée inévitable d'une corruption, d'une dégradation de l'univers. La possibilité d'admettre cette corruption est impliquée dans l'idée de la créature ; car celle-ci a reçu la faculté de s'attacher au bien ou au mal. Or, les créatures ont abusé des forces qui leur avaient été données, et c'est par cet abus que leurs forces ont été affaiblies.

De là la distinction des quatre mondes que Van Helmont, embrassant ici les vues de la Kabbale, admet comme réels. Le monde supérieur est celui de l'émanation, que le Christ seul remplit; le deuxième est le monde de la création, auquel toutes les créatures, dans leur état originaire, appartiennent; le monde qui confine immédiatement à celui-ci, est le monde du développement, où s'accomplit l'évolution des créatures; ce monde se divise en un monde supérieur

(1) Ib. II, 2, p. 21.

et un monde inférieur; le premier, où se déploie la vie bienheureuse des créatures innocentes et pures; le second, séjour des créatures déchues. De cette dernière partie du troisième monde procède enfin le quatrième, celui de la fabrication, de la construction mécanique et extérieure (1). Nous appartenons au quatrième monde. Entraîné pourtant par le double sens dont Van Helmont ne parvient pas toujours à démêler son exposition, il distingue en nous diverses parties constituantes, par lesquelles nous appartenons aux trois derniers mondes à la fois; on dirait qu'il veut nous faire entendre qu'il ne s'agit dans cette distinction des trois derniers mondes que de diverses parties constituantes du même monde. Notre corps appartient au monde de la construction mécanique, notre esprit au monde de l'évolution, notre âme à celui de la création (2). Mais ce qui caractérise cette doctrine, c'est évidemment la manière dont il distingue le monde de la construction de celui de l'évolution. Tout dans celui-ci était vie, développement du dedans au dehors; presque tout est dans celui-là mort et immobilité, c'est un ossuaire plein de débris inanimés; le principe de vie y a presque complétement disparu;

(1) *Sed. Ol.*, 37, sqq. p. 11, sqq.

(2) Ib., 41, p. 13. Et corpus quidem externum proprie est cum vita sua, quod ad hunc mundum factionis pertineat, anima vero hominis... ad mundum pertinet creationis, ad mundum denique formationis pertinet spiritus, qui medium oblinet locum inter animam et corpus externum.

presque tout s'y accomplit mécaniquement ; tout s'y est perdu dans les ténèbres extérieures (1).

Nous avons ici l'occasion d'observer quelle action les théories mécaniques de la nature, qui règnent de son temps, exercent sur son esprit en quelque sorte malgré lui. Il est forcé de convenir qu'en raison de l'état des choses dans notre univers actuel, les explications mécaniques sont applicables dans la plupart des cas. On pourrait trouver aussi indifférent de savoir quelles idées sur l'origine des choses l'ont conduit à ce résultat, si ce résultat même n'avait pas exercé une notable influence sur sa manière de concevoir l'état présent de l'univers. Les germes de vie, répandus dès l'origine des choses, subsistent encore, selon lui, dans cet univers à demi mort ; ils continuent encore d'opérer comme âme, comme esprit, et ils n'ont point cessé de tendre à rallumer ici la vie presque éteinte. Pour Van Helmont le monde actuel de construction mécanique n'est, après tout, qu'une période du grand développement des choses, auquel préside l'esprit divin. L'efficace divine ne peut se reposer ; la nature des créatures implique le changement, soit de mal en bien, soit de bien en mal (2). Il faudrait mettre en doute la bonté du créateur, s'il n'était pas permis

(1) Ib., 39, p. 12. Mundus factionis appellatur, quod mors et stupor sic in plerisque ejus partibus prævaleant, ut omnia fere mechanice magis quam ex vitali principio procedere videantur. Ib., 49, p. 17; *Disc. parad.*, I, 1, p. 22.

(2) *Princ. phil.*, 7, 1, p. 74.

de croire que le triste état, où nous trouvons les choses aujourd'hui, sera suivi d'une vie meilleure (1). A ce point se rattachent des idées sur la théodicée. Van Helmont admet comme nécessaire une rédemption du mal. Le monde actuel lui-même, ce monde livré aux actions extérieures et mécaniques, doit servir à la rédemption ; car ce monde offre aussi une révélation de Dieu ; Dieu s'est manifesté au dehors, dans le vaste univers, afin de nous ramener au fond de nous-mêmes, au petit monde, où se retrouve tout ce que le grand nous présente. On ne peut révoquer en doute l'harmonie qui existe entre ces deux mondes (2).

Van Helmont suit jusque dans cet ordre de considérations, et suit très-décidément les tendances modernes. Son système philosophique, qui cherche partout l'harmonie et l'enchaînement du tout, n'admet pas que rien puisse être exclu de l'aspiration universelle au bien. Il se prononce à plusieurs reprises contre le dogme de l'éternité des peines de l'enfer (3). Tous les châtiments ne sont que des moyens de salut ; ce monde où nous vivons est un purgatoire (4). Le mal entraîne naturellement sa peine avec lui, et la peine ne peut servir qu'à l'amendement (5). Deux raisons conduisent à cette doctrine. L'une repose sur

(1) *Disc. parad.*, II, 4, p. 106, sq.
(2) Ib. I, 1, p. 21, sq.
(3) *Sed. Ol.*, 66, p. 21 ; *Princ. phil.*, 6, 9.
(4) *Princ. phil.*, 6, 10 ; *Sed. Ol.*, 5, p. 18.
(5) *Princ. phil.*, 7, 1.

la considération des rapports du bien et du mal. Van Helmont est convaincu que, si le bien comporte un progrès infini, il n'en est pas de même du mal ; celui-ci atteint nécessairement en peu de temps sa limite extrême, et doit alors ramener au bien (1). Rien ne peut aller s'empirant à l'infini, car cela reviendrait à se corporaliser de plus en plus ; or, il y a une limite infranchissable dans le corps inanimé ; cette impuissance est le châtiment qui le conduit à s'amender (2). L'autre raison est tirée des rapports de la créature au créateur. Les créatures ne cessent jamais d'aimer Dieu par un instinct naturel et ne cessent jamais non plus d'être aimées par Dieu ; sa colère n'est qu'une autre espèce d'amour ; les peines qu'il inflige n'ont que l'amendement pour but ; car l'émanation de la grâce divine est incessante (3). Ainsi les créatures peuvent changer, il est vrai, de bien en mal, mais ce changement ne dure qu'un temps, après quoi il a lieu de mal en bien. Instruites par l'expérience du mal, les créatures ne sauraient vouloir y retomber (4).

(1) *Disc. parad.*, II, 4, p. 136, sq. Le péché est une chute loin de Dieu, laquelle atteint son terme en peu de temps, tandis que la rédemption et le retour à Dieu est une ascension de plus en plus élevée, indéfinie, parce que la gloire divine n'a ni fin ni limite.

(2) *Princ. phil.*, 7, 1.

(3) Ib., 7, 3, p. 87 ; *Disc. parad.*, II, 4, p. 135. Dieu ne punit jamais à cause du péché, mais à cette fin que le châtiment puisse amender la créature et avancer son salut, attendu que le péché, étant fini, ne peut entrer en rivalité avec l'émanation infinie de la grâce du créateur dans la créature.

(4) *Sed. Ol.*, 8, p. 4.

D'après son système philosophique, Van Helmont étend son système de la régénération des choses bien au delà de l'homme, sur toutes les créatures. Car la justice divine règne sur toute chose, et nous devons par conséquent, à son exemple, être justes non-seulement à l'égard de l'homme, mais encore à l'égard des animaux et des plantes (1). L'homme n'est considéré, comme on l'a dit plus haut, qu'à titre de petit monde, de réunion de tous les êtres. L'achèvement des choses implique donc leur avénement à la forme humaine, et doit traverser cette période. Toutes les espèces des choses créées ne sont que des modes divers de développement, et par conséquent, dès que l'homme renonce aux prérogatives de son essence et laisse dominer en lui la partie animale, il peut se ravaler aussi à une forme bestiale de la vie. Ensuite, la forme plastique qui est en lui, ne rencontrant plus d'obstacles extérieurs, peut s'engendrer pareillement une forme bestiale de corps (2).

Nous touchons ici à la doctrine de la transmigration des âmes, ou plutôt, pour nous servir de l'expression que Van Helmont préférait, de la révolution des âmes. Il a donné à cette doctrine un nouveau tour, conforme à l'idée originale qu'il s'était faite des rapports du corps et de l'âme. Comme toute âme n'est autre chose, selon lui, qu'une monade centrale, la transmigration

(1) *Princ. phil.*, 6, 7, p. 57, sqq.
(2) Ib., 6, 7, p. 60.

des âmes n'est aussi qu'un déplacement du centre porté d'un cercle dans un autre. Dès qu'une monade s'assujettit d'autres monades, elle s'en sert pour se former un corps par l'énergie de la vertu plastique qui réside en elle. Les âmes n'entrent donc pas fortuitement, pour ainsi dire, dans leurs corps; l'acquisition d'un corps et la manière dont il se développe, dépendent au contraire du degré de force qui s'est déployée en elle pour leur assujettir d'autres choses. Leur corps est formé par leur constitution propre, et le développement continu de l'âme entraîne comme conséquence le développement continu des formes corporelles. Cela n'exclut pas d'ailleurs une action naturelle du dehors, et Van Helmont cite constamment la fonction de génération comme exemple de la manière dont chaque forme de la vie s'engendre d'une autre. Les âmes des enfants préexistent dans les corps de leurs parents; seulement elles ne sont pas encore parvenues à une vie indépendante. De là résulte aussi la transmission des péchés d'une génération à l'autre, d'une façon naturelle (1). La fonction de nutrition présente un déplacement analogue du centre. De plus, un transport semblable a lieu aussi dans l'ordre intellectuel, lorsque la vie des païens est transportée à la vie des Juifs (2). Mais ce qui domine en général dans cette doctrine, c'est un principe métaphysique. Van Helmont consi-

(1) *Disc. parad.*, II, 4, p. 134, sq.
(2) Ib. II, 4, p. 130.

dère la réaction des choses l'une sur l'autre comme un rapport qui ne peut s'établir que sous la prééminence d'une force universelle d'union; mais il n'attribue jamais cette force qu'à un individu, parce que toute force réside dans une monade.

Le point de vue moral n'est pas non plus absent de cette doctrine. Il y prend place, puisque Van Helmont admet la révolution des âmes, en raison du degré de perfection auquel elles doivent nécessairement arriver en ce monde. Il repousse ici, et dans les termes les plus décidés, l'idée que ce perfectionnement puisse s'accomplir dans un autre monde; il pose en principe que tout être doit atteindre sa fin là où il a commencé d'exister. Mais que l'âme puisse accomplir sa destinée dans sa forme présente, dans la carrière où elle est entrée en cette vie, c'est ce que dément l'expérience de chaque jour (1). Le but de la vie est pourtant défini d'une manière purement métaphysique. L'âme doit revenir à l'unité, à l'unité de Dieu (2); si nous ne pouvons comprendre Dieu, nous pouvons du moins le sentir, quoique ce sentiment ne soit pas notre œuvre, mais un don de Dieu même (3). Conformément à cette nécessité morale, il est permis aux âmes parvenues à placer leurs corps dans l'état de perfection et de gloire, d'espérer qu'elles n'auront pas à traverser d'autres sphères de développement, mais qu'elles seront as-

(1) Ib. II, 4, p. 150, sqq.
(2) Ib. II, 4, p. 130; Préf. aux œuvres de son père, p. 12.
(3) *Disc. parad.*, II, 4, p. 158, sq.

sises près du Christ et de Dieu, malgré le progrès continuel qu'elles doivent attendre encore (1). On voit ici que dans l'esprit de Van Helmont les principes métaphysiques ont une tout autre portée que les principes moraux. Car si ceux-ci semblent exiger un état définitif, ceux-là exigent d'autre part une évolution sans fin.

L'unité et l'unification sont les deux points de vue généraux qui dominent les doctrines de Van Helmont. Or, nous trouvons dans la manière d'envisager l'univers, que ses efforts pour tout ramener à un ensemble harmonieux rencontrent de nombreux obstacles. La réunion des forces spirituelles ne peut se consommer que sous l'empire d'un principe dominant, qui suppose la pluralité des membres subordonnés. Les choses sont, jusque dans les pensées individuelles qui les constituent, maintenues invinciblement séparées l'une de l'autre par les éléments corporels et extérieurs qui les accompagnent ; une véritable pénétration des forces est impossible. Cette manière de voir, où le résultat est loin de répondre en définitive au dessein primordial, trahit un combat soulevé par des considérations principalement physiques, mais aussi en partie morales, relativement aux principes universels et métaphysiques de la science. Van Helmont s'était attaché à ces principes ; on le voit clairement au tour général de ses pensées. Les qualités chimiques

(1) *Sed. Ol.*, 79, p. 27.

se sont transformées pour lui en réceptivité et spontanéité, c'est-à-dire qu'elles sont devenues les deux faces des choses que présuppose toute réaction. Il ne connaît donc que les qualités métaphysiques, et c'est d'après elles qu'il distingue ses trois genres de substances, Dieu, le Christ et les créatures. S'il prête encore une couleur morale aux caractères qu'il leur attribue, en comptant parmi eux la distinction du bien et du mal, cette distinction est prise elle-même dans un sens tout métaphysique; elle se réduit en somme aux degrés divers de perfection ou d'unification. Les unités que cherche Van Helmont, les monades de l'univers, Dieu, fondement éternel de cet univers, ont au fond une signification également métaphysique. La fin de toutes choses consiste en ce que l'unité de la science se représente dans les monades centrales, et l'unité de la science représente pour Van Helmont la métaphysique. Si l'idée des conditions physiques auxquelles notre vie est soumise s'impose à l'esprit, c'est uniquement quand l'impossibilité d'atteindre notre fin métaphysique nous est attestée ou rappelée. Or, telles sont les limitations que nous dévoile la pensée de notre vie morale. Notre liberté aboutit au péché, et le besoin d'activité morale recule à nos yeux notre but scientifique dans un lointain sans limites.

Nous ne pouvons songer à attribuer aux doctrines de Van Helmont une valeur qui les rende, indépendamment de leurs rapports avec la philosophie antérieure et avec celle qui va naître, dignes d'arrêter notre attention. Mais, comme anneau qui relie la nouvelle école platonicienne et la théosophie à la monadologie, elles ne peuvent être négligées. Concevant les monades avec une tout autre précision que ne l'avait fait Jordano Bruno, par exemple, Van Helmont, au lieu de les regarder comme des formes universelles du phénomène, rattache l'idée qu'il s'en fait à celle de la substance indivisible. On y reconnaît les germes des théosophes; mais elles ont perdu à peu près le sens physique qu'elles avaient chez eux, et revêtu une valeur surtout métaphysique. Par une suite naturelle de cette conception, le spirituel prend chez Van Helmont une dignité bien supérieure à celle du corporel; c'est ce qui le place à une très-grande distance de Bruno. Celui-ci s'efforçait de spiritualiser la matière; Van Helmont ne voit, lui, dans la corporalité des choses que leur limite, que l'obstacle opposé en elles à leur parfaite pénétration réciproque, à une unification complète. Il ne cherche pas à atténuer l'opposition du corps et de l'esprit; cette opposition n'est pas sans doute pour lui celle de deux sortes de substances, mais une opposition inhérente à la constitution même des choses de l'univers et qui les empêche d'arriver à une parfaite unité.

Sans doute les doctrines de la physique mécanique et en particulier de l'école cartésienne n'avaient pas été sans influence sur ces idées. Van Helmont admet que nous sommes soumis aux lois mécaniques, et qu'en tant que nous sommes des corps, nous sommes de pures machines. On pourrait signaler encore d'autres traces d'assentiment aux doctrines, fort antipathiques d'ailleurs à son esprit, de l'école cartésienne. Il a admis l'infinité du monde, la plénitude de l'espace infini, il a abandonné l'idée de l'action à distance, il n'est point question chez lui de qualités spécifiques, sinon en tant qu'elles s'exprimeraient dans la figure extérieure des choses ; il applique les distinctions de la substance, des attributs et des modes à l'établissement de ses propres idées, les individus sont les seules substances qu'il admette dans le monde ; enfin la doctrine des monades se relie aux idées de son temps, puisqu'il cherche, comme les cartésiens, à pénétrer le fond de l'élément le plus petit. Mais il est un point essentiel, qui l'éloigne de la doctrine cartésienne. L'opposition du corps et de l'esprit a sans doute la plus haute importance à ses yeux ; mais il n'admet pas que cette opposition marque des genres divers de substances. Loin de là, il ne regarde le corps que comme le degré le plus bas, l'abaissement de l'esprit à un état d'inertie, d'impuissance, de séparation, et, pour tout dire en un mot, de mal. Le corps est ce qu'il y a de négatif dans les êtres, et ne peut exister en soi. C'est pourquoi Van Helmont prétend maintenir en toutes choses sans exception un germe d'esprit et de vie.

Quant à l'examen de la nature des monades, devenu

nécessaire pour expliquer l'opposition du corps et de l'esprit, Van Helmont s'y est livré sans qu'on puisse dire qu'il soit arrivé à un résultat. Les principes métaphysiques, d'où dépend l'explication de cette opposition, ne sont pas encore élaborés, éclaircis chez lui. C'est ce qu'on voit fort clairement à l'idée flottante qu'il se fait de l'unité; il la considère tantôt comme unité interne de la substance spirituelle, tantôt comme unité externe, dont l'empire enveloppe tous les organes du corps. D'une part, il suit l'idée que l'extériorité et la limitation réciproque consiste dans le corporel, puisque les corps ne se pénètrent pas l'un l'autre; et on le voit s'efforcer d'attribuer au spirituel l'énergie unificatrice, oubliant que tout esprit individuel s'enferme en soi et se sépare de tout le reste des choses. D'autre part, il remarque que toute activité externe suppose des organes corporels, et pour se rendre compte de l'enchaînement de l'univers et de la réaction des choses les unes sur les autres, il réclame pour toutes les monades une existence corporelle. Joignez à cela que toutes ces incertitudes sont mélangées à forte dose de rêveries théosophiques, et vous comprendrez sans peine, que cette forme de la monadologie ait dû n'exercer que fort peu d'influence sur un temps qui allait s'éloignant de plus en plus des errements de la théosophie.

CHAPITRE II

LEIBNITZ.

Sa vie. — Ses ouvrages philosophiques. — Diversité dans sa manière de s'exprimer. — Il se sert de langues étrangères. — Différentes périodes de son développement philosophique. — Eléments historiques qui y ont contribué. — Division de la philosophie. — La caractéristique universelle. — Vue de Leibnitz sur le système des idées originelles. — Sa prédilection pour la méthode mathématique. — Base métaphysique donnée aux mathématiques. — Le principe de contradiction ne concerne que le possible. — Le principe de raison suffisante se rapporte à la connaissance du réel. — Théorie de la connaissance. — Les principes de la raison et l'observation considérés comme base de la science. — Le principe Je pense, donc je suis, n'est que l'expression d'un fait. Preuve de l'existence du monde extérieur. — Vérités innées, considérées comme des dispositions. — Perception, sensation, confusion de tout ce qui est sensible. — Le simple, l'universel, le nécessaire est nécessairement connu par l'entendement. — La raison connaît les principes. — Passion et action, réceptivité et spontanéité de l'âme. — Pas de table rase dans la nature. — Notre entendement nous est inné à nous-mêmes. — Développement des germes; le présent gros de l'avenir et chargé des suites du passé. — L'âme n'a pas de fenêtres; tous ses développements procèdent de son fonds. Tout doit être jugé par analogie avec notre âme. — L'âme est le monde en raccourci et l'image de Dieu. — Unité de la substance de l'âme, miroir vivant de Dieu. — Notion de la substance. — La force. — Tout est plein de vie. — Les monades. — Il faut les concevoir comme analogues à l'âme. Hiérarchie des monades. — Principe de l'indiscernable. — La matière, simple amas de monades. — Explication mécanique. — Le mouvement procède des appétitions infiniment petites des monades. — Tout phénomène a un fondement réel. — Espace et temps. — Influence des idées mathématiques sur les explications données par Leibnitz. — L'âme est un automate spirituel. — Point d'activité transitive. Le lien causal entre différentes choses est un lien tout idéal. — Toute substance créée a un corps. — L'âme est la monade dominante. — Supériorité et subordination relatives. — Du lien substantiel entre les monades. — Lutte entre le nominalisme et le réalisme. — Harmonie préétablie. — Démonstrations de l'existence de Dieu. — Difficultés de l'idée d'infini. — Difficultés de la doctrine de la création. — Puissance, entendement et volonté de Dieu. — L'entendement de

Dieu, fondement des vérités éternelles, et sa volonté, principe du monde réel.—La volonté déterminée par l'entendement.—Le meilleur monde possible.—L'entendement de Dieu dépend des vérités éternelles.—Liaison du principe de raison suffisante et du principe de contradiction.—Le mal métaphysique, le mal physique et le mal moral.—L'opposition est nécessaire dans l'harmonie du monde. —Tous les degrés possibles d'être existent nécessairement dans le monde.—Harmonie de l'âme et du corps.—Tout événement déterminé par tout ce qui l'a précédé.—La volonté considérée comme tendance d'une pensée à l'autre.—Liberté de la volonté.—Les âmes raisonnables conservent la puissance de s'élever à des idées claires et distinctes.—Causes finales.—Harmonie entre le règne de la nature et le règne de la grâce.—Difficultés dans la distinction de la nature et de la raison.—Le bien va à l'infini, le mal a ses bornes. —Trois hypothèses sur le cours du monde.—Vision de Dieu. Philosophie pratique.—Droit naturel.—Aspiration au plaisir, sans égoïsme. —Revue.

On a dit de Leibnitz, en parlant de sa vaste intelligence, qu'il pouvait représenter à lui seul toute une académie des sciences. Il faudrait un esprit aussi étendu que le sien pour apprécier parfaitement la portée de sa puissance et de son action. Elle a pénétré dans presque toutes les sphères de l'activité humaine. Les arts utiles ne lui étaient pas plus étrangers que les beaux-arts; il a fait entendre dans la jurisprudence et dans la théologie sa voix, dont le poids n'est resté nulle part, dans aucun domaine de la science, inapprécié; ses conseils ont été entendus, ses services réclamés dans les négociations politiques de son temps; s'agissait-il d'histoire et d'expérience, il avait un trésor d'observations recueillies, de faits rassemblés, de recherches suivies avec autant d'exactitude que de jugement et de sagacité; il a animé l'esprit d'investigation dans toutes les sciences, prodigué dans tous les genres de connaissances son génie d'invention, et dans quelques-uns des plus importants ouvert des voies par de grandes découvertes. Il est de ces esprits, qui, semblables à l'histoire des siècles, font pressentir et deviner par leur puissance la richesse et l'insondable profondeur de la nature humaine, et chez lesquels ce pressentiment vit aussi et revêt la forme d'idées philosophiques. Si nous examinons ces idées, nous y reconnaissons, sinon le centre de tous ces efforts personnels, au moins celui des motifs dominants, qui constituent l'unité de sa vie. La considération de ses buts et de ses efforts philosophiques nous offrira le meilleur moyen d'ordonner, d'embrasser d'un regard l'ensemble de ses travaux si divers, nous avons presque dit si confus, et de juger à quel point, également ouvert à toutes les impressions et prompt à tenter, il a été soutenu et en même temps enchaîné par les circonstances contemporaines. Car, en étudiant sa philosophie, nous ne pourrons nous dissimuler, qu'il n'a point échappé aux défauts de son époque ; époque de desseins grandioses, d'une pénétration admirable, à laquelle sont dues les plus belles découvertes ; mais époque éprise d'un vain éclat, séduite et égarée par l'amour du clinquant, livrée aux petitesses d'un goût et d'une prudence pareillement mesquines. Leibnitz n'a pas résisté au torrent du temps ; nous ne lui ferons pas un crime de ne s'être pas contenté de chercher, comme Spinosa, dans la philosophie le repos solitaire de l'âme, de s'être au contraire jeté tête baissée dans les entreprises de son temps ; nous l'excuserons, dussions-nous trouver chez lui, comme chez tant d'autres, les taches de son époque.

Nous n'avons pas à étudier ici sous toutes ses faces la vie de Leibnitz (1). Une grande partie de ses travaux, la plus grande même, sort du cercle où notre jugement doit se renfermer; il nous suffira d'esquisser en quelques traits les rapports de sa philosophie et de sa vie. Godefroid-Guillaume Leibnitz était né à Leipzig, le 21 juin 1646. Tout jeune encore, il perdit son père, qui était professeur de morale. Sa mère lui fut aussi enlevée, pendant qu'il était à l'Université. Son intelligence, ardente et précoce, fut bien moins nourrie par ses maîtres que par les livres, qu'il avait hérités de son père; aussi avait-il le droit de se considérer à peu près comme un autodidacte. Dès sa première jeunesse, il s'était mis à entasser sans règle toutes sortes de connaissances; son imagination vive et exaltée trouvait un aliment dans l'exercice d'un certain talent poétique; mais la sévère discipline de la logique, dont Leibnitz se complaisait à appliquer les lois à des combinaisons nouvelles, fut pour lui un frein salutaire. A cette discipline se joignirent les pensées philosophiques, qui l'occupaient dès l'enfance pendant ses promenades solitaires à Rosenthal. Son esprit mobile trouvait dans toutes les parties de la

(1) J'indiquerai l'ouvrage de Guhrauer : Godefroid-Guillaume, baron de Leibnitz. Biographie. Breslau, 1842. Deux parties. Les résultats de Guhrauer ne sont pas toujours incontestables; mais il n'en a pas moins surpassé de beaucoup les biographes antérieurs.

science matière à réflexions; il ne se contentait jamais de la tradition vulgaire, et essayait partout de frayer de nouvelles voies par une méthode d'invention plus rigoureuse. Parmi ses professeurs à Leipzig, Jacob Thomasius fut celui qui eut sur le développement de ses idées philosophiques l'influence la plus réelle; ce savant traitait dans un esprit éclectique de l'histoire de la philosophie, et pourvut ainsi la pensée réfléchie de Leibnitz d'un fonds très-riche. Il étudia aussi pendant quelque temps à Iéna, il y apprit sous Erhard Weigel les éléments des mathématiques, et son âme, curieuse de nouveautés, conçut dès lors des plans de réforme dans l'enseignement. Il a jeté, à cette époque de sa vie, le fondement de sa profonde connaissance de la philosophie ancienne, principalement de la philosophie péripatéticienne et scolastique, tout en roulant dans sa pensée les doctrines platoniciennes, et tout en commençant à étudier les théories des cartésiens et des atomistes. Il s'était cependant décidé pour la carrière de la jurisprudence, où il préludait, en même temps que dans la philosophie, par quelques essais à ses entreprises scientifiques. Il avait vingt et un ans, lorsqu'il voulut prendre à Leipzig le grade de docteur en droit. Mais il plut à l'autorité universitaire d'ajourner à une promotion ultérieure les jeunes candidats, parmi lesquels se trouvait Leibnitz; il avait déjà conçu des desseins plus vastes, et cette circonstance le décida à quitter la Saxe. Peu de temps après, il obtint à Altorf le titre qu'il ambitionnait, et cela avec tant d'éclat, qu'on lui fit aussitôt espérer une chaire de professeur à cette université. Leibnitz avait d'autres plans; dès lors ses idées tendaient à des réformes radicales dans la science et dans l'enseignement, non-seulement de la jurisprudence, mais aussi de la théologie. Il préféra se charger des fonctions de secrétaire d'une société de Rosecroix, à Nuremberg. Il fit dans cette ville la connaissance du baron de Boinebourg, homme savant, qui avait été ministre de l'électeur de Mayence, Jean-Philippe; le baron reconnut les talents du jeune homme, il l'attira à Francfort, l'initia aux affaires publiques, et s'intéressa à son avancement. Leibnitz entra, grâce à son appui, au service de l'électeur de Mayence, revêtu de fonctions judiciaires, mais beaucoup plus occupé, à ce qu'il semble, de travaux étrangers à la place qu'il remplissait que des obligations attachées à son titre. Il était occupé surtout d'un vaste plan de réforme de la jurisprudence, entreprise à laquelle il renonça plus tard; il était chargé en outre de composer des écrits politiques pour la cour et pour Boinebourg, et de diriger l'exécution de travaux de chimie. Il se livrait de plus à des recherches physiques et philosophiques; des recherches théologiques, faites en vue de combattre les sociniens, et d'amener une entente entre l'Eglise protestante et l'Eglise catholique, partageaient aussi son activité; enfin l'entremise de son protecteur Boinebourg lui avait fait lier une vaste correspondance littéraire. Les travaux de chimie paraissent avoir été l'occasion de ses relations avec le duc de Brunswick-Lunebourg, commencées à cette époque; elles lui firent connaître aussi Franz Mercure Van Helmont, connaissance qui date des mêmes années, dura longtemps après, et se resserra dans diverses circonstances. Sans aucun doute les projets de Leibnitz n'étaient pas encore arrivés, dans cette période de sa jeunesse, à la sage modération dont il parvint à se faire une loi dans la suite, quoique ses plans aient témoigné toute sa vie d'une imagination audacieuse. La discipline logique de son esprit, et l'aristotélisme, qu'il avait réformé à son usage, l'avaient tenu à l'abri des vues chimériques des disciples de Paracelse; mais il ne laissait pas d'espérer encore de merveilleuses découvertes en chimie, et les progrès de la mécanique soit théorique, soit pratique, portaient à une hauteur incroyable l'attente qu'il concevait d'inventions nouvelles. Entre autres preuves de cette attente illimitée, on en trouve une très-explicite dans une lettre, datée de 1671 (1), où il offre au duc Jean-Frédéric ses services, et réclame de lui un secours pour se rendre à Paris. Il songeait à utiliser son séjour à Paris, pour faire agréer au roi le plan d'une entreprise aventureuse sur l'Egypte, entreprise qui devait détourner d'Allemagne les armes de la France. Il fit ce voyage en 1672, moyennant l'appui de Boinebourg, qu'il devait servir encore dans d'autres affaires; puis il

(1) Cf. là-dessus C. L. Grotefend, Album de Leibnitz. Préface.

passa en Angleterre, chargé d'une mission par le prince Frédéric, et revint ensuite à Paris, où il fit un plus long séjour, et où il fut tenté de s'établir en achetant une place. Ses relations avec des savants distingués s'étendirent encore dans ses voyages; mais ce qui donne à son séjour à Paris une importance capitale, c'est qu'il pénétra alors, bien plus profondément qu'il ne l'avait fait jusque-là, dans les recherches mathématiques, grâce surtout à l'influence de Huyghens. Son génie inventif se manifesta aussitôt dans cette voie. Un examen récent de ses papiers a établi, que dès le 29 octobre 1675, il avait ébauché les traits principaux du calcul différentiel. Cependant Boinebourg et Jean-Philippe, de Mayence, étant morts, Leibnitz accepta alors des fonctions près du duc Jean-Frédéric; ces fonctions l'appelaient à Hanovre. Leibnitz n'a cessé de rappeler avec une émotion reconnaissante ses deux premiers maîtres, Jean-Philippe et Jean-Frédéric; il les célébrait comme de vrais protecteurs des sciences, animés d'un zèle bien rare parmi les grands.

Venu à Hanovre en passant par l'Angleterre et la Hollande, Leibnitz s'y établit en 1676 et y resta jusqu'à sa mort, après avoir servi successivement trois princes. Ses fonctions principales étaient l'administration de la bibliothèque, et de plus la surveillance de la bibliothèque de Wolfenbuttel. Il y joignait l'emploi d'historiographe de la maison; cet emploi le conduisit à étudier l'histoire d'Allemagne dans les sources, lui fit faire un voyage dans le sud de l'Allemagne et en

Italie, et ne tarda pas à être considéré comme la plus importante de ses fonctions. Ce travail lui pesait; les résultats n'en furent pas publiés de son vivant, sauf une très-petite partie; la publication de son ouvrage capital, les *Annales brunswickiennes de l'empire d'Occident*, a été après sa mort l'objet de soins prolongés, et n'a été achevée néanmoins qu'il y a peu d'années. Mais là ne se bornait pas le cercle des occupations auxquelles il devait suffire. Il était le conseiller nécessaire dans toutes les choses qui réclamaient le secours de la science, soit qu'il s'agît de tentatives faites pour réconcilier les églises, des droits et prétentions de la maison de Brunswick, des nominations aux places de professeurs à Helmstadt, de machines à construire dans le Harz, de travaux hydrauliques à exécuter dans les châteaux, d'expériences chimiques ou de distractions de cour. Il prenait part aussi à l'administration supérieure de la justice; la multiplicité de ses occupations ne lui permettait guère, comme il est aisé de le comprendre, d'en suivre la marche ordinaire. Sa position sous Jean-Frédéric et sous Ernest-Auguste ne cessa de rester des meilleures; mais il ne jouit plus de la même faveur sous Georges-Louis, plus tard roi d'Angleterre sous le nom de Georges Ier; ce prince estimait la science de Leibnitz, mais il n'était pas d'accord avec lui quant aux principes politiques, il était peu satisfait de ses travaux historiques, et il soupçonnait, non sans raison, que les relations étendues de Leibnitz, les intérêts divers qui se partageaient son temps ne lui laissaient pas le moyen de vaquer avec une assiduité sans partage aux fonctions dont il a été revêtu. Mais Leibnitz vit ces ombrages accroître encore sa faveur auprès des femmes distinguées de la maison de Welf, auprès de l'électrice Sophie, de Sophie-Charlotte, première reine de Prusse, de Wilhelmine Charlotte, princesse de Galles. Leibnitz était considéré comme une gloire de l'érudition, comme un oracle de la science, comme un connaisseur en fait d'art, comme un courtisan accompli. Sa renommée ne pouvait qu'ajouter un nouveau lustre à l'éclat d'une maison princière. Aussi le voyons-nous jusque dans sa vieillesse recherché des grands, chargé de tous les honneurs, que son ambitieuse jeunesse pouvait avoir rêvés. Aux cours de Berlin et de Vienne, il était traité avec distinction, invité à tous les plaisirs, excité au travail; Pierre le Grand l'appela près de lui à plusieurs reprises, dans ses voyages en Allemagne; il était comblé de titres, de dignités et de pensions. Il s'efforçait de tirer parti de son influence au profit de la science. Il ébaucha le plan de la société scientifique de Berlin, et en fut élu le premier président; il ne tint pas à lui que des plans analogues ne fussent réalisés à Vienne et à Dresde. L'Académie de Saint-Pétersbourg fut également érigée d'après ses idées. Son esprit toujours alerte, toujours aussi ardent aux jeux de l'esprit qu'aux pensées sérieuses de la science, sentait à peine le poids de l'âge. Cependant sa vieillesse était assez triste. Son séjour à Hanovre l'avait toujours tenu trop écarté de la sphère scientifique; il s'était efforcé de trouver dans de fréquents voyages un dédommagement; et maintenant il portait toujours le fardeau de son travail historique, et de plus la disgrâce du roi. Il voulait, fidèle à sa parole, achever le travail qu'il avait entrepris, et songeait à se retirer ensuite à Vienne ou à Paris. Ces projets furent déjoués. Il mourut en 1716, au milieu des apprêts qu'il faisait pour éditer son ouvrage.

Sa philosophie s'est formée, comme on voit, parmi les travaux les plus disparates, parmi les mille distractions d'une existence agitée. C'est là ce qui explique pourquoi nous ne pouvons la connaître qu'en la cherchant dans une masse de petites dissertations, et surtout dans une vaste correspondance (1). Ses ouvrages de plus d'étendue, ses *Nouveaux Essais sur l'entendement humain*, dirigés contre Locke, et sa

(1) Je citerai le plus souvent dans cette étude l'édition de Dutens, secondement le recueil de Rasp, ensuite pour la théodicée, la Monadologie, et quelques autres écrits qui ne se trouvent pas dans les éditions précitées, celles des *Ecrits philosophiques* par Erdmann, puis la publication de Guhrauer, *Ecrits allemands de Leibnitz*, enfin quelques autres collections. Les *Œuvres de Leibnitz, d'après les manuscrits de la bibliothèque royale de Hanovre*, éditées par Pertz, sont malheureusement très-peu avancées, quant à la partie philosophique. Dans cette édition je ne puis guère utiliser que la correspondance entre Leibniz, Arnauld et le landgrave Ernest de Hessen-Rheinfels, publiée par C. L. Grotefend, 1846.

Nous ne pouvons nous empêcher de regretter que la magnifique édition de M. le comte Foucher de Carreil fût à peine annoncée, lorsque l'ouvrage de M. Ritter a paru. Les premiers volumes publiés, en témoignant du soin et du talent de l'éditeur, annoncent aussi que cette édition sera vraiment définitive. (Note du traducteur.)

Théodicée, dirigée contre Bayle, ne sont également que des écrits de circonstance, et de rapides ébauches. Leibnitz se plaignait que tous ses travaux scientifiques dussent être, à l'exception de ses travaux d'histoire, écrits, pour ainsi dire, à la dérobée. Il exprimait quelquefois le désir de trouver moyen d'écrire quelque chose de suivi en philosophie. Mais ses plans à cet égard étaient des plus vastes. Il aurait eu quelque peine peut-être à les exécuter, quand bien même il n'eût pas entrepris la caractéristique universelle, mis la main à la langue et à la science universelles, projets qu'il n'abandonna jamais depuis sa jeunesse jusqu'à ses dernières années (1). Tout ce que nous pouvons dire là-dessus quant à présent, c'est qu'à ces projets il joignait encore celui d'une encyclopédie de toutes les sciences exactes et non historiques. Une entreprise de ce genre répondait fort bien aux tendances de son esprit appliqué à l'ensemble des sciences. Il se flattait de pouvoir s'aider, pour l'accomplir, du concours d'autres savants, et ne demandait, pour la mener à bonne fin, qu'un temps assez court (2). De tels plans font connaître sa nature d'esprit. Il lui est arrivé de déclarer, que sa mission était, selon lui, d'ouvrir de nouvelles voies, et de communiquer aux autres par de nouvelles méthodes une féconde impulsion dans l'élaboration des détails. Quant au soin d'embrasser dans

(1) Dut., II, 1, p. 279, sq.; VI, 1, p. 60.
(2) Raspe, p. 538.

toutes leurs parties les matières spéciales il le laissait à d'autres, ce n'était pas là son affaire. On ne peut guère hésiter à croire que sa caractéristique universelle ne fût un de ces projets grandioses, par lesquels sa vive imagination devançait le temps, et confondait l'objet de ses désirs avec ce qui était dès lors exécutable. La pensée du but lointain en rapprochait de lui la réalisation, et lui faisait négliger d'entreprendre ce qui eût été à la portée de ses puissantes facultés. De là cette conséquence, que ses assertions ont souvent l'air de forfanteries outrecuidantes, que souvent il ne voyait dans les découvertes des autres que la réalisation de ses propres idées ; de là aussi cette autre conséquence que ses doctrines philosophiques n'ont jamais pu arriver entre ses mains à former un système complet. Il les roulait incessamment dans son âme, et se plaisait à faire part de ses idées aux autres. On peut bien le croire, quand il dit : Quiconque ne me connaît que par les écrits que j'ai publiés, ne me connaît pas (1). Mais ce qu'il est permis de croire aussi, c'est que les idées exprimées par lui n'ont besoin que d'être méditées avec quelque attention, pour faire connaître ses vues philosophiques.

Toutefois, si l'on veut ne point s'égarer dans le labyrinthe des idées qu'il jette à profusion, il ne faut pas attribuer partout à son langage la même valeur. On l'a accusé à plusieurs reprises d'avoir, en vrai courti-

(1) Dut., VI, 1, p. 65.

san, caché souvent, désavoué plus d'une fois sa pensée, et l'on ne peut douter qu'il ne s'abstienne en plusieurs circonstances d'exprimer sans réserve ses vues tout entières. La reine Sophie-Charlotte se plaignait déjà de ce que Leibnitz lui disait toujours trop peu. C'était un proverbe fort à la mode de son temps, qu'il faut parler avec beaucoup, être sage avec peu (1). Il ne veut pas inculquer de force à tous les esprits sa philosophie ; il sait que bien des gens ne sont pas en état de l'entendre. Il connaît aussi la diversité des façons de parler usitées parmi les hommes, il sait s'accommoder aux différentes manières de voir. Il parle dans la *Gazette de Leipzig* la langue de la philosophie déiste, dans les recueils de Paris ou de Hollande il s'exprime en cartésien, il cherche à exposer au prince Eugène sa monadologie sans recourir à aucun terme d'école (2). Il est nécessaire de se placer par la pensée dans les différentes situations de sa vie, pour apprécier la valeur attachée en chacune d'elles à ses paroles. Son expression revêt les formes, les couleurs les plus variées. Il aime à répéter qu'il est très-éloigné de l'esprit de chicane, que la plupart des sectes ont raison dans ce qu'elles affirment, beaucoup moins dans ce qu'elles nient ; que le tout est de s'entendre ; qu'il a en horreur l'esprit de secte, et la critique qui ne sait que blâmer ; qu'il n'est rien enfin de plus funeste à l'invention (3).

(1) Dut., v, p. 165.
(2) Dut., v, p. 12, sq.
(3) Ib., I, p. 541 ; II, 2, p. 316 ; v, p. 9 ; 15 ; 75 ; VI, 1, p. 64.

En un mot, il est enclin à trouver partout des germes de vérité, d'où il peut développer ses pensées ; et c'est pourquoi le tour, qu'il donne à ses doctrines, a pris successivement une si grande variété.

Il faut être particulièrement attentif et réservé, en examinant ses déclarations relatives aux doctrines théologiques. Leibnitz est entré, à différentes époques, dans les recherches de la théologie. Les mystères de l'eucharistie, de la trinité, de la prédestination n'avaient pas trop d'obscurité à ses yeux; il y mettait sa philosophie à l'épreuve; il est revenu plus d'une fois au projet, à l'essai d'une réconciliation entre l'Eglise catholique et l'Eglise protestante, entre la confession réformée et la confession luthérienne. Il obéissait quelquefois, en faisant ces tentatives, à des impulsions étrangères, mais pas toujours. Ses opinions religieuses personnelles le poussaient à les renouveler. Dégagé de tout esprit de parti, il voyait un grand malentendu dans les querelles religieuses, des doctrines philosophiques plus ou moins voilées dans les dogmes religieux ; mais il n'en appréciait pas moins parfaitement la haute valeur de la religion. Nous trouvons chez lui une prophétie bien remarquable; il se déclare persuadé que la diffusion croissante de l'esprit d'examen et le déclin de l'esprit public parmi les hautes classes provoquera, si l'on n'y porte un prompt remède, une révolution générale en Europe; les sentiments d'honneur, qu'on essaie de mettre à la place de la morale, ne sauraient opposer une digue au mal ; et il exprime en même temps la conviction que la révolution sera en même temps un châtiment et un remède, qu'elle sera une œuvre de la providence, qui conduit tout à une plus grande perfection (1). De plus Leibnitz n'admettait point de véritable vertu sans religion (2). Quel que fût d'ailleurs son respect pour la vraie piété, il ne pouvait soumettre néanmoins son jugement théologique à aucune autorité (3). Seulement il se gardait d'exprimer partout en termes également forts ses libres opinions en fait de religion. Il fallait, selon lui, être plus retenu dans la théologie que dans la philosophie; à son sens, on connaissait bien les vérités les plus nécessaires de la théologie, mais les profondeurs n'en étaient accessibles qu'aux esprits d'élite (4). Aussi ne veut-il point porter atteinte aux livres symboliques, bien qu'il ne soit pas d'accord sur tous les points avec l'opinion établie parmi les théologiens (5). Leibnitz partage une opinion, qui de son temps allait gagnant toujours du terrain parmi les théologiens, savoir que toutes les doctrines religieuses relevaient nécessairement du tribunal de la raison (6), qu'au fond elles se réduisaient à des doctrines pratiques, qui,

(1) *Nouv. ess.*, IV, 16, 4, p. 430, Raspe.
(2) Dut., V, p. 484.
(3) « In religione suæ spontis, » disait déjà Boinebourg en parlant de lui. Gruber, *Commerc. epist.*, Leibn., p. 1286.
(4) Dut., VI, 1, p. 224.
(5) Ib. V, p. 168.
(6) Le combat de la révélation contre la raison serait un combat de Dieu contre Dieu. Th., 29; 39; *Nouv. ess.*, IV, 17, 23, p. 463; Dut., II, 2, p. 157.

pareilles à une sorte de jurisprudence, avaient déployé les lois du royaume de Dieu (1). Les points essentiels de ce qu'on appelle la religion naturelle lui paraissent absolument établis; au contraire il est loin de s'exprimer d'une manière aussi décidée sur la valeur de la religion positive. Il y a des mystères, qui surpassent la raison; c'est là pour lui un point hors de doute; car nous ne pouvons pas plus nier l'infini en Dieu et dans les créatures que nous ne pouvons le comprendre. Il ne prétend pas même combattre les miracles, pourvu qu'on les considère comme tissus dans l'ordre de la nature et dans le décret éternel; les miracles sont des mystères transitoires, comme les mystères sont des miracles permanents (2). Nous ne pouvons que toucher ce qui est supérieur à la raison; nous en avons une idée, mais nous n'avons pas toutes les idées, qui seraient requises pour le comprendre; nous savons qu'il est, mais non pas ce qu'il est (3). Les miracles de la grâce, entre autres, sont hors de doute à ses yeux, et en effet une notable partie de ses doctrines repose sur la distinction du règne de la grâce et du règne de la nature; Dieu, selon lui, nous détermine immédiatement dans la grâce intérieure; il a assurément des raisons pour cela, mais nous ne saurions les connaî-

(1) Dut., IV, 3, p. 181; 261; ceci est appliqué en particulier au christianisme. Ib. V, p. 142.

(2) Ib. V, p. 142, sqq.; 146, sqq.; *Théod.*, p. 480. sq.; 485, sq.; 494 b; § 53, sq.; 207; 249; *Nouv. ess.*, IV, 17, 23, p. 464.

(3) *Théod.*, p. 494. b; 499.

tre (1). D'autre part Leibnitz ne peut s'assurer, qu'une révélation historique et positive nous fût absolument nécessaire. Il reconnaît, il est vrai, dans la révélation une expérience supérieure, dans le christianisme une histoire vraie, dont il n'a garde de contester l'importance pour le salut de l'homme; il est convaincu que ces faits peuvent être démontrés, qu'ils peuvent être établis comme une vraie révélation, par les procédés historiques; le christianisme n'est pas, à son avis, destiné seulement à restaurer la loi naturelle, mais à fournir à la nature de nouveaux appuis (2); toutefois cette révélation historique ne lui paraît pas rendre inutile la religion naturelle, elle ne lui paraît pas même être l'unique voie, par où nous puissions arriver au salut. Il ne consent pas à sacrifier les vertus des païens, il ne veut pas laisser prescrire à Dieu les voies, par lesquelles il peut nous sauver. Quiconque est, sans qu'il y ait de sa faute, privé de la révélation, ne peut manquer d'autres moyens, qui y suppléent. De là il résulte, que la révélation n'est pas nécessaire, pourvu qu'on exerce la religion naturelle (3). Une autre idée, qui se rattache à celles-là, c'est le très-peu d'importance que Leibnitz reconnaît aux exercices religieux ordinaires et au culte religieux tel que la tradition l'a fait (4); et, dans le fait,

(1) *Nouv. ess.*, IV, 18, 1, p. 467.
(2) Dut., IV, 1, p. 188; V, p. 147; VI, 1, p. 297; *Théod.*, p. 479.
(3) Dut., VI, 1, p. 277; *Nouv. ess.*, IV, 7, 11, p. 381.
(4) *Théod.*, p. 268. Les cérémonies ressemblent aux actions ver-

il a, quant à lui, renoncé aux premiers comme au second. Le mépris de l'histoire, qu'il partage avec la philosophie de son époque, est évidemment pour une forte part d'influence dans toutes ces vues; la connaissance des faits historiques est de peu de prix pour lui; il ne range parmi les sciences exactes que la philosophie, les mathématiques, la physique, il en exclut l'histoire; il aimerait à s'occuper des premières; quant à l'histoire, à la jurisprudence, à la politique, il ne s'y livre que sous des impulsions étrangères; il aimerait à rechercher les lois, que Dieu a prescrites à la nature; il se soucie peu des lois de la société humaine, dont la connaissance n'est en elle-même d'aucun prix (1). Nous ne serons donc pas étonnés de le voir convaincu que, si sa caractéristique universelle était exécutée, elle fournirait une démonstration si sûre de la vraie religion, que tout débat cesserait nécessairement à son égard comme à celui de l'arithmétique et de la géométrie (2). Ce qui lui importe ce sont les vérités éternelles; pour les faits historiques, c'est une science sans valeur.

Dans ses écrits philosophiques Leibnitz emploie la

tueuses et les formulaires sont comme des ombres de la vérité. Dut., VI, 1, p. 263. Dieu nous a mis dans le monde pour agir suivant sa volonté, et non pas pour lui faire des harangues et des compliments.

(1) Dut., VI, 1, p. 237, sq.; 297; Raspe, p. 438; Erdm., p. 195, b. Si j'avais le choix, je préférerais l'histoire naturelle à la civile, et les coutumes et lois que Dieu a établies dans la nature, à ce qui s'observe parmi les hommes, Grotef. Corrup., p. 77. La seule connaissance des raisons est bonne en elle-même; tout le reste est mercenaire.

(2) Raspe, p. 539.

plupart du temps la langue française; il se sert beaucoup moins de la langue latine; quant à la langue allemande, nous ne voyons pas qu'il s'en soit servi, si ce n'est dans des dissertations philosophiques qui n'étaient pas destinées à la publicité. Il appréciait sa langue maternelle, et notamment l'esprit philosophique dont elle est pénétrée (1); mais ces idées scientifiques devaient entrer dans le mouvement intellectuel européen, et l'organe le plus propre à les y introduire lui paraissait être la langue française. La politesse française avait établi son empire en Europe; et Leibnitz, tout attaché qu'il était d'ailleurs à la politique et aux mœurs allemandes, n'avait pu toutefois se soustraire à la domination du goût français. Il est hors de doute que cet emploi d'une langue étrangère a exercé jusque sur le tour de ses idées une notable influence; il signale aussi les éléments qui ont contribué pour la plus grande part à la culture et au développement de l'esprit de Leibnitz. Ce serait mal comprendre à coup sûr le sentiment de Leibnitz, que de vouloir trouver dans sa philosophie un caractère proprement germanique.

Il importe, pour l'appréciation des jugements qu'il exprime sur les doctrines philosophiques, de ne pas perdre de vue la marche progressive de ses idées, et de distinguer les époques. Si le point principal est de découvrir les principes de son système arrivé à matu-

(1) Dut., IV, 1, p. 48.

rité, ainsi que l'action qu'ils ont exercée sur les contemporains et sur la postérité, nous ne devons faire qu'un usage très-circonspect de ses écrits de jeunesse; car Leibnitz a écrit bien avant que ses pensées fussent fixées; il n'a pas, il est vrai, désavoué complétement dans la suite ses premiers écrits, mais il y trouvait beaucoup à reprendre. Il a, dit-il, flotté pendant vingt ans, et l'époque où il est arrivé à quelque chose de sûr n'est pas antérieure à l'année 1685 (1). C'est en effet vers ce temps ou peu de temps avant que commencent les écrits philosophiques, qu'on le voit dans la suite invoquer d'ordinaire sans réserve (2). Nous ne pouvons donc pas nous dispenser, pour apprécier ses travaux, de passer en revue les éléments qu'il a élaborés, qu'il s'est assimilés lentement dans la marche progressive de sa pensée.

Ayant traversé une longue période d'initiation philosophique, trouvant dans tous les systèmes une part de vérité, il attachait une haute importance à la connaissance historique des différentes philosophies. Il désirait que les doctrines du passé fussent rassemblées, examinées avec maturité, et qu'on y étudiât les progrès de l'esprit humain. C'est pourquoi il regardait la connaissance des langues comme essentielle, parce que cette connaissance est celle de nos découvertes (3). Nous avons dit plus haut qu'il avait dès sa

(1) Dut., VI, p. 253.

(2) La date exacte est l'année 1684, où il écrivit ses *Meditationes de cognitione, veritate et ideis*.

(3) *Nouv. ess.*, III, 1, 5, p. 234.

jeunesse étudié avec ardeur la philosophie scolastique. Elle a exercé incontestablement une action assez profonde sur son éducation philosophique. Il continua jusque dans les derniers temps de sa vie d'en faire si grand cas que, selon lui, quiconque ne parlait pas en théologie la langue de la scolastique, ne s'exprimait pas exactement (1). Il n'a pas sans doute approfondi avec un zèle égal tous les systèmes de la scolastique; c'était principalement le système de Thomas d'Aquin qui lui servait de guide, et il y a puisé une partie très-considérable de ses doctrines théologiques. Leibnitz embrasse le déterminisme de Thomas, mais non son réalisme; les idées des nominalistes étaient déjà trop répandues, leurs doctrines trop communément admises pour qu'il n'en fût pas atteint. Il avait échappé à leur indifférentisme; mais sa première dissertation philosophique témoigne qu'il admettait en général leur manière de voir; il travailla, en publiant les écrits de Nizolius, à la propagation de leur doctrine, et ses remarques n'ont pour but que de mettre une barrière aux conséquences exagérées qu'ils en tiraient. Leibnitz nous révèle encore, en se tenant néanmoins partout à de simples indications, d'autres éléments de sa première culture philosophique. Nous voyons qu'il s'était occupé de Platon, de Plotin et de plusieurs autres philosophes anciens; ces études n'étaient du reste que des exercices et ne furent certai-

(1) Dut., v, p. 570.

nement pas poussées très-avant; les scolastiques ne tardèrent pas à le conduire aux philosophes modernes et aux théories mécaniques sur la nature (1). Non-seulement la philosophie cartésienne, qu'il avait coutume d'appeler le vestibule de la vraie philosophie, mais encore les doctrines atomistiques attirèrent son attention; il ne les rejeta jamais complétement; il allait, dans sa jeunesse, jusqu'à admettre la réalité de l'espace vide (2). A cette époque les doctrines de Hobbes lui paraissaient aussi mériter le plus sérieux examen, et les assertions même de Spinosa sur la puissance infinie de Dieu, qui produit toute chose sans égard aux fins, lui semblèrent pendant un certain temps acceptables (3). Dans son voyage à Paris, l'occasionalisme de Malebranche, qui présente évidemment une étroite parenté avec la doctrine de Leibnitz, dut nécessairement frapper celui-ci et arrêter son attention. Les diverses observations, que nous venons de faire, attestent le très-vif besoin qu'il ressentait de se mettre en harmonie avec toutes les directions de la philosophie contemporaine. C'est ainsi qu'il s'occupa aussi de la doctrine de Locke, dont il approuvait la méthode d'investigation (4) sans s'accorder avec lui sur les

(1) Dut., II, 1, p. 49, sq.; v, p. 8, sq. Il mentionne aussi Bacon, Campanella, Cardan, Erdm., p. 91, sq.

(2) Vacuum non dari, probatum firmiter nondum vidimus, dit un corollaire de ses *Disp.* jurist. de 1664. Dans la lettre précitée à Jean-Frédéric, de 1671, il prétend avoir démontré «dari vacuum.»

(3) *Nouv. ess.*, I, 1, p. 29; Cf. Guhrauer, *Ecrits allem. de Leibn.*, II, p. 139.

(4) Dut., VI, 1, p. 253.

principes. Si l'on se demande lequel des divers éléments précités a contribué pour la plus grande part à l'ensemble de ses idées ultérieures, on ne peut méconnaître que la première place à cet égard n'appartienne aux systèmes de Thomas d'Aquin et de Descartes.

Il est remarquable que, parmi les doctrines philosophiques dont il reçut l'influence dans sa jeunesse, on en trouve une qu'il ne mentionne jamais qu'accessoirement et avec de fortes réserves, malgré la part capitale qu'on ne peut s'empêcher de lui reconnaître dans la constitution propre du système auquel Leibnitz s'arrêta. Considérons sa monadologie, ses doctrines que tout est dans tout, mais en chaque chose d'une manière différente, que l'âme est une unité où les relations les plus diverses se réunissent comme des angles en un point, qu'elle est un grain indivisible du sein duquel tout se développe, que partout il existe un grain, un germe de vie semblable; considérons toutes ces pensées qui font l'originalité de son système, et nous ne pourrons douter qu'une parenté toute particulière ne rattache ces propositions aux idées de Nicolas de Cusa. Leibnitz admettait l'existence en toute matière, d'un principe vivant, et de là les idées par où il s'écarte de l'explication purement mécanique de la nature. Il n'est guère probable que Leibnitz eût connu Nicolas de Cusa ; il ne cite ce nom nulle part; mais il

(1) Dut., III, p. 320, sq.

s'était, dès sa première jeunesse, familiarisé avec les doctrines des théosophes et des théologiens mystiques. Il se garde bien de se ranger parmi eux, parce que trop d'écarts se rattachaient à leurs doctrines ; mais il trouve dans la théologie mystique quelque chose de poétique, elle remue l'âme, et sa témérité seule mérite d'être blâmée (1) ; il y a plus, une de ses dissertations en allemand nous montre qu'il ne dédaignait pas d'écrire complétement dans le style mystique (2). Nous ne saurions négliger de mettre en ligne de compte ses relations de jeunesse avec les rose-croix et avec les chimistes, son amitié avec Van Helmont le jeune, avec Knorr, ses rapports avec plusieurs autres mystiques, dont il blâmait seulement l'antagonisme contre l'interprétation mécanique de la nature (3). Il fait souvent mention de Valentin Weigel et d'Angelus Silesius, et il trouve à reprendre sans doute, mais beaucoup aussi à louer en eux. Il déclare trouver dans les pensées de la comtesse Connaway beaucoup de choses qui lui plaisent, et rappelle à ce propos les noms de Van Helmont et d'Henri Morus (4). Les échos mystiques, les idées et les vestiges théosophiques que présente sa *Monadologie* se rencontrent déjà dans les écrits de sa jeunesse (5). C'est là, on n'en peut douter, le noyau

(1) Dut., v, p. 355 ; 370 ; vi, 1, p. 56.
(2) Guhrauer, *Ecrits allem.*, i, p. 410.
(3) Dut., vi, 1, p. 48, sq.
(4) Ib. vi, 1, p. 253 ; 262, sq. ; *Nouv. ess.*, i, 1, p. 27.
(5) Entre autres, dans la *Confessio naturæ contra atheistas*, qui

de sa philosophie; ses incertitudes dans l'établissement de son système n'ont donc pu rouler que sur la manière de concilier les doctrines les plus épurées de la théosophie avec les résultats de la physique moderne, et, entre autres, avec les doctrines de l'école cartésienne, c'est-à-dire sur les moyens de mettre la bonté, la sagesse et la justice de Dieu d'accord avec sa puissance suprême. Là était caché le nœud de sa philosophie, auquel il travailla si longtemps (1). Nous verrons comment il réussit à le dénouer.

En parlant d'un système que Leibnitz parvint finalement à constituer, nous ne pouvons entendre qu'un ensemble d'idées ébauchées qui, développées, lui paraissaient capables de le satisfaire. Or, il n'est point parvenu à leur donner ce développement. Jamais il n'a donné à ses pensées cet enchaînement, aux parties principales de sa philosophie ce contour ferme et précis, qui en eût fait un tout. Il n'est pas parfaitement satisfait des divisions reçues de la philosophie, mais il ne réussit pas à en présenter une meilleure. Il ne voit rien que d'arbitraire dans la manière dont les sciences

est de 1668, dans la *Theoria motus abstracti et concreti*, dans la Lett. à Jean-Frédéric, qui est de 1671.

(1) Guhr., *Ecrits allem.*, II, p. 139, sq. A l'âge de seize ans, je me suis trouvé, à ce qu'il semblerait, par l'effet d'une vocation spéciale, engagé dans une recherche difficile en elle-même et peu agréable en apparence, et n'ai rencontré une pleine satisfaction pour quelques années que lorsque j'eus découvert *rationes contingentiæ;* car auparavant je n'avais pas répondu aussi pleinement que je l'aurais voulu aux arguments de Hobbes et de Spinosa *quæ pro absoluta fiunt necessitate.*

sont classées. La division de la science en physique ou philosophie théorique, en éthique ou philosophie pratique et en logique, lui paraît entachée d'un défaut grave, c'est que chaque partie absorbe les deux autres. Il propose, d'après Zabarella, une classification synthétique ou théorique, analytique ou pratique des vérités philosophiques ; on pourrait encore y joindre une troisième espèce de classification, fondée sur les concepts et qui serait une sorte de répertoire ; et, chose étrange, Leibnitz trouve en définitive que cette division reviendrait à la division ancienne (1). Il jette de même, à la légère, quelques autres vues sur les parties de la philosophie. Parfois il ramène la logique à la dialectique (2), ailleurs il la considère comme une mathématique universelle (3). La morale est à la métaphysique ce que la science pratique est à la science théorique, la théologie naturelle les embrasse toutes deux (4); et dans un autre endroit on trouve une vue peu en harmonie avec celle-là, c'est que la théologie est elle-même une science pratique. Les vérités physiques dépendent aussi des vérités morales, parce que la nature a par son rapport à Dieu une signification morale; toutes les parties de l'univers reposent sur une base morale, et les lois physico-mécaniques des corps doivent être conçues comme dépendant des lois éthico-

(1) *Nouv. ess.*, IV, 21, 1, p. 490, sqq.
(2) Dut., IV, 3, p. 173.
(3) *Nouv. ess.*, IV, 17, 4, p. 446.
(4) Ib. IV, 8, 5, p. 398.

logiques de l'âme (1). Ce qu'on voit ressortir en somme des vues exprimées par Leibnitz sur les parties de la philosophie, c'est sa prédilection pour la métaphysique ; il appartient à celle-ci de fournir leurs principes à la théologie, à la morale, à la physique ; la logique n'est regardée par lui que comme simple instrument, la physique et l'éthique sont placées au-dessous de la métaphysique. La physique ne peut jamais devenir pour nous une science parfaite, elle est trop dépendante des expériences (2). Leibnitz considère la morale comme une conséquence de la théologie naturelle ; elle demande plus d'exercices que de prescriptions (3). Il se fait d'ailleurs une idée très-digne de cette partie de la philosophie, en la faisant consister moins dans des prescriptions générales sur les vertus et les devoirs, que dans la connaissance de l'ordre moral dominant l'éducation, le commerce des hommes et la société humaine en général (4) ; toutefois il ne s'est jamais sérieusement appliqué à l'exposition rigoureuse et détaillée de ces doctrines. Tout ce qu'on peut tirer, par conséquent, de l'ensemble de ses affirmations sur la philosophie et les parties qui la constituent, c'est qu'il a bien moins en vue une exacte division du tout que la fusion de toutes les parties en une science universelle.

(1) *Théod.*, p. 480 a ; *Nouv. ess.*, II, 21, 15, p. 137 ; Dut., I, p. 532 ; II, 1, p. 215.
(2) *Nouv. ess.*, IV, 12, 9, p. 421 ; Dut., II, 1, p. 262.
(3) Dut., VI, 1, p. 270.
(4) Dut., II, 1, p. 262.

Cette idée est le fond même du plan qu'il avait formé d'une caractéristique ou langue universelle et d'un calcul philosophique qui en dépendait. Ce plan est, on peut le dire, le terme, le centre de toutes ses excursions philosophiques. Nous trouvons encore ici un retentissement de la théosophie et de ses prétentions les plus exaltées. Leibnitz compare lui-même la caractéristique à la kabbale (1). Elle doit un autre de ses éléments à la théorie cartésienne de la connaissance et au modèle que la méthode mathématique présente à l'investigation philosophique. Mais pour bien apprécier ce plan, il faut nous représenter avant tout le but que Leibnitz se proposait dans cette entreprise immense, et comment il pouvait néanmoins ne pas la regarder comme vraiment infinie. A cet effet, nous avons une chose à remarquer : son but ne dépassait pas la philosophie ou connaissance des vérités éternelles, universelles et nécessaires, et n'avait pas trait aux connaissances qui dépendent de l'expérience et ne se rapportent qu'à des faits particuliers et fortuits (2). Sa caractéristique n'aurait ainsi embrassé que la plus petite partie de la langue. Elle n'est donc point destinée à suppléer le langage et l'écriture ordinaire (3); elle est restreinte au contraire à certains

(1) Raspe, p. 535.

(2) Dut., v, p. 7, sq. J'espérerais donner une manière de caractéristique générale, où toutes les vérités de raison seraient réduites à une façon de calcul.—Excepté celles de fait.

(3) *Nouv. ess.*, IV, 6, 2, p. 364.

éléments de la langue. Leibnitz fait observer qu'il y a bien dans nos langues une partie arbitraire, mais que tout ne l'est pas, qu'entre autres les rapports que les signes soutiennent entre eux sont invariables par nature. Il considère ces rapports comme le fond proprement dit de la vérité (1); proposition qu'il faut toutefois entendre avec cette réserve que les choses et les idées en rapport les unes avec les autres ont elles-mêmes une vérité qu'on ne peut leur refuser; car Leibnitz voit la vérité non-seulement dans l'accord de nos idées entre elles, mais aussi dans l'accord des idées avec les choses et même avec le concevable au possible (2). Or la langue s'adapte nécessairement aux pensées et aux choses, car nous ne pouvons pas plus nous passer de signes pour penser que d'intuitions sensibles. En outre nous devons recourir aux signes parce qu'ils nous permettent d'embrasser avec promptitude et facilité de longues séries d'idées (3). Or, les signes du langage ordinaire sont pleins d'équivoque, il faut dans la science des expressions techniques. Il s'est donc formé à l'usage de chaque science une langue artificielle, et l'on a même inventé des caractères graphiques particuliers pour s'entendre scientifiquement. Nulle science n'est arrivée à un résultat plus heureux sous ce rapport que l'arithméti-

(1) Ib. III, 2, 1, p. 237, sq.; Raspe, p. 511. Et hæc proportio sive relatio est fundamentum veritatis.

(2) *Nouv. ess.*, IV, 5, 3, p. 365; Raspe, p. 508.

(3) *Nouv. ess.*, II, 21, 73, p. 171; Erdm., p. 92 a, sqq.

que, laquelle a inventé des signes au moyen desquels on peut calculer (1). Leibnitz voudrait donc inventer, sur le modèle des mathématiques, une langue artificielle, propre à toutes les sciences qui reposent sur des propositions universelles de la raison. La vaste étendue des sciences, dont les limites vont reculant de jour en jour, n'est pas un obstacle qui l'effraie ; car il est convaincu que les sciences l'abrègent, à mesure qu'elles progressent, en mettant de plus en plus d'ordre dans leurs propositions, et en ramenant tout à des points de vue de plus en plus généraux (2). Il est pareillement convaincu, que toutes les idées humaines, j'entends dans leurs principes éternels, se résolvent en un très-petit nombre d'idées primordiales et simples (3). Descartes s'était déjà exprimé d'une manière analogue ; on lui avait demandé de donner le dénombrement et la formule des idées primordiales de l'entendement, et Leibnitz était de ceux qui lui reprochaient de ne l'avoir pas fait. Leibnitz convenait encore avec Descartes que les idées primordiales ne nous sont connues que par une intuition de l'entendement, et que pour donner à nos idées une parfaite certitude, il faudrait tout ramener à une intuition intellectuelle (4). Nous apercevons soit en nous, soit même

(1) Erdm., p. 93 a.

(2) Raspe, p. 529. Les sciences s'abrégent en s'augmentant.

(3) Erdm., p. 93 a. Mihi vero rem altius agitanti dudum manifesti apparuit, omnes humanas cogitationes in paucas admodum resolvi tanquam primitivas. Dut., vi, 1, p. 207.

(4) Dut., ii, 1, p. 16. Notionis distinctæ primitivæ non alia datur cognitio, quam intuitiva.

en Dieu toutes les idées primordiales. Comme Dieu aperçoit tout en lui parfaitement, ainsi nous n'apercevons en nous que les vérités simples et éternelles (1). La caractéristique universelle dépend avant tout de l'établissement de ces vérités; elle ne peut être réalisée qu'au moyen d'une analyse des idées humaines, et présuppose la vraie philosophie (2). Il faut découvrir d'abord les idées simples; on pourra songer alors à des signes pour les exprimer, et fonder sur elles des calculs moyennant ces mêmes signes. Il est donc nécessaire ponr cela d'avoir un dénombrement complet des idées primordiales, et de fixer pour chacune d'elles un nombre caractéristique (3). Le reste est une affaire de combinaison, et la pratique nous donnera les idées complexes, en faisant connaître quelles combinaisons sont possibles, et quelles impossibles. La langue universelle ne sert donc pas seulement à transmettre, mais aussi à découvrir (4). Leibnitz pense que le procédé montrerait par lui-même la possibilité ou l'impossibilité de telles et telles combinaisons (5). On comprend maintenant que toutes ces idées supposaient obtenus des résultats, dont Leibnitz pouvait se flatter d'avoir approché, sans parvenir jamais à les posséder

(1) Ib. II, 1, p. 223; *Nouv. ess.*, II, 1, 1, p. 66; Raspe, p. 504.

(2) Dut., VI, 1, p. 262.

(3) Raspe, p. 538. Numeri idearum omnium characteristici habeantur.

(4) Ib., p. 535; Erdm., p. 93 a.

(5) Erdm., p. 93 b. Præter æquipollentiam dantur aliæ relationes complures, quas res ipsa monstrabit.

pleinement, tant qu'il n'aurait pas développé d'une façon complète son système philosophique.

Le plan de la caractéristique universelle, resté sans exécution, nous donne une claire idée de la manière dont l'esprit de Leibnitz travaillait. Il nous raconte qu'à l'âge de dix-neuf ans, lorsqu'il composait son petit écrit sur l'art combinatoire, il songeait déjà à ce plan ; à cinquante-deux ans, il croyait enfin être en mesure, lorsqu'il avait trouvé la vraie philosophie, d'en entreprendre la réalisation (1) ; mais c'est une œuvre qu'il n'a point osé aborder jusqu'à sa mort. Son esprit est sans cesse préoccupé de vastes plans ; il se sent la force de les traiter ; il espère les exécuter. Mais ses plans sont trop vastes, pour que les facultés d'un seul homme puissent y suffire ; il compte alors sur des auxiliaires, qui lui sont refusés. Quel auxiliaire aurait pu le satisfaire, travailler selon ses vues ? Ce tour d'intelligence n'en est pas moins profondément philosophique ; la pensée de Leibnitz a toujours en vue les grands problèmes, les problèmes infinis de la science, les questions, qui ne cessent de nous presser, et dont la solution fuit aux regards dans un horizon sans limites. L'idéal de la science anime l'esprit de Leibnitz. Il voudrait au moins s'en tracer une image provisoire. Tout ce que nous avons

(1) Dut., VI, 1, p. 262. Les caractères véritablement réels et philosophiques doivent répondre à l'analyse des pensées ; il est vrai que ses caractères présupposent la véritable philosophie, et ce n'est que présentement que j'oserais entreprendre de les fabriquer.

à craindre, c'est qu'il ne fasse cette image trop étroite pour être en proportion avec les forces dont il dispose. Sa caractéristique universelle se réduit à un système des concepts universels et nécessaires. Sur cette base il se flatte d'établir la méthode qui doit présider à la combinaison des concepts. Ainsi doit être posé le fondement définitif de toutes les sciences. Car, bien qu'il ne se proposât point de faire entrer l'expérience dans son système, Leibnitz ne doute pas que l'expérience n'en doive recueillir les fruits; l'expérience est, il est vrai, pour nous l'élément premier; mais elle doit dériver nécessairement et tirer sa démonstration de l'élément absolument premier, des vérités rationnelles (1). Ce qu'il importerait de savoir, c'est si Leibnitz s'était fait une idée inattaquable du système des concepts, et dans quelle mesure il l'avait développé.

Tout ce que nous pouvons dire, c'est que les déclarations qui lui échappent sur les concepts primordiaux ne nous inspirent pas une grande confiance. Il faut en passer en revue quelques-unes. Les concepts primordiaux fournissent selon lui le principe de définitions réelles, qui sont de pures propositions identiques (2). Il distingue les définitions réelles des explications verbales, en ce que les premières expriment, outre les caractères du concept, la compatibilité de

(1) Erdm., p. 99 b; Grotef. Corresp., p. 55. Que rien n'est sans raison, ou que toute vérité a sa preuve a priori.

(2) *Nouv. ess.*, IV, 2, 1, p. 326, 331.

ces caractères (1). Ces définitions sont les seules qu'il regarde comme des principes sûrs de démonstration, celle-ci consistant dans un enchaînement de définitions (2). Il attribue donc une très-grande importance aux définitions réelles, et place très-haut, en raison de cette importance, la classification des concepts (3). L'image sensible, la représentation de l'imagination sont choses qu'il distingue parfaitement du concept (4), et c'est pourquoi il trouve que les définitions d'espèces, qui s'arrêtent aux caractères extérieurs, n'offrent qu'une utilité toute provisoire (5). Une chose nous inquiète pour sa division des concepts, c'est qu'il déclare la dichotomie le meilleur mode de division, et qu'il ne regarde pas comme toujours possible d'exprimer par un concept le genre ou la différence, c'est qu'il va jusqu'à convenir que, par un simple changement dans le mode de division, l'espèce peut se transformer en différence, la différence en espèce (6). N'aurait-on pas dû s'attendre que sa caractéristique universelle eût eu pour résultat de bannir un tel arbitraire des divisions et de la désignation des concepts? Les scrupules, qui par suite s'éveillent en nous sur la rigueur de la classification des idées, ne font que s'accroître encore, lorsque nous avons égard au

(1) Ib. III, 3, 19, p. 253; Dut., II, 1, p. 16.
(2) Dut., V, p. 182; VI, 1, p. 44.
(3) *Nouv. ess.*, III, 3, 9, p. 248.
(4) Ib. II, 9, 8, p. 93; 29, 13, p. 219, sq.
(5) Ib. II, 6, 22, p. 274.
(6) Ib. III, 3, 10, p. 249.

contenu de ces concepts. Leibnitz n'a jamais prétendu donner un dénombrement exact des concepts primordiaux. Des idées d'Aristote auquel il se réfère, et de quelques autres indications (1), nous sommes en droit d'inférer qu'il n'aurait pas oublié parmi ces concepts les catégories. Et en effet il a dressé une table des catégories. Cinq catégories lui suffisent, ce sont la substance, la quantité, la qualité, l'action ou la passion, la relation (2). Mais cette table n'est donnée qu'en passant, et n'est évidemment pas destinée à épuiser toute la série des idées primordiales. A côté de ces catégories, il place d'autres notions ou idées, que nous pouvons tenir pour également primordiales (3), mais ces énumérations ne sont pas non plus complètes et ne prétendent à aucune régularité.

Moins ces indications ont la prétention d'être adéquates, et plus elles font craindre que Leibnitz fût loin de posséder une vue arrêtée et parfaite du système des concepts. S'il l'avait possédée, comment aurait-il admis la possibilité de différentes divisions pour le même concept? Comment n'aurait-il vu dans les définitions que des propositions identiques, et n'aurait-il pas remarqué que la forme de nos définitions aspire à une réunion du particulier sous un principe général, et que, par cette raison, loin de pouvoir partir d'un nombre déterminé de notions suprêmes, dont la na-

(1) Dut., VI, 1, p. 262; Raspe, p. 537.
(2) *Nouv. ess.*, III, 10, 14, p. 306, sq.
(3) Dut., V, p. 358; *Nouv. ess.*, II, 1, 2, p. 67.

ture des choses nous découvre ultérieurement l'enchaînement, la science exige impérieusement un principe supérieur pour fondement de tous les concepts? Leibnitz n'est pas, il faut le dire, éloigné non plus de reconnaître un principe suprême de toutes les vérités éternelles, à savoir le principe de contradiction ou d'identité (1). Mais on chercherait vainement dans ce principe le fondement de la pluralité et de l'enchaînement de nos idées, car il présuppose la pluralité des idées, et n'affirme, pour parler avec Leibnitz, que la vérité des concepts simples, des définitions ou propositions identiques. Leibnitz signale sans doute un principe plus profond de toute vérité, quand il fait observer que les vérités éternelles des concepts n'exprimeraient qu'un pur possible, si elles n'avaient pas une valeur absolue dans l'entendement divin, lien des vérités éternelles (2). Mais c'est là par malheur un principe de telle nature, qu'il échappe à toute application féconde. Leibnitz du moins met en doute qu'on puisse en déduire la diversité de nos concepts. La simplicité de Dieu exclut toute idée de parties en Dieu; comment la multiplicité de ses pensées, de ses attributs, la diversité des vérités que l'infini renferme en lui forment-elles une unité, c'est là, selon Leibnitz, une

(1) Dut., VI, 1, p. 218; *Monadol.*, 31.

(2) *Nouv. ess.*, IV, 11, 13, p. 414. Cela nous mène enfin à ce dernier fondement des vérités, savoir à cet esprit suprême et universel, qui ne peut manquer d'exister, dont l'entendement est la région des vérités éternelles. Erdm., p. 147, sq.; Dut., II, 1, p. 17.

énigme que notre intelligence bornée n'est pas en état de résoudre. Nous avons bien un concept déterminé de l'infini, mais nous ne pouvons en faire entrer le contenu en des concepts clairs et déterminés. A envisager ainsi le problème dernier de la science humaine, il est prêt à renoncer à l'achèvement d'une analyse complète de nos idées (1).

Si nous examinons avec attention le plan de la caractéristique universelle, il ne saurait nous échapper que Leibnitz a devant les yeux les mathématiques pour modèle. Il veut créer un calcul philosophique. Il regarde la découverte comme un travail mathématique. On trouve une prédilection pour la méthode mathématique exprimée chez lui au moins avec autant de force que chez les cartésiens. La souveraine sagesse, dit-il, opère comme un parfait géomètre; Dieu calcule et pense, et le monde se fait. Tout est soumis au nombre (2). Aussi Leibnitz voulait-il démontrer son système géométriquement; métaphysique, théologie, morale, physique, tout ce qui peut se traiter avec une exactitude scientifique devrait être

(1) Raspe, p. 502. Les idées ne sont que des rapports qui résultent des attributs de Dieu. — Comment la variété des idées est compatible avec la simplicité de Dieu, il n'y a point de système qui puisse faire comprendre une telle chose. Dut., II, 1, p. 17. An vero unquam ab hominibus perfecta possit institui analysis notionum, sive an ad prima possibilia et notiones irresolubiles sive (quod eodem redit) ipsa attributa absoluta Dei, nempe causas primas atque ultimam rerum rationem cogitationes reducere possint, nunc quidem definire non ausim. Ib. V, p. 145; 370; *Nouv. ess.*, II, 17, 1, p. 115.

(2) Erdm., p. 104 b; Raspe, p. 509; 535.

soumis à la méthode mathématique. Nous ne pouvons rien comprendre que mathématiquement; tout se fait mathématiquement dans l'univers (1). Les mathématiques nous donnent le seul moyen d'expliquer les phénomènes; nous devons ramener le sensible à la figure et au mouvement. Il est un nombre infini de cas où cette nécessité nous apparaît avec évidence; la couleur s'explique par la construction de l'objet ou de l'œil, ou bien par les mouvements qui ont lieu entre l'œil et l'objet; il en est de même de la lumière et du feu; toutes les opérations de la chimie se ramènent nécessairement à la mécanique; la musique n'est qu'une opération mathématique, que l'âme accomplit à son insu (2). Leibnitz croyait voir dans son calcul différentiel un moyen d'étudier l'infini dans la nature, et de tout ramener à l'infiniment petit (3). Il se flattait de découvrir dans l'imperceptible les raisons des actions spirituelles et corporelles (4). A cette glorification des mathématiques vient s'ajouter le refus que fait Leibnitz d'admettre, conformément à la théorie cartésienne, que les mathématiques soient une pure

(1) Dut., I, p. 505; VI, 1, p. 243; *Nouv. ess.*, IV, 2, 9, p. 335, sq.; Erdm., p. 110 a. Idem esse mathematice scribere, quod in forma, ut logici vocant, ratiocinari. Guhr., *Ecr. allem.*, II, p. 49.

(2) Dut., II, 1, p. 91; 2, p. 437; V, p. 374; *Nouv. ess.*, II, 8, 15, p. 87, sq.; 17, 6; IV, 6, 7, p. 368.

(3) Dut., V, p. 76; VI, 1, p. 229, sq.

(4) Dut., II, 1, p. 214. C'est dans les perceptions insensibles que se trouve la raison de ce qui se passe en nous; comme la raison de ce qui se passe dans les corps sensibles se trouve dans les mouvements insensibles.

œuvre de l'imagination ; elles reposent au contraire sur des concepts de l'entendement, et leurs théories dévoilent une partie du monde intellectuel, où elles offrent le moyen le plus facile de pénétrer (1). A envisager sous cet aspect le calcul philosophique de Leibnitz, on s'explique sans peine pourquoi il prend pour point de départ plusieurs idées innées à la fois ; car la démonstration mathématique ne se prête pas à la déduction des concepts, dont il fait usage.

Cependant ce côté de son système présente à son tour plus d'une contradiction. Le calcul philosophique de Leibnitz doit avoir une portée plus grande que les mathématiques ordinaires (2). Il ne croit pas seulement que la forme et le contenu des mathématiques comportent de nouveaux perfectionnements, il fait plus, il signale l'existence d'une sphère supérieure de la connaissance, en nous déclarant incapables de former d'autres idées que des idées abstraites et incomplètes, comme les idées mathématiques, et en affirmant que le concret se dérobe à notre intelligence, parce qu'il renferme l'infini (3). Leibnitz songe encore à

(1) *Nouv. ess.*, II, 29, 13, p. 220. Les connaissances des figures non plus que celles des nombres ne dépendent pas de l'imagination. Dut., II, 1, p. 93. Les mathématiques font une partie du monde intellectuel, et sont les plus propres pour y donner entrée.

(2) Il ajoute ensuite : « Mais je crois moi-même que son intérieur est quelque chose de plus. J'ai insinué ailleurs qu'il y a un calcul plus important que ceux de l'arithmétique et de la géométrie, et qui dépend de l'analyse des idées.

(3) Dut., V, p. 143. In omnibus substantiis aliquid est infiniti ; unde fit ut a nobis perfecte intelligi possint solæ notiones incompletæ, quales

cette sphère supérieure, lorsqu'il enseigne que la source de la mécanique se trouve dans la métaphysique, et que toutes les notions mathématiques se rapportent uniquement aux phénomènes, dont la vérité a pour base la faculté d'agir et de pâtir (1). Le corps et le mouvement sont de purs phénomènes, le premier n'est qu'une image de la substance, le second une image de l'action (2). De là le reproche que Leibnitz fait aux explications mathématiques de la nature, de vouloir comme telles exclure tout élément métaphysique, et de rendre compte de tout par ce qui ne relève que de l'imagination (3). Leibnitz n'est pas, on le voit, d'accord avec lui-même sur la question de savoir si les mathématiques ne se rapportent qu'aux phénomènes et à l'imagination, et si elles sont en état de nous introduire dans le domaine de la pure raison.

Un point, entre autres, mérite attention, c'est que la méthode mathématique ne conduit qu'à la connaissance de l'abstrait et du possible. Leibnitz ne peut se contenter d'une connaissance de cette nature. Il distin-

sunt numerorum, figurarum, aliorumque hujusmodi modorum, a rebus animo abstractorum.

(1) Ib. v, p. 9. La source de la mécanique est dans la métaphysique. *Théod.*, 345, sq.; Erdm., p. 445. De corporibus demonstrare possum non tantum lucem, calorem et similes qualitates esse apparentes, sed et motum et figuram et extensionem. Et si quid est reale, id solùm esse vim agendi et patiendi.

(2) *Nouv. ess.*, II, 21, 72, p. 170.

(3) Dut., v, p. 9. Les matérialistes ou ceux qui s'attachent uniquement à la philosophie mécanique ont tort de rejeter les considérations métaphysiques et de vouloir tout expliquer par ce qui dépend de l'imagination.

gue l'être ou pur possible et le réel. Le principe de contradiction n'a trait qu'au premier, le réel est nécessairement connu par d'autres principes (1). Il distingue encore de la même manière le nécessaire et le contingent. Le nécessaire est ce dont l'opposé implique contradiction; le contingent au contraire peut être conçu sans contradiction comme n'existant pas (2). Or toutes les vérités mathématiques reposent uniquement sur le principe de contradiction; les mathématiques ne calculent jamais que de pures possibilités, et il faut appliquer aussi la même observation au calcul philosophique. Pour connaître le réel, l'univers dans sa contingence, notre pensée réclame, avec le principe de contradiction, un autre principe encore. Ce principe, Leibnitz le trouve dans celui de raison suffisante, qu'il formule ainsi : Tout ce qui arrive a une raison déterminante, et peut être à priori expliqué par cette raison (3). Maintenant Leibnitz admet que la métaphysique et la physique, c'est-à-dire les plus importantes parties de la philosophie, ne reposent pas seulement sur le principe de contradiction, mais aussi sur celui de raison suffisante (4). Une autre idée, connexe

(1) Erdm., p. 442 a.
(2) Ib., p. 447.
(3) *Théod.*, 44; *Monadol.*, 31, sq. Nos raisonnements sont fondés sur deux grands principes, celui de contradiction... et celui de raison suffisante, en vertu duquel nous considérons qu'aucun fait ne saurait se trouver vrai ou existant,... sans qu'il y ait une raison suffisante pourquoi il en soit ainsi et non autrement. Grotef., *Corresp.*, p. 35.
(4) Dut., II, 1, p. 115, sq.

à la précédente, c'est que les principes dynamiques de la mécanique, qui supposent des forces capables d'agir et de pâtir, dépassent les mathématiques, et que les forces des choses sont nécessairement connues par leur fin, et dépendent de la raison suffisante impliquée dans la nature du meilleur (1). Il s'ensuit qu'en opposition avec la théorie mécanique de la nature Leibnitz procède à la recherche des causes finales dans la nature, en combinant cette recherche avec la théorie précitée. Mais ce sont les causes finales qui les premières l'introduisent dans le monde intelligible, et nous voyons par là que son calcul philosophique eût-il été réalisé, ce n'est pourtant pas ce calcul qui aurait joué le rôle décisif, qui aurait été le ressort suprême dans sa philosophie.

Ici se trouve indiquée une conception qui soulève des questions de plus d'un genre. Leibnitz pose deux principes pour point de départ de la science, et par là il partage la science humaine en deux domaines, qui sont la connaissance du possible et la connaissance du réel; or ce sont là des vues qu'on ne saurait accepter sans difficulté. Une question inévitable, c'est de savoir ce qui l'a conduit à faire ce partage; nous devons de plus rechercher s'il nous a proposé un

(1) L. l.; *Théod.*, p. 447 a; Dut., v, p. 374. Mechanismi fons est vis primitiva, sed leges motus... profluunt ex perceptione boni et mali, seu ex eo, quod est convenientissimum. Ita fit, ut efficientes causæ pendeant a finalibus, et spiritualia sint natura priora materialibus.

moyen de remettre ces deux domaines en rapport l'un avec l'autre.

Nous sommes amenés à examiner, pour répondre à la première question, sa théorie de la connaissance. Il marche dans cette théorie sur les pas de l'école cartésienne; mais ce que cette ecole avait ébauché, Leibnitz le développe avec beaucoup plus de finesse et de rigueur.

Il est d'abord une pensée qui ne le quitte guère; c'est qu'une connaissance parfaite n'est pas possible pour nous, au moins dans notre état présent (1). Nous avons signalé la portée immense des idées de Leibnitz; il serait tenté de ne nous promettre, s'il les réalisait, rien moins qu'une connaissance de toutes choses et de leurs dernières raisons, de l'âme, de l'univers, de Dieu; la conception théosophique du microcosme ne lui est pas étrangère (2). Leibnitz nous fait donc espérer une extension indéfinie de nos connaissances; nos âmes sont en quelque sorte de petits dieux, qui tendent à la perfection, et qui sont capables d'embrasser tout l'ensemble des choses (3). En attendant, Leibnitz ne laisse pas de circonscrire notre horizon, de nous faire une loi de l'investigation, de rappeler à nos esprits les bornes de notre savoir. Il nous est donc nécessaire de reconnaître que nous sommes loin encore d'avoir connu toute chose dans l'éternelle vérité, et

(1) Dut., v, p. 374.
(2) Ib. IV, 1, p. 196; *Nouv. ess.*, II, 1, 1, p. 66.
(3) Dut., VI, 1, p. 332.

que nous devons la plupart du temps nous contenter de l'expérience. Nous aspirons à des idées claires, distinctes, adéquates ; nous ne les atteignons que dans le plus petit nombre des cas (1). Nous avons présentement à nous tenir en garde contre l'erreur, et nous devons par conséquent rechercher une certitude qui puisse nous élever au-dessus du doute.

On aperçoit de ce point de vue, que la science humaine ne forme pas un ensemble simple, mais qu'il est deux sortes de connaissances à distinguer. Principes rationnels et observations, telles sont les bases de la science (2). Les premiers nous garantissent des vérités éternelles, les secondes nous attestent des faits ou vérités temporelles, dont la connaissance reste toujours imparfaite, parce qu'elle nous provoque à rechercher de plus en plus profondément la raison des faits (3). Nous voyons ici l'adhésion décidée, qui rattache Leibnitz au rationalisme de l'école cartésienne. Les connaissances de la raison ont en elles-mêmes leur fondement et n'en réclament point d'autre ; elles valent comme vérités et parfaites ; la vérité des faits au contraire ne se suffit pas à elle-même ; s'il nous faut y recourir, c'est là un signe de l'imperfection de nos connaissances.

Ces deux sortes de vérités ont chacune leurs raisons dernières, que recherche Leibnitz. La vérité des faits

(1) Dut., II, 1, p. 14 ; 17.
(2) Ib. v, p. 183.
(3) Erdm., p. 99 ; 147.

a sa raison dans la connaissance immédiate que nous avons de notre être et de nos pensées, les vérités éternelles ont la leur dans les propositions identiques. Ces deux espèces de raisons n'exigent point de démonstration, parce qu'elles posent l'une et l'autre une liaison immédiate, quant aux vérités de fait, entre l'entendement et son objet, quant aux vérités éternelles, entre le sujet et le prédicat (1). Ces deux points se trouvaient aussi en principe dans la doctrine cartésienne; mais ils s'y trouvaient d'une part en conflit avec d'autres principes, de l'autre pris dans un sens que Leibnitz ne pouvait approuver. C'est pourquoi il devait nécessairement entrer à leur égard dans plus de développements.

La connaissance immédiate de notre être s'appuie sur le principe cartésien Je pense, donc je suis. Leibnitz l'admet, mais sans lui reconnaître la valeur d'un principe de la science, d'une vérité universelle de la raison ; ce principe n'est évidemment que l'expression d'un fait, et tous les autres faits, que nous trouvons attestés en nous par la conscience, sont égaux à celui-là. Non-seulement ma pensée en général, mais toute pensée particulière, produite dans mon esprit, est cer-

(1) *Nouv. ess.*, IV, 9, 2, p. 400, sq. L'aperception immédiate de notre existence et de nos pensées nous fournit les premières vérités à posteriori ou de fait, c'est-à-dire les premières expériences ; comme les perceptions identiques contiennent les premières vérités à priori, c'est-à-dire les premières lumières. Les unes et les autres sont incapables d'être prouvées et peuvent être appelées immédiates ; celles-là parce qu'il y a immédiation entre l'entendement et son objet, celles-ci parce qu'il y a immédiation entre le sujet et le prédicat.

taine pour moi de la même certitude (1). Leibnitz ramène ainsi le principe de Descartes à sa vraie valeur, tout en lui maintenant toute son importance, parce qu'il dirige notre attention sur les faits immédiats, que nous ne pouvons mettre en doute. Les phénomènes, qui se passent dans notre âme, nous sont connus immédiatement, et sont à l'abri de toute espèce de doute. Notre âme est, avec Dieu, l'unique objet immédiat de nos pensées, où se reflètent Dieu et l'univers. Il est permis de dire en ce sens que l'esprit nous est plus connu que le corps (2).

Il s'ensuit que parmi les faits, dont se compose notre connaissance, l'existence du monde extérieur est bien plus difficile, selon Leibnitz, à établir que l'existence de l'âme. Celle-ci est la seule que nous connaissions immédiatement ; mais la preuve, tirée de la véracité de Dieu, par laquelle Descartes prétendait établir l'existence des corps, est insuffisante. Nos sensations, nos sens ne nous trompent pas ; ils nous promettent la connaissance des phénomènes, et rien de plus, lesquels nous ne trouvons primitivement qu'en nous-mêmes ; ces phénomènes annoncent-ils une réalité hors de nous, sont-ils autre chose qu'un pur rêve, cela veut d'abord être démontré. S'il nous arrivait de tirer des phénomènes, que nous trouvons en nous, une

(1) Ib. IV, 2, 1, p. 331 ; 7. 7, p. 376, sq. C'est une proposition de fait, fondée sur une expérience immédiate, et ce n'est pas une proposition nécessaire.

(2) Dut., V, p. 367 ; 370 ; *Nouv. ess.*, II, 1, 1 ; *Théod.*, 54.

conclusion fausse relativement à l'existence du monde corporel, la faute en serait à nous seuls (1). L'évidence sensible de Locke est également insuffisante, malgré la vraisemblance ou la conviction morale qu'elle peut procurer. Cette conviction, Leibnitz la corrobore par des observations qui lui appartiennent. Non-seulement la vivacité de nos sensations, mais encore l'harmonie, qui existe entre elles au milieu de leur prodigieuse diversité, témoigne qu'elles sont au fond quelque chose de plus qu'un prestige de notre imagination. Une preuve qui paraît suffisante, c'est que nous puissions d'après ces phénomènes passés et présents prévoir les phénomènes futurs. Si la vie tout entière était un rêve conséquent, elle aurait assez de vérité. Cependant toutes ces preuves peuvent bien suffire pour la vie pratique, elles ne suffisent pas pour la certitude métaphysique. Leibnitz déclare donc nécessaire de revenir aux concepts de l'entendement et en dernier ressort à Dieu, pour établir comme fait la réalité du monde extérieur. Nous devons, à cet effet, reconnaître à quel point nous avons, nous et nos sensations, notre fondement dans la vérité éternelle (2). On voit par là qu'en somme Leibnitz ne maintient pas entre la connaissance des faits et celle des vérités éternelles

(1) *Théod.*, p. 497; Dut., II, 1, p. 321; *Nouv. ess.*, IV, 2, 14, p. 339; Erdm., p. 444.

(2) L'explication la plus complète sur ce point se trouve dans Erdm., p. 443, sqq.; explication confirmée dans les *Nouv. ess.*, IV, 2, 14, p. 339. La chose est présentée un peu différemment, *Théod.*, p. 637 et Dut., II, 1, p. 321.

une séparation absolue, et qu'il fait du principe de raison suffisante une application, qui n'exclut pas celle du principe de contradiction.

Leibnitz se livre à une polémique bien plus longue encore, lorsqu'il veut établir contre le sensualisme la vérité des connaissances éternelles, universelles et nécessaires. Locke est le philosophe qu'il rencontre ici pour principal adversaire. Leibnitz reconnaît que le sensualisme a raison de soutenir que nous ne saurions penser sans une excitation sensible, ni avoir d'idée qui ne soit accompagnée d'images. De même que, sans le langage, sans les signes caractéristiques, nous serions incapables de science, ainsi, pour connaître, nous avons besoin de l'appui continuel des représentations sensibles. Les vérités éternelles procèdent, il est vrai, de la découverte de ce qui est en nous; mais ces vérités, nous ne les apercevrions pas en nous, si les objets extérieurs ne nous y rendaient attentifs (1). Leibnitz reconnaît une sage économie de la nature, en ce qu'elle soutient notre raison par des excitations sensibles, et nous manifeste en même temps par leur moyen notre union avec le reste de l'univers (2). Leibnitz

(1) Dut., II, 1, p. 87; V, p. 361. Veritates menti inscriptæ omnes ex hac nostri perceptione fluunt, etsi non adverteremus, nisi externa accederent. *Nouv. ess.*, II, 21, 73, p. 171; Erdm., p. 180 a.

(2) *Nouv. ess.*, I, 1, 5, p. 34. C'est une admirable économie de la nature, que nous ne saurions avoir de pensées abstraites qui n'aient point besoin de quelque chose de sensible, quand ce ne seraient que des caractères, tels que sont les figures des lettres et les sons; quoiqu'il n'y ait aucune connexion nécessaire entre tels caractères arbitraires et telles pensées. Ib. I, 2, 9, p. 50.

accorde aussi que les vérités innées ne sont pas des pensées innées complètes. Dussions-nous les ignorer toujours, les principes de la science n'en résident pas moins en nous; nous devons admettre qu'il y a en nous des connaissances virtuelles, lesquelles n'attendent qu'une occasion pour s'éveiller et devenir des connaissances réelles. Il n'y a point là de contradiction; car Leibnitz repousse ce principe, soutenu par Geulincx et par Locke, qu'on ne peut rien faire sans savoir qu'on le fait (1); il y a plus, la théorie, qui reconnaît à l'imperceptible une grande place dans l'explication de la nature, lui fait découvrir qu'il se passe en nous d'innombrables choses, auxquelles notre coopération n'est pas étrangère, et que pourtant nous ne remarquons pas. L'âme pense toujours, sans avoir toujours une conscience claire de sa pensée, par exemple dans le profond sommeil, dans le vertige, dans l'évanouissement (2). La réflexion, par laquelle nous sommes informés de notre action, irait à l'infini, s'il n'y avait pas quelque chose en nous, sur quoi nous ne réfléchissons pas; la sensation, qui relève de nous cependant, n'implique en elle aucune réflexion (3). Les petites sensations, moins vives et moins saillantes, que nous éprouvons continuellement sans les remarquer, sont aussi importantes pour l'explication des phénomènes de l'âme, que les corpus-

(1) Ib. I, 1, 4, p. 32; 5, p. 35; 26, p. 43; *Théod.*, 398; 403.
(2) Dut., II, 1, p. 214; *Monad.*, 20, sq.
(3) *Nouv. ess.*, II, 1, 19, p. 75; 9, 1, p. 90.

cules, les atomes pour l'explication de la nature (1); elles se manifestent par leurs conséquences; d'elles dérivent des passions, des actions irréfléchies. Si nous nous éveillons de la spontanéité aveugle à la conscience, il faut bien admettre que la première renfermait déjà une sorte de conscience, car la conscience ne peut procéder que de la conscience, comme un mouvement d'un autre mouvement (2). Ainsi Leibnitz revendique le droit de poser en fait quelque chose d'inné en nous, qui n'est pas pourtant nécessairement pensé par nous. Conformément aux principes précédemment énoncés, il soutient donc les idées en nous à titre de simples dispositions, de virtualités, d'inclinations, ou bien comme des traits préformés par la nature, comme une aptitude non développée, au lieu de les regarder comme quelque chose d'achevé et de complet; il va de soi-même, en effet, que la pensée développée, étant une action particulière de notre esprit, se manifeste toujours à la conscience. L'inné en nous ne peut, il est vrai, manquer de produire quelque effet dans nos actions, mais cet effet peut être si petit, qu'on ne le remarque pas (3).

La considération de l'imperceptible est le point,

(1) *Nouv. ess.*, p. 11.
(2) Ib. II, 1, 9, p. 69; 15, p. 72; *Monad.*, 23.
(3) *Nouv. ess.*, p. 7. Les idées et les vérités nous sont innées, comme des inclinations, des dispositions, des habitudes ou des virtualités naturelles et non pas comme des actions, quoique ces virtualités soient toujours accompagnées de quelques actions, souvent insensibles, qui y répondent.

auquel se rattachent les objections capitales, que Leibnitz élève contre le sensualisme. Déjà Malebranche avait fait ressortir la confusion toujours inhérente à toutes nos perceptions sensibles; Leibnitz oppose cette confusion à la théorie des idées simples, introduites en nous par les sens, telle qu'on la trouve dans Locke, et il ne fait que développer avec bien plus d'exactitude la raison nécessaire de cette confusion attachée à nos perceptions. Il distingue, avec Bacon, la sensation de la perception. Par la dernière il entend l'impression sensible particulière, faite en notre âme, impression trop petite pour être distinguée avec clarté; par sensation, il entend la collection d'impressions sensibles, qui doit nécessairement avoir déjà une certaine force pour exciter notre attention, et se manifester à notre conscience. Cette collection d'impressions se forme au moyen des organes des sens, qui centralisent en quelque sorte les impressions particulières (4). Leibnitz montre, par un grand nombre d'exemples, comment les sensations et les représentations, que nous obtenons par leur moyen, présupposent beaucoup de perceptions qui se trouvent réunies et mêlées confusément en elles. Nous obtenons la sen-

(1) *Nouv. ess.*, II, 2, p. 77; 9, 4, p. 90; Dut., II, 1, p. 35; 2, p. 145. Perceptio tam late sumitur, ut etiam possit esse plane confusa, sensatio habet aliquid distincti. *Monad.*, 25. La nature a donné des perceptions relevées aux animaux par les soins qu'elle a pris de leur fournir des organes, qui ramassent plusieurs rayons de lumière ou plusieurs ondulations de l'air pour les faire avoir plus d'efficace dans leur union.

sation de la couleur verte, lorsque nous voyons, sans pouvoir les distinguer, des grains de sable bleus et jaunes mêlés ensemble; la tour carrée que nous voyons dans le lointain, nous paraît ronde, parce que, par suite du mélange des rayons lumineux dans l'œil, les angles restent inaperçus. Mais la doctrine de Leibnitz sur ce point dépend d'une théorie générale. L'être sentant est placé au milieu de l'univers, de telle sorte qu'il ne peut s'empêcher de recevoir de l'univers un nombre infini d'actions ou d'impressions sensibles. Il lui arrive ce qui se passe dans un homme placé en face de la mer agitée ou dans le fracas d'une foule tumultueuse. Son oreille est frappée des bruits sans nombre, que lui apportent les vagues et les voix; mais il ne saisit qu'un murmure confus; il ne peut distinguer les sons les uns des autres. De même toutes les impressions sensibles ne sont perçues par nous que confusément, et chaque représentation sensible que nous recevons n'est qu'un effet de l'infini en nous (1). Il n'est point de créature exempte de représentations confuses de cette espèce, parce que toute créature reçoit en elle l'action de l'infini. Mais si nous voulons sortir de cette confusion, si nous voulons pénétrer jusqu'à la connaissance du simple, il faut que nous dominions toutes nos perceptions sensibles. C'est le seul moyen d'échapper à l'apparence, qui nous ferait prendre ces

(1) Dut., II, 1, p. 18; 77; V, p. 14; *Nouv. ess.*, p. 9; IV, 3, p. 346. Nos perceptions confuses tiennent même de l'infini, et sont des expressions du détail de ce qui arrive dans les corps.

perceptions pour des représentations simples (1). Pour résoudre les perceptions confuses et composées en éléments simples, la première condition est de distinguer les perceptions des sensations, et d'expliquer celles-ci par celles-là. Cette analyse ne suffit pas encore; car toute perception particulière doit être considérée comme l'impression totale du monde extérieur sur nous, et par conséquent comme quelque chose de composé, comme une traduction du multiple dans le simple, du changement extérieur dans le changement interne (2). L'âme, toute simple qu'elle est, est comparable à un point, dans lequel concourent un grand nombre de lignes, qui forment entre elles autant d'angles (3). Ainsi donc nulle analyse des représentations sensibles dans les perceptions, d'où elles sont dérivées, ne résout le problème de la connaissance du simple.

Mais il est bien d'autres problèmes scientifiques que nous ne pourrions résoudre, si nos facultés de connaître étaient réduites à la sensibilité. Ce n'est pas dans les sens et l'expérience, c'est bien plutôt dans notre propre nature que nous puisons nécessairement la puissance de prévoir (4). Toutes les vérités universelles et nécessaires ont même source et même but. Toute perception sensible ne nous informe que du par-

(1) Dut., v, p. 149; *Théod.*, 64; *Nouv. ess.*, II, 2, p. 77.

(2) Dut., II, 1, p. 232. Perceptio nihil aliud est, quam repræsentatio variationis externæ in interna. Ib., p. 271. Perceptio nihil aliud, quam multorum in uno expressio. *Monad.*, 14.

(3) Raspe, p. 503.

(4) *Nouv. ess.*, p. 4.

ticulier et du contingent ; quelque nombre de cas particuliers que nous puissions réunir par induction, il n'en résulte jamais une connaissance parfaitement universelle et nécessaire. Car ce qui s'est rencontré dans tous les cas observés jusqu'ici se rencontrera-t-il dans tous les cas non observés encore? Nous l'ignorons. Toutes les fois qu'un élément empirique se mêle à nos connaissances, un résultat universel est impossible, parce que dans tout raisonnement la conclusion suit la partie la plus faible des prémisses (1). Donc, si nous connaissons des vérités universelles et nécessaires, c'est-à-dire éternelles, il faut bien admettre en nous la faculté de former des pensées, qui n'ont pas leur fondement dans la sensibilité, bien que des impressions sensibles nous fournissent l'occasion de les former. Nous avons besoin de nous appuyer sur l'expérience, mais c'est indépendamment d'elle que se forment en nous les idées des lois éternelles, qui sont la base du phénomène. Un aveugle même serait en état de connaître les lois de l'optique (2).

Cette polémique contre le sensualisme est la base sur laquelle Leibnitz élève sa doctrine rationaliste. La raison nous révèle les vérités éternelles; elle se manifeste dans l'action comme volonté, dans la pensée

(1) *Nouv. ess.*, p. 5. Les sens ne donnent jamais que des exemples, c'est-à-dire des vérités particulières ou individuelles. Ib. IV, 11, 13, p. 413, sq. ; Dut., V, p. 508; 369. Veritates necessariæ a sensibus non docentur.

(2) *Nouv. ess.*, II, 9, 8, p. 93.

comme entendement. Il trouve, en s'appuyant sur l'expression latine et sur l'expression française, que la raison (*ratio*) a pour objet la connaissance des raisons des choses. Les faits, dont l'expérience nous informe, doivent être ramenés à leur raison suffisante, pour être compris dans la vérité universelle (1). La fin de cette opération est le plus haut degré de la connaissance. L'intelligence des vérités éternelles et nécessaires nous élève à la connaissance de Dieu. Elle se rattache en même temps à la connaissance de nous-mêmes, parce que nous découvrons dans notre propre essence les vérités innées. C'est en quoi consiste notre prérogative sur les animaux, en un mot ce que nous nommons raison ou esprit (2). En rendant ainsi compte de la raison, Leibnitz invoque la réflexion ; mais il s'exprime avec peu d'exactitude, en laissant croire parfois qu'il songe à réduire la raison, qui constitue la supériorité de l'homme, à la faculté de réfléchir (3). En effet la réflexion, dans le sens du mot le plus étendu, est une chose qu'il ne refuse pas même aux animaux privés de raison; elle consiste dans la faculté d'être informés de ce qui se passe en

(1) *Théod.*, p. 280 a; *Nouv. ess.*, IV, 17, 1, p. 445. La cause dans les choses répond à la raison dans les vérités. C'est pourquoi la cause même est souvent appelée raison, et particulièrement la cause finale.

(2) *Monad.*, 29. La connaissance des vérités éternelles et nécessaires est ce qui nous distingue des simples animaux et nous fait avoir la raison et les sciences, en nous élevant à la connaissance de nous-mêmes et de Dieu. Et c'est ce qu'on appelle en nous âme raisonnable ou esprit. Dut., II, 1, p. 34.

(3) Dut., II, 1, p. 34; 276; *Nouv. ess.*, II, 9, 14, p. 95.

nous, et par conséquent se trouve déjà dans la sensation (1). Lors donc qu'il considère la réflexion comme le caractère de la raison, il n'entend point par là l'attention donnée aux phénomènes intérieurs, mais la méditation appliquée à l'essence ou à la substance de l'être pensant (2). De cette dernière faculté dépend l'abstraction, dont les êtres non pensants ne sont pas capables; ils possèdent bien en effet quelque chose d'analogue à la raison, en ce qu'ils peuvent tirer des conséquences empiriques, mais ils ne peuvent pas former néanmoins des connaissances générales et scientifiques, et tous leurs raisonnements reposent uniquement sur le souvenir (3). L'opposition, qu'il aperçoit entre l'homme raisonnable et les animaux dépourvus de raison, amène Leibnitz à faire ressortir, tout autrement que les rationalistes anglais, la différence de l'instinct et de l'intelligence. L'instinct guide exclusivement par des représentations obscures, sans aucune connaissance du pourquoi ; l'intelligence repose au contraire sur des notions distinctes, et fait connaître la raison des choses; l'instinct ne compte que parmi les auxiliaires, dont la nature pourvoit la raison, et il ne peut par conséquent être confondu

(1) *Nouv. ess.*, p. 7. La réflexion n'est autre chose qu'une attention à ce qui est en nous. Dut., II, 1, p. 33.

(2) Dut., II, 1, p. 34. Ces âmes raisonnables sont capables de faire des actes réflexifs, et de considérer ce qu'on appelle moi, substance, monade, âme, esprit. Grotef. *Corresp.*, p. 189.

(3) *Nouv. ess.*, II, 11, 10, p. 99, sq.; *Monad.*, 26, sq.; Dut., II, 1, p. 230.

avec l'intelligence (1). Nous ne pouvons toutefois nous empêcher d'observer, à d'autres égards, que la doctrine de Leibnitz ne parvient pas sans peine à maintenir entre la volonté raisonnable et les impulsions naturelles une ligne de démarcation invariable, et nous remarquons aussi que la manière dont il décrit comment les idées innées se développent en nous, n'exclut pas quelque chose d'instinctif dans leur développement. Dans le fait, notre volonté n'y a aucune part; nos idées se forment par un effet de notre nature et de la nature des choses, par un instinct que Dieu a déposé en nous; ce qui préexiste en nous comme un ouvrage de la nature, s'achève aussi naturellement; nous sommes de purs automates spirituels (2).

Au fond, c'est uniquement la nature de notre âme, que Leibnitz oppose aux doctrines du sensualisme. Il s'efforce d'établir surtout qu'il y a deux parts à faire dans nos idées, d'un côté ce que nous recevons des impressions extérieures, de l'autre ce que nous tirons de notre nature intime; la première relève de la sensibilité, la seconde relève de l'entendement. Nous dépendons, par nos représentations confuses, des choses extérieures, et celles-ci dépendent de nous par nos idées distinctes (3). Leibnitz attache, ainsi que Van

(1) *Nouv. ess.*, I, 1, 21, p. 41; 2, 1, p. 45; 3, p. 47; 4, p. 48; 9, p. 49, sqq.

(2) *Théod.*, 403. Nous ne formons pas nos idées parce que nous le voulons; elles se forment en nous, elles se forment par nous, non pas en conséquence de notre volonté, mais suivant notre nature et celle des choses par un certain instinct... L'âme est un automate spirituel.

(3) Ib., 66.

Helmont le jeune, une grande importance à l'union de la réceptivité et de la spontanéité en tout objet naturel (1). Selon lui, la merveilleuse spontanéité, dont nous sommes doués comme tout le reste, nous affranchit jusqu'à un certain point des influences naturelles des choses extérieures (2). C'est elle qu'il faut invoquer, pour montrer que toute connaissance ne s'introduit pas en nous du dehors par les sens, et que notre entendement porte et peut connaître en lui, sans aucune suggestion étrangère, quelque chose d'inné. Nous sommes innés à nous-mêmes (3). Il n'existe pas dans la nature de table rase; quiconque soutient que l'âme est une table rase, nie la liberté et la spontanéité de l'âme (4). A l'axiome des sensualistes : « Il n'y a rien dans l'entendement qui n'ait été auparavant dans les sens, » Leibnitz ajoute : « hormis l'entendement lui-même (5). » Il entend simplement par là que nous sommes innés à nous-mêmes ; car il regarde l'entendement comme notre véritable essence, comme la libre activité de notre esprit, la seule chose que nous puissions réellement nous attribuer. Si toutes nos connaissances nous arrivaient par les sens,

(1) *Nouv. ess.*, II, 21, 1, p. 128.

(2) *Théod.*, 50.

(3) *Nouv. ess.*, p. 7. Les sens ne nous donnent point ce que nous portons déjà avec nous. Cela étant, peut-on nier qu'il y a beaucoup d'inné dans notre esprit, puisque nous sommes innés à nous-mêmes?

(4) Ib., p. 7, sq.; *Théod.*, 296.

(5) *Nouv. ess.*, II, 1, 2, p. 67 ; Dut., V, p. 358, sq. Nihil est in intellectu, quod non fuerit in sensu, nisi ipse intellectus.

elles nous seraient étrangères, elles ne seraient que des effets, des phénomènes d'autres choses en nous; s'il est au contraire permis d'attribuer à l'âme ses pensées et ses actions, il faut nécessairement qu'elles procèdent de son propre fonds, et elles ne peuvent lui être données par les sens (1). Leibnitz compare notre âme à un bloc de marbre, où préexistent déjà, marquées par des lignes, toutes les formes que la main et le travail de l'artiste lui donneront plus tard. Telles sont aussi toutes les choses de la nature en général. Ce qu'elles sont appelées à devenir, réside de toute nécessité dans leur constitution naturelle et originaire. Tel est le sens de l'axiome de Leibnitz : « Il n'y a point de table rase dans la nature (2). » La vieille doctrine des formes préexistantes dans la matière, qu'on trouve dans Averroës, reparaît ici sous un nouvel aspect.

Notre entendement est inné, nous sommes innés à nous-mêmes; par conséquent toute la diversité d'idées, qui résident en nous, nous est également innée; nous les tirons toutes de notre propre fonds. L'entendement est le lieu des idées, c'est là qu'il faut les chercher attentivement. Leibnitz nous fait une énumération d'idées de ce genre, non pas ordonnées systématiquement, mais simplement à titre d'exemples. L'âme renferme l'être, la substance, l'identité, la

(1) *Nouv. ess.*, I, 1, 1, p. 50. Toutes les pensées et actions de notre âme viennent de son propre fonds, sans pouvoir lui être données par les sens.

(2) Ib., p. 7.

cause, la perception, le raisonnement, le bien, le vrai, l'action, la passion, la durée, et beaucoup d'autres choses; nous y pouvons trouver tout cela (1). Leibnitz ne prétend pas certes favoriser cette disposition indolente, qui se dispense de toute recherche en invoquant des idées innées; au contraire, il veut que nous recherchions les sources, l'enchaînement et la certitude des principes (2); mais que cette recherche se borne à l'âme et à ce qui y est contenu, et que l'âme découvre dans son fonds même un grand nombre d'idées, ce sont là deux postulats de son rationalisme.

On aperçoit clairement ici l'influence de la doctrine cartésienne, selon laquelle l'âme nous est plus intime et plus connue que le corps. Seulement, au lieu de passer brusquement de la distinction de l'âme et du corps à l'examen de celui-ci, Leibnitz s'arrête longuement à l'étude de l'âme, son point de départ. Originairement l'âme ne sait qu'une chose, c'est sa propre existence; toutes ses recherches sont un pur développement interne de son activité. Leibnitz enseigne, d'accord avec les théosophes, que les choses n'acquièrent aucun développement, dont le germe ne réside en elles-mêmes; elles contiennent, préformé en elles-mêmes, leur avenir tout entier (3). Leibnitz insiste à plusieurs reprises sur le principe fécond, que le pré-

(1) Ib. II, 1, 2, p. 67; Dut., V, p. 358; VI, 1, p. 274.
(2) *Nouv. ess.*, I, 1, 1, p. 30.
(3) *Théod.*, p. 475.

sent est gros de l'avenir, et qu'il porte aussi en lui toutes les suites du passé (1). Ce qui se développe dans l'âme ne sort point d'elle, et contient en germe des développements ultérieurs, car la faculté de se développer, sans développement effectif, serait dans l'âme une pure abstraction (2); par conséquent, il se trouve toujours joint au sentiment du présent un souvenir du passé et un pressentiment de l'avenir (3). Les perceptions sensibles elles-mêmes doivent être considérées comme des développements de l'âme. L'âme n'a pas de fenêtres, par où des représentations puissent s'introduire en elle; elle ne ressemble pas à des tablettes ou à de la cire; la concevoir ainsi, c'est s'en faire des idées grossières et matérielles (4). La naissance des représentations ne s'explique pas par des lois mécaniques (5). L'occasionalisme a raison d'admettre que l'âme n'a jamais, dans tous ses modes d'opérations, affaire qu'avec elle-même, que tous ses développements se bornent à elle-même, et qu'elle n'entre jamais en contact avec aucun corps, ni aucun autre objet extérieur. L'âme n'est liée immédiatement qu'à Dieu (6).

Mais aussi l'âme trouve en elle-même tous les

(1) *Nouv. ess.*, p. 10. Le présent est plein de l'avenir et chargé du passé.

(2) Ib. II, 1, 2, p. 66, sq.

(3) Dut., II, 1, p. 229; VI, p. 332; *Nouv. ess.*, II, 27, 14, p. 198.

(4) *Nouv. ess.*, II, 1, 2; Dut., II, 1, p. 219.

(5) *Monad.*, 17.

(6) Raspe, p. 503.

moyens d'une connaissance parfaite des choses, dans la mesure du moins où une telle connaissance est possible à la créature. Ici réside la différence essentielle qui distingue la théorie de Leibnitz de l'occasionalisme (1). Nous n'avons pas besoin de voir en Dieu ce que nous pouvons voir en nous-mêmes. Ceci n'empêche pas que Dieu ne soit celui qui nous fait tout connaître; car toutes nos idées sont après tout de simples développements de l'être que Dieu nous a donné, et qui ne nous est conservé, qui ne se développe que par son perpétuel concours. Mais l'âme n'a pas besoin pour arriver à la connaissance de la vérité d'une opération spéciale de Dieu, elle peut voir en elle-même et en vertu de son activité propre tout ce qu'elle voit. C'est nous qui nécessairement pensons nous-mêmes nos pensées (2). Ici les doctrines théologiques, rappelées dans une occasion semblable par Shaftesbury, sont la base sur laquelle Leibnitz s'appuie, lorsque, partant de la connaissance du moi, il cherche à montrer que nous devons juger de toutes choses par analogie avec notre âme. Leibnitz déclare,

(1) Le jugement que Leibnitz porte sur l'occasionalisme n'est pas toujours équitable, par exemple *Théod.*, 61. Il avoue cependant que l'occasionalisme de Malebranche se rapproche beaucoup de sa propre doctrine et pourrait être interprété dans le même sens. La principale différence est signalée Dut., II, p. 53, sq.

(2) Raspe, p. 504. La vérité est que nous voyons tout en nous et dans nos âmes... C'est par la connaissance que nous avons de l'âme, que nous connaissons l'être, la substance, Dieu même. Dut., II, 1, p. 18; 213; 217; VI, 1, p. 211. Grotef. *Corresp.*, p. 183. Aussi est-ce une chose inconcevable que je pense par les idées d'autrui.

comme le principe capital de sa philosophie, que le fondement des choses est partout le même, que nous devons juger de toute chose d'après ce qui nous est connu, par conséquent d'après l'âme (1). Notre moi est en fait l'unique substance, que nous connaissions par une conscience immédiate. L'unité réelle, que nous trouvons en lui, nous devons la transporter à toute substance (2). On peut concevoir la substance spirituelle à un nombre infini de degrés divers, qui peuvent être supérieurs au moi, mais aussi lui être inférieurs (3); mais on ne saurait concevoir de substance, qui ne fût pas analogue avec la substance de notre moi, la seule qui nous soit immédiatement connue. Nous devons concevoir Dieu même par analogie avec nous, quoique sa perfection surpasse infiniment la nôtre (4). Il faut en effet que toutes les idées de notre intelligence procèdent de notre réflexion sur nous-mêmes; nous ne saurions rien de l'être, si nous-mêmes nous n'étions pas, et si nous ne trouvions en nous l'être (5). Et qu'on ne craigne pas que réduire

(1) *Nouv. ess.*, IV, 16, 12, p. 441; 17, 9, p. 458, sq. Le fonds est partout le même, ce qui est une maxime fondamentale chez moi et qui règne dans toute ma philosophie. Et je ne conçois les choses inconnues ou confusément connues que de la manière de celles qui sont distinctement connues. Dut., II, 1, p. 228. Omnia in natura sunt analogica. Ib., p. 271.

(2) Dut., II, 1, p. 53; 68.

(3) Ib. IV, 1, p. 195; *Nouv. ess.*, IV, 17, 9, p. 459.

(4) Dut., I, p. 27; *Théod.*, p. 469 a; *Monad.*, 30; Erdm., p. 147 a.

(5) *Nouv. ess.*, 1, 23. Les idées intellectuelles et de réflexion sont tirées de notre esprit. Et je voudrais bien savoir comment nous pour-

ainsi nos pensées à ce qui se trouve dans notre âme, ce soit poser des bornes trop étroites à notre intelligence ; la doctrine théosophique y a pourvu, en découvrant dans l'âme, non-seulement l'univers en raccourci, mais encore l'image de Dieu ; nos représentations confuses reproduisent en nous l'univers sensible, nos idées déterminées y reproduisent les pensées de Dieu (1).

Cette méthode, qui ramène toutes nos connaissances à celle du moi, procure avant tout à Leibnitz l'idée d'une unité distincte de la substance individuelle, unité qu'il oppose à l'universelle. Il combat au moyen de cette idée la théorie de l'âme unique et universelle, telle que la soutenaient les Averroïstes. Cette théorie est démentie par l'expérience que j'ai de mes pensées, de mes sensations, de mes volontés, et de la différence qu'elles établissent entre moi et les autres choses, lesquelles ne pensent, ne sentent, ne veulent pas la même chose que moi, et peut-être pensent, sentent et veulent tout le contraire (2). Nous devons admettre qu'il en est de toute substance comme

rions avoir l'idée de l'être, si nous n'étions des êtres nous-mêmes et ne trouvions ainsi l'être en nous.

(1) *Nouv. ess.*, II, 1, 1, p. 66. L'âme est un petit monde où les idées distinctes sont une représentation de Dieu, et où les confuses sont une représentation de l'univers.

(2) Erdm., p. 278 b ; 182 a. Si quelqu'un veut soutenir qu'il n'y a point d'âmes particulières du tout, il sera réfuté par notre expérience, qui nous enseigne, ce me semble, que nous sommes quelque chose en notre particulier, qui pense, qui s'aperçoit, qui veut, et que nous sommes distingués d'un autre qui pense et qui veut autre chose. *Théod.*, p. 482 a.

de nous-mêmes ; il faut les concevoir chacune comme une unité particulière, douée d'énergies qui lui sont propres ; toute chose est à elle-même son moi (1). Il s'ensuit que Leibnitz combat aussi la doctrine de l'âme du monde, laquelle lui paraît admettre seulement l'unité des substances pensantes, mais non l'être et la vie séparée des individus ; il croit trouver le même sens à la doctrine de la substance unique, telle que Spinosa l'expose (2). Gardons-nous d'imaginer Dieu comme un amas d'âmes, ou comme un océan de gouttes ; car c'est se faire de Dieu, à qui nous ne saurions attribuer de parties, une idée sensible et matérielle. Notre esprit n'est ni une partie ni une émanation de Dieu ; il en est une image, une image active, ou, si l'on veut, un miroir vivant ; car il tire ses développements de son propre fonds (3). De cette manière Leibnitz écarte un grand nombre de représentations confuses, dont l'ancienne philosophie était infatuée. Sur la base du principe Je pense, donc je suis, Geulincx et Malebranche avaient déjà opposé des idées pareilles aux tendances panthéistiques de leur époque ; Leibnitz n'a fait que déduire ces idées avec plus de conséquence.

L'analogie des choses avec notre moi conduit encore à un autre point essentiel. Nous ne devons pas

(1) Dut., II, 1, p. 52 ; IV, 1, p. 181. Chacun étant son moi ou son individu.

(2) Dut., II, 2, p. 49 ; IV, 1, p. 181 ; Erdm., p. 182 a ; *Théod.*, 195.

(3) Erdm., p. 181 b ; Dut., II, 1, p. 82 ; 225. Mens non pars est, sed simulacrum divinitatis, repræsentativum universi, civis divinæ monarchiæ. Ib. IV, 1, p. 176.

concevoir l'âme seulement comme une unité, mais aussi comme une force, qui se manifeste par des énergies multiples. Leibnitz invoque encore à cet égard notre expérience intime. Nous éprouvons en toute perception une multitude d'impressions (1), que nous ne devons pas considérer comme des parties, mais comme des relations et des affections du simple (2). L'âme change, et elle est active dans ce changement, en tant qu'elle tire ses pensées de son propre fonds. Nous avons déjà vu à quel point Leibniz insiste sur la spontanéité de notre âme dans l'acte de la connaissance. L'âme se pose comme substance par ce fait même qu'elle a ses énergies propres; car, dans la saine doctrine philosophique, la substance est le sujet de ses opérations (3). L'âme manifeste, dans l'action et dans la passion, la force qu'elle a de se développer; elle est continuellement active, et cette activité sans repos doit être attribuée à toutes les substances, car nous ne pouvons nous expliquer le changement continuel des choses que par une force continuellement active (4). La passivité ne peut subsister

(1) *Monad.*, 16. Nous expérimentons en nous-mêmes une multitude dans la substance simple, lorsque nous trouvons que la moindre pensée dont nous nous apercevons enveloppe une variété dans l'objet.

(2) Ib., p. 13.

(3) Grotef. *Corresp.*, p. 48, sq.; 160, sq.; 165. La notion du prédicat est comprise en quelque façon dans celle du sujet : prædicatum inest subjecto.... Il faut qu'il y ait quelque fondement de la connexion des termes d'une proposition qui se doit trouver dans leurs notions.

(4) Dut., II, 1, p. 231; 2, p. 53. Ipsam rerum substantiam in agendi patiendique vi consistere... Actiones esse suppositorum, idque

toute seule et par elle-même, il faut qu'elle soit accompagnée d'une activité propre; de même l'activité des choses de l'univers ne peut exister sans passivité, autrement elles se développeraient sans obstacle (1). En raison de ces vues, Leibnitz se déclare nécessairement contre la notion cartésienne de la substance; car, selon lui, Dieu seul serait une substance d'après cette notion (2). Tout ce qu'on doit entendre par substance, c'est ce qui est sujet de ses opérations, ce qui a la force de les produire; mais il faut distinguer la force de la pure puissance; celle-ci pourrait être conçue dans une complète inactivité, tandis que toute force implique un effort pour développer les énergies renfermées en elle, effort qui ne peut être empêché que par des obstacles à surmonter (3). Nul changement ne se peut expliquer que par une force de ce genre. Le changement ne peut dériver de la pure passivité de la matière, laquelle se manifeste toujours dans la

adeo verum esse deprehendo, ut etiam sit reciprocum, ita ut non tantum omne, quod agit, sit substantia singularis, sed etiam ut omnis singularis substantia agat sine intermissione.

(1) Ib. II, 1, p. 260. Id quod passivum est, nunquam solum reperiri. ...Adempta rebus vi agendi non posse eas a divina substantia distingui incidique in spinozismum. Vicissim nullam dari creaturam mere activam.

(2) Il trouve encore en lui bien d'autres défauts. Ib., p. 205, sq.

(3) Ib. II, 1, p. 19, sq. Notionem virium seu virtutis (quam Germani vocant *kraft*, Galli *la force*) plurimum lucis offerre ad veram notionem substantiæ intelligendam... Sed vis activa actum quemdam sive ἐντελέχειαν continet, atque inter facultatem agendi actionemque ipsam media est et conatum involvit, atque ita per se ipsam in operationem fertur, nec auxiliis indiget, sed sola sublatione impedimenti. Ib., p. 52.

résistance au mouvement et au changement. Si l'on veut chercher dans le corps un principe du changement, on ne peut dans ce cas réduire la notion de corps à la matière première ; il faut voir en lui la matière seconde, qui enveloppe déjà une force innée ou déposée en elle, et qui, loin d'être une puissance passive et nue, implique déjà une tendance à l'action, un effort pour agir (1). Aussi a-t-il bien fallu reconnaître que le mouvement ne s'explique pas par le corps seul ; les atomistes ne peuvent pas plus faire sortir de leurs principes le mouvement que la pensée (2). Au contraire, nous trouvons dans notre âme les raisons du changement et de la vie. Outre ses perceptions, elle renferme encore un effort pour passer d'une perception à une autre ; cet effort est ce que nous appelons son désir et sa volonté. Cet effort ne reste jamais sans résultat, quoique limité par les obstacles dont elle est entourée. Toutes les substances de l'univers doivent être conçues par analogies avec celle-là. Elles ont toutes, sans exception, leurs perceptions ou conscience, leur pensée dans le sens le plus large du mot, qui éprouve des changements ; ce changement implique une suite ininterrompue, et l'identité des individus consiste en ce que nul changement

(1) Ib. III, p. 315. In rebus corporeis esse aliquid præter extensionem, imo extensione prius, nempe ipsam vim ab auctore naturæ ubique insitam, quæ non in simplici facultate consistit, sed præterea conatu sive nisu instruitur, effectum plenum habituro, nisi contrario conatu impediatur. Ib., p. 517 ; IV, 1, p. 180 ; V, p. 575.

(2) Ib. II, 1, p. 84 ; 208.

être considérées comme des parties, mais comme des conditions du corps (1). A l'exemple des théosophes, Leibnitz compare les monades à des points (2), sous cette réserve toutefois qu'il n'use de cette comparaison que pour résoudre la difficulté de comprendre, comment une unité peut en définitive être posée comme pluralité. Il en est des monades comme des points, lesquels ne laissent pas, malgré leur indivisibilité, d'admettre une infinité de rapports, et de former le sommet d'un nombre infini d'angles (3). Ces rapports produisent un effet réel, comme cela résulte avant tout de la nature spirituelle des monades, nature qui constitue leur qualité, et leur assure un être positif dans les perceptions internes et dans les tendances qui constituent leur vie (4). Il s'ensuit que les rapports que la monade soutient, sont représentés en elle intérieurement, au lieu d'être des rapports purement extérieurs, n'existant que dans l'entendement. Du reste il s'en faut bien que la monade n'ait pas aussi des rapports extérieurs; car Leibnitz attribue aux monades une situation, un lieu dans l'espace, et il combat cette proposition, que l'esprit n'est nulle part (5). Toutefois la seule existence de la monade, qui appar-

(1) Dut., v, p. 377.
(2) Ib. II, 1. p. 53; 55; Cf. III, p. 500.
(3) Ib. II, p. 32. Cf. sur le même point, Dut., v, p. 11.
(4) *Monad.*, 8-15.
(5) Dut., II, 1, p. 280. Substantia nempe simplex, etsi non habeat in se extensionem, habet tamen positionem, quæ est fundamentum extensionis. Ib. v, p. 370.

tienne à son essence propre, est son existence interne, en vertu de laquelle elle est, sous un point de vue particulier, une représentation de l'univers. En effet toutes choses agissent et réagissent l'une sur l'autre, par conséquent chaque chose à part exprime l'infini, quoique d'une manière enveloppée et confuse (1). Les substances des choses sont des centres, qui ont une circonférence infinie, des concentrations de l'univers, l'expression la plus exacte du plus grand dans le plus petit; chaque monade contient un monde qui lui est propre, et une intelligence sans limites lirait en elle tout le reste (2).

Cette doctrine repose tout entière sur la comparaison des monades avec les âmes, seules substances que nous connaissions (3). Et parmi les âmes, la nôtre est la seule qui nous soit immédiatement connue; ainsi donc, nous devons juger de toutes les substances par analogie avec notre âme. Or Leibnitz trouve dans les degrés différents de la vie un moyen d'admettre une va-

(1) Ib. II, 1, p. 55. On les pourrait appeler points métaphysiques; ils ont quelque chose de vital et une espèce de perception, et les points mathématiques sont leurs points de vue pour exprimer l'univers... Ainsi les points physiques ne sont indivisibles qu'en apparence, les points mathématiques sont exacts, mais ce ne sont que des modalités; il n'y a que les points métaphysiques ou de substance qui soient exacts et réels. Ib. III, p. 500; *Nouv. ess.*, p. 10.

(2) *Monad.*, 57; Dut., II, 1, p. 75; 70; 82, sq.; 86. Ce sont des mondes en raccourci, à leur mode, des simplicités fécondes, des unités de substance, mais virtuellement infinies, par la multitude de leurs modifications, des centres qui expriment une circonférence infinie. Ib. III, p. 500.

(3) Dut., III, p. 500. Les monades, dont celles qui nous sont connues sont appelées âmes.

riété infinie parmi les substances vivantes, et d'expliquer par elle les diversités que présente la nature. Le degré le plus infime des monades est ce qu'il nomme monades nues. Leur état peut être comparé soit à celui d'évanouissement, soit à celui du germe, où la substance n'est pas encore parvenue à un développement organique. Car il faut d'abord qu'une monade soit pourvue et en quelque sorte armée d'organes des sens, pour qu'il se produise en elle des sensations saillantes et notables ; les monades nues n'ont, au contraire, que le moindre degré de la vie, des perceptions et des aspirations, mais non des sensations et des désirs, accompagnés de conscience ; cette vie infime et obscure appartient nécessairement à toute force vivante, même aux plantes (1). Les animaux possèdent un degré supérieur de vie ; outre la perception et l'aspiration, ils ont encore en partage la sensation et le désir, accompagnés de conscience, à quoi se joignent des raisonnements empiriques. L'homme occupe un rang bien plus élevé dans l'échelle des êtres ; nous aurons à revenir plus tard sur ce qui constitue ses prérogatives, la raison et la volonté. Leibnitz adopte l'opinion suivant laquelle nul degré ne peut manquer dans l'échelle des choses pour que le monde soit complet (2).

En s'attachant à cette différence de degrés dans

(1) *Monad.*, 14, sq.; 21, sqq.; *Nouv. ess.*, II, 9, 11, p. 95.
(2) *Nouv. ess.*, III, 6, 12, p. 266, sq.

l'existence et dans le développement des choses, Leibnitz ne prétend pas exclure leur diversité spécifique. De même que Nicolas de Cusa, il pose, à côté du principe que tout est dans tout, un autre principe, à savoir que tout est dans tout d'une manière différente. C'est là son principe de l'indiscernable. Deux individus sont nécessairement distingués l'un de l'autre par une différence plus que numérique, attendu que leurs situations, leurs points de vue de l'univers sont différents (1). Il est impossible de trouver nulle part deux individus identiques; quelque semblables qu'ils paraissent être l'un à l'autre, à les regarder d'un peu près, on découvrira en eux des différences. S'ils étaient identiques, l'un pourrait être mis à la place de l'autre, et ils seraient indiscernables. S'ils ont des situations différentes, des rapports différents dans l'espace cela suppose une raison, pour laquelle ils sont posés comme différents. Le principe de l'indiscernable repose en conséquence sur celui de raison suffisante (2). De là une objection insurmontable contre la doctrine cartésienne, qui fait consister la nature des corps dans l'étendue seule; car l'étendue ne rend aucune raison

(1) *Nouv. ess.*, p. 12, sq. Deux choses d'une même espèce ont toujours chacune son rapport originaire aux points de vue, qu'elles auront dans l'univers. Leur différence est toujours plus que numérique.

(2) Dut., II, 1, p. 128; 146; VI, 1, p. 235. Il faut nécessairement qu'il y ait une raison pourquoi l'âme A est dans le corps B et l'âme E dans le corps F, par la règle générale que rien n'arrive sans quelque raison. Mais s'il n'y avait point de différence entre A et E, ces âmes seraient indifférentes à l'égard des corps B et F, et par conséquent elles auraient été placées sans raison.

de la diversité des choses; de là, même objection contre la théorie atomistique, attendu que rien dans les suppositions de cette théorie n'empêche d'admettre qu'il y ait des atomes identiques. C'est aussi là ce qui fait le fond de sa polémique contre la table rase (1). Sous ce rapport, la doctrine de Leibnitz tend à expliquer les phénomènes par les forces internes et spécifiques des choses. En toute chose, tout est posé et ordonné d'une manière déterminée; car l'être intérieur des choses, avant même de se développer, n'est pas un chaos (2). Les substances des choses sont différentes l'une de l'autre; de même leurs actions, qui sont marquées d'un caractère individuel. La passivité, par laquelle les choses opposent une résistance, leur est, il est vrai, commune à toutes; mais toute substance a aussi une force propre et des énergies spécifiquement différentes (3). Ici Leibnitz est pleinement d'accord avec les théosophes.

La théorie des monades est diamétralement contraire à celle de Descartes, selon laquelle il y a des substances corporelles. Tout corps est divisible, il n'est pas une unité, une monade, mais un pur agrégat, tel qu'un troupeau ou un tas de sable, que nous ne

(1) Dut., v, p. 563. Quia non dantur in natura duo individua perfecte similia inter se, hinc principium individuationis idem est, quod absolutæ specificationis, quæ res ita sit determinata, ut ab aliis omnibus distingui possit. Ib. vi, 1, p. 175; *Nouv. ess.*, ii, 1, 2, p. 66; 27, 3, p. 189, sq.

(2) *Théod.*, p. 475, sq.

(3) Dut., i, p. 733; ii, 1, p. 145.

prenons pour une unité, que parce que notre perception sensible est incapable d'en distinguer les parties. Nous ne considérons un agrégat de cette espèce comme une unité, que par suite de la représentation confuse de notre imagination; en réalité nous ne pouvons regarder le corps que comme un phénomène (1). A cette négation de la substance corporelle se rattache le débat, que Leibnitz élève comme l'explication mécanique de la nature. On peut distinguer une matière première et une matière seconde. La matière première n'est pas définie complétement par l'étendue; plusieurs philosophes ont déjà montré, qu'il faut lui attribuer aussi l'impénétrabilité, la résistance au choc. Mais c'est là quelque chose de purement passif dans la matière; cela manifeste uniquement une imperfection naturelle, l'inertie naturelle, l'assoupissement de la force dans les états, où elle est enchaînée au degré le plus bas de l'existence. On peut voir ici le principe de tout mal. Le mouvement ne peut être dérivé de cette matière, pas plus que la pensée (2). Mais aussi cette matière première n'est qu'une chose incomplète, une

(1) Dut., II, 1, p. 32; 206, sq. Le corps n'a point de véritable unité, ce n'est qu'un agrégé, que l'école appelle *per accidens*, un assemblage comme un troupeau; son unité vient de notre perception. C'est un être de raison, ou plutôt d'imagination. Ib., p. 215; IV, 1, p. 185.

(2) Ib. II, 1, p. 208. Non-seulement l'étendue, mais encore l'antitypie attribuée aux corps, est une chose purement passive, et par conséquent l'origine de l'action ne saurait être une modification de la nature, dont le mouvement aussi bien que la pensée doit venir de quelque chose. *Théod.*, 30; p. 658. Mala a torpore creaturæ. Cette expression fait penser à Van Helmont.

abstraction, car il ne peut y avoir de passivité absolue. La matière, telle qu'elle existe réellement, a toujours une forme; elle ne peut donc être conçue que comme matière seconde, comme un amas de substances ou de monades (1). Cet amas renferme aussi une force, et sans cette force on ne saurait expliquer le mouvement. Maintenant, sous l'empire de son penchant à expliquer la nature mathématiquement, Leibnitz incline à maintenir partout le mécanisme de la nature, mais il le rapporte uniquement aux phénomènes et à la matière. La matière première étant la passivité pure, le mouvement, que nous trouvons en elle, ne peut provenir d'elle; ce mouvement suppose un corps moteur, et doit être expliqué d'une façon rigoureusement mécanique (2). Les corps, en tant que tels, sont des machines, et ils sont machines jusque dans leurs plus petites parties, à la différence de nos machines artificielles, dont les parties conservent encore quelque chose, que nos procédés mécaniques ne peuvent surmonter (3). Un postulat de cette explication mécanique de la nature, c'est que le corps moteur entre nécessairement en contact avec le corps mû, et ne peut le mouvoir que par le choc. Cette explication exclut donc tout mouvement à distance, et Leibnitz est très-conséquent à ses propres vues, en rejetant l'attraction et la gravitation comme incompatibles avec

(1) *Nouv. ess.*, IV, 3, 1, p. 343; Dut., II, 1, p. 214.
(2) Dut., II, 1, p. 208, sq.
(3) *Monad.*, 64.

elles (1). Il prétend donner du mécanisme une idée plus précise et plus nette que les cartésiens ; non-seulement la matière première n'a pas la force de commencer un mouvement, mais encore elle ne peut pas produire de changement dans la direction du mouvement. Toutefois cela ne s'applique qu'à la matière première, à ce qui constitue la pure passivité du corps ; la matière seconde enveloppe au contraire les monades, et la force qui leur est propre. Descartes soutient qu'il subsiste toujours dans le monde la même quantité de mouvement ; c'est une formule, que Leibnitz ne peut admettre ; il se croit en mesure d'y substituer une autre loi qui n'est pas moins rigoureuse, c'est que non-seulement les monades conservent toujours la force de mouvement, mais qu'il se conserve encore la même quantité d'action motrice (3). Les principes qui servent à Leibnitz de point de départ pour établir cette loi, attestent d'une part la tendance de son époque à tout ramener à l'infiniment petit et au simple, et poussent de l'autre à réunir de la manière la plus étroite la notion de substance et la raison du mouvement. Naturellement Leibnitz ne peut considérer le mouvement que comme un phénomène ; car le mouvement n'est

(1) Dut., II, 1, p. 150. Un corps n'est jamais mû naturellement que par un autre corps qui le pousse en le touchant... Toute autre opération sur les corps est ou miraculeuse ou imaginaire. Ib., p. 208 ; VI, 1, p. 190.

(2) Ib. II, 1, p. 70.

(3) Erdm., p. 192 a. Il se conserve non-seulement la force, mais encore la même quantité d'action motrice. Dut., II, 2, p. 80.

qu'un composé, qu'il faut expliquer nécessairement par des impulsions infiniment petites et indivisibles; c'est une masse confuse, que l'analyse doit débrouiller. Un mouvement ne peut avoir lieu dans une fraction de temps infiniment petite, dans le moment; il se compose des tendances très-petites des monades, tendances toujours subsistantes et toujours égales, même au milieu de tendances opposées, qui en arrêtent ou en détruisent l'effet. Ces tendances infiniment petites, propension ou effort qui consiste dans le passage d'une perception à l'autre, ne restent cependant jamais sans effet dans l'intérieur de la monade, elles tiennent originairement à l'essence des forces simples, elles sont la vraie raison du mouvement (1). Les monades sont précisément des forces vivantes; Leibnitz serait tenté de poser leur développement réel et leur énergie interne comme choses équivalentes. Il découvre dans la monade la loi innée aux substances, loi qui gouverne tout, qui, comme les idées innées, réside originairement en chaque chose, principe de toute action et de toute passion dans le monde des corps comme dans le monde des esprits, principe qu'au reste nous ne pouvons entendre qu'à de rares moments (2). La ten-

(1) Dut. II, 1, p. 65. Un état momentané d'un corps qui est en mouvement, ne pouvant point contenir du mouvement, qui demande du temps, ne laisse pas de renfermer de la force. Ib. III, p. 315. Nihilque adeo in ipso motu reale est, quam momentaneum illud, quod in vi ad mutationem nitente constitui debet. Ib. II, 2, p. 8; 39. Conatus est ad motum, ut punctum ad spatium.

(2) Dut., II, 2, p. 51.

dance primordiale à l'action meut toujours intérieurement les monades d'une manière égale; à cette tendance répond nécessairement dans le monde corporel la passivité, telle qu'elle se manifeste dans le phénomène, dans le mouvement. Ces deux lois, qui régissent l'activité interne et le phénomène extérieur, sont également inviolables (1). C'est ainsi que Leibnitz maintient l'explication mécanique de la nature, seulement en lui donnant pour base un principe dynamique, savoir la force des monades, qui implique une tendance permanente et régulière à l'activité.

On ne peut s'empêcher de se demander ce que Leibnitz entend par phénomène. Il est sans contredit bien éloigné de le considérer comme n'ayant nulle réalité; sans cela, il ne se serait pas donné la peine de l'étudier profondément. Il y a plus, on le voit se déclarer très-peu satisfait des idées cartésiennes, et de ce que les cartésiens n'ont point donné aux qualités sensibles une attention assez grande, parce qu'ils ne trouvaient en elles aucune ressemblance avec les mouvements ou objets de nos sens (2). Lors donc que Leibnitz dit qu'une chose est un phénomène, il se hâte ordinairement d'ajouter, un phénomène bien fondé. La matière, l'étendue, le temps, le mouvement ont un fondement réel; seulement il faut bien distinguer ce fondement, et ne pas prendre l'apparence, attachée

(1) Ib., p. 155.
(2) *Nouv. ess.*, II, 20, 6, p. 124.

aux objets sensibles, pour la réalité même. Quant à ce que Leibnitz reconnaît pour réalité dans les phénomènes, rien ne le montre plus clairement que l'explication donnée par lui de la matière (1). Il voit dans la matière le mélange des effets de l'infini, c'est-à-dire qu'elle résulte à ses yeux des rapports infinis, au moyen desquels toute chose est déterminée par tout le reste de l'univers infini. Ces déterminations constituent les modifications que chaque chose éprouve. L'ordre du monde demande par conséquent que la matière soit; il en est de même de l'espace, du temps et du mouvement (2); c'est partout suivant la même loi que se forment les phénomènes. Les monades, comme nous le voyons, n'ont pas d'étendue, il est vrai, elles n'occupent point d'espace; mais elles ont une situation, conforme à leur nature propre, par rapport aux autres monades, et cette situation est le fondement de ce que nous nommons espace; l'espace ne désigne que l'ordre de coexistence pour les monades. Ainsi encore de la durée et du mouvement. Les impulsions internes des choses n'ont pas de durée et sont en dehors du temps; chacune d'elles n'est qu'un moment indivisible; mais leur ordre constitue le mouvement, et la suite du temps; en réalité le temps n'est

(1) Ib., p. 12. La matière, c'est-à-dire le mélange des effets de l'infini.

(2) *Théod.*, 120. S'il n'y avait que des esprits, ils seraient sans la liaison nécessaire, sans l'ordre des temps et des lieux. Cet ordre demande la matière, le mouvement et ses lois.

autre chose que l'ordre de succession (1). Toutes ces théories tendent à ramener les phénomènes à l'infiniment petit, au simple, et aux rapports qui résultent des éléments infiniment petits. Il n'y a dans les phénomènes rien de réel que les éléments simples, et leur ordre régulier selon des rapports déterminés. Quiconque veut expliquer l'objet des sens, doit savoir de quoi il est composé et quels sont les rapports qui président à sa composition. La réalité, qui réside au fond du phénomène, ne se manifeste en lui que confusément, car nos sens ne connaissent rien que d'une manière confuse; l'entendement doit donc tendre à résoudre en idées distinctes la confusion de ces aperceptions sensibles (2).

Nous commençons à être en état d'apprécier dans toute son étendue l'énergique influence qu'exerce sur Leibnitz la conception mathématique. Le point important est de débrouiller et de ramener à une mesure déterminée les rapports que soutiennent entre eux les éléments infiniment petits du phénomène. On serait tenté de croire que la propension de Leibnitz aux vues théosophiques, sa tendance à ramener tout ce qui tombe sous les sens à la vie spirituelle l'auraient détourné de l'explication mathématique. Eh bien, aux

(1) *Nouv. ess.*, II, 12, 17, p. 106; 14, 16, p. 109; 24, p. 111; 25, 19, p. 180; Dut., II, 1, p. 121. J'ai marqué plus d'une fois que je tenais l'espace pour quelque chose de purement relatif comme le temps, pour un ordre de coexistences, comme le temps est un ordre de successions.

(2) *Nouv. ess.*, II, 21, 72, p. 170.

prétentions outrées de la théosophie, au goût qui l'entraîne à tout absorber dans l'infini, il oppose la rigueur des calculs mathématiques qui recherchent partout la détermination et la mesure, et dont la portée s'étend jusqu'au spirituel. Sans doute, chaque monade enveloppe l'infini, mais elle l'enveloppe confusément ; sans cela, les monades seraient des dieux. Les substances particulières sont capables, il est vrai, de représentations infinies ; mais quant à leurs pensées réelles, elles sont bornées à un degré déterminé de connaissance ou de conscience (1). Tout dépend donc du débrouillement des idées et de leur décomposition jusqu'en leurs éléments infiniment petits, ainsi que de la connaissance des rapports que ces éléments soutiennent entre eux. Or, ce débrouillement doit, selon Leibnitz, être opéré par l'emploi de procédés mathématiques. Le devenir a pour fondement une force ; le mouvement repose sur un principe dynamique ; mais de ce principe émanent tous les développements de la force selon des lois mathématiquement déterminables, en un mot, selon des lois mécaniques. Il s'ensuit que Leibnitz n'hésite pas à définir l'âme un automate spirituel ; seulement il la distingue d'une machine, en ce que les éléments de son mouvement sont des pensées. Tout dans la nature, dans l'univers

(1) *Monad.*, 60. Ce n'est pas dans l'objet, mais dans la modification de la connaissance de l'objet, que les monades sont bornées. Elles vont toutes confusément à l'infini, au tout, mais elles sont limitées et distinguées par le degré des perceptions distinctes.

arrive mathématiquement, selon un destin inviolable (1). Tout dépend, dans le développement des phénomènes, du rapport des éléments préétablis.

Il faut l'avouer cependant, l'examen et l'établissement des rapports auxquels tout doit être ramené, n'occupe dans la doctrine de Leibnitz qu'une place restreinte, insuffisante. Leibnitz voulait, ainsi qu'on l'a vu, déduire la diversité dans les monades, de ce qu'elles sont capables de relations infinies avec les autres monades. L'essentiel serait donc de connaître la nature des rapports que les substances soutiennent entre elles. Or, les monades ne comportent que des développements internes ; elles n'ont pas de fenêtres par où il se puisse rien introduire en elles, par où il en puisse rien sortir. Attaché à l'idée de substance, Leibnitz ne peut considérer les énergies, qu'il attribue à la substance, que comme ses énergies propres, ses développements internes; tous les effets qui en résultent se passent dans l'intérieur de la substance (2). Les obstacles, que ses développements ont à surmonter, sont tous en elle-même, ils ne peuvent être

(1) Guhr., *Ecr. allem. de Leib.*, p. 48, sq. Tout est produit par un destin immuable, cela est aussi certain que la proposition trois fois trois font neuf... Les mathématiques ou l'art des mesures peuvent donner de ces choses de belles explications, car tout dans la nature est combiné avec nombre, mesure et poids ou force... On voit par là que tout, dans l'étendue de l'univers, se fait mathématiquement, mais d'une manière infaillible.

(2) Dut., II, 1, p. 70. Il y a, selon moi, des efforts dans toutes les substances, mais ces efforts ne sont proprement que dans la substance même.

rapportés aux autres choses qu'en tant qu'ils consistent dans les représentations des autres choses (1). La substance ne possède donc qu'une activité immanente, elle n'a pas d'activité transitive (2). Il s'ensuit que Leibnitz admet bien une liaison causale, une réaction réciproque entre les monades; mais cette liaison est tout idéale, c'est-à-dire qu'elle consiste uniquement dans les rapports conçus entre une monade et une autre monade, sans que d'ailleurs parmi celles-ci l'une puisse jamais exercer sur l'autre une influence physique (3). On peut parler de l'action de l'âme sur le corps, mais c'est seulement comme on parle du lever du soleil dans le système de Copernic (4). Maintenant Leibnitz distingue bien deux ordres de rapports, les uns qui reposent sur la comparaison faite par notre esprit entre les objets, et n'existent que dans notre intelligence; les autres, qui ont pour base l'enchaînement réciproque des choses (5); mais il ne laisse pas de nier, malgré cela, tout enchaînement réel des choses. Nous ne voyons le soleil qu'en nous; cela ne veut pas dire qu'on nie l'existence du soleil; il existe encore pour d'autres que nous; si nous le voyons en nous, cela sans doute

(1) Ib., p. 319. Impeditur autem etiam substantia simplex, sed naturaliter non nisi intus a se ipsa. Et cum dicitur monas ab alia impediri, hoc intelligendum est de alterius repræsentatione in ipsa.

(2) Ib. II, 2, p. 54.

(3) *Monad.*, 51.

(4) Dut., II, 1, p. 69.

(5) *Nouv. ess.*, II, 11, 4, p. 98; 12, 3; 7, p. 103.

annonce une existence hors de nous ; mais que la vue que nous en avons en nous soit un effet du soleil même, c'est là une chose insoutenable (1). En somme, l'enchaînement réel, qui lie toutes choses sans lacune, sans intervalle, n'a lieu que dans l'intérieur de chaque chose, chaque chose devant nécessairement contenir en soi, dès son origine, toutes ses énergies (2). Tout cela résulte d'un seul principe, c'est que les substances de l'univers sont considérées exclusivement par analogie avec notre âme. Il naît de là un danger évident, savoir de résoudre tous les rapports d'une substance à d'autres substances en rapports de raison.

On ne saurait nier que Leibnitz ait aperçu ce danger. Pour y échapper, il s'efforce d'établir entre l'idée de la monade, c'est-à-dire de la substance psychogène, et l'idée du corps une liaison nécessaire. Il déclare que toute monade créée est nécessairement unie à un corps organisé, qu'elle sent et désire par son rapport avec ce corps (3). Dieu seul, où il n'y a rien de passif, qui est l'acte pur, n'a point de corps (4). Nous apprenons par là que l'idée de monade nue ne désigne au fond que la limite extrême de l'être d'une substance, limite qui n'est en réalité jamais atteinte ; nous apprenons en même temps que le corps de la

(1) Raspe, p. 501.
(2) Dut., II, 2, p. 154.
(3) Ib. v, p. 375. Omnis monas creata est corpore aliquo organico prædita, secundum quod percipit appetitque.
(4) *Nouv. ess.*, II, 1, 12, p. 70.

monade n'exprime autre chose après tout que sa passivité. Leibnitz pose maintenant en principe que la monade corporalisée, enveloppant âme et corps, constitue l'être vivant, le véritable substratum des phénomènes, en un mot la personne (1). Mais si nous recherchons de plus près en quoi consiste l'étroite union du corps organisé et de l'âme, nous ne trouvons là-dessus qu'un éclaircissement insuffisant, en ce qui concerne l'idée de la substance des choses. Car tout corps est en somme un pur agrégat, qui n'existe que dans notre représentation confuse ; si nous l'analysons, cette analyse nous conduit uniquement à des monades incorporelles. Le corps organisé est lui-même composé de monades, groupées autour de l'âme en qualité d'organes, comme forces subordonnées dont l'âme est la monade maîtresse. Leibnitz s'explique sur ce rapport en termes presque identiques à ceux de Giordano Bruno. Les organes changent ; le rapport de subordination des monades entre elles est dans un flux perpétuel, dans un passage incessant de la vie à la mort, la vie et la mort ne mar-

(1) Dut., v, p. 573. Omnem monadem esse incorporatam, seu omnem monadem suum corpus organicum habere atque ita vivum constituere. *Théod.*, p. 494 b. Je ne laisse pas d'admettre une vraie union entre l'âme et le corps, qui en fait un suppôt. Ib., 59. L'âme et le corps composent un même suppôt, ou ce qu'on appelle une personne. Grotef. *Corr.*, p. 204. Non dico corpus componi ex animabus, neque animarum aggregato corpus constitui, sed substantiarum. Anima autem proprie et accurate loquendo non est substantia, sed forma substantialis, seu forma primitiva inexistens substantiæ, primus actus, prima facultas activa.

quent que différents degrés dans le développement de la monade, et toute monade n'a dans le composé d'autre existence que celle de son être interne (1). Ce mode d'explication présuppose les rapports extérieurs des substances ; il tend à les envelopper dans l'idée de la substance, et il entraîne en même temps, et avec une égale force, la nécessité de concevoir ces rapports comme étrangers à l'idée de la substance individuelle. La monade corporalisée, laquelle ne peut être conçue sans son corps organisé, n'est au fond une essence que par son unité, l'agrégat de son corps lui sert simplement d'organe, auquel elle commande (2); mais l'empire et l'obéissance, dans le rapport réciproque sous lequel il faut les concevoir, marquent uniquement des degrés divers de perfection entre des substances d'ailleurs complétement séparées les unes des autres, et qui ne sont liées que par la comparaison (3). L'union de l'âme et du corps n'est donc en réalité rien de plus qu'une certaine harmonie entre eux, harmonie qui résulte de ce qu'ils appartiennent tous deux au même univers et le représentent l'un et l'autre en

(1) Dut., III, p. 499, sq.; *Monad.*, 70, sqq. Chaque corps vivant a une entéléchie dominante, qui est l'âme dans l'animal, mais les membres de ce corps vivant sont pleins d'autres vivants, plantes, animaux, dont chacun a encore son entéléchie ou son âme dominante.

(2) Feder., *Comm. epist. Leibn.*, p. 399. En tout ce qui est une véritable substance, il y a deux choses; l'une est le principe de l'unité qui fait que la substance est véritablement un être, l'autre est l'instrument du principe précédent, qui concourt avec lui pour les fonctions. C'est ce qu'on appelle la matière, qui n'est qu'un assemblage d'organes; tel est notre corps.

(3) *Monad.*, 49, sqq.

eux. Il s'ensuit effectivement qu'ils ne peuvent être conçus qu'en rapport l'un avec l'autre (1). C'est là une conception qu'il serait possible après tout d'admettre, si d'ailleurs Leibnitz ne semblait remettre en question et même nier l'unité de l'univers, en ne considérant que comme un simple agrégat l'univers aussi bien que chaque corps (2).

Nous devons mentionner ici un système que Leibnitz met en avant en examinant ce dernier point de sa doctrine, sans aboutir toutefois à un résultat décisif; nous voulons parler de sa théorie du lien substantiel entre les monades (3). On ne peut douter que Leibnitz, doué d'une si vaste curiosité d'esprit, ne fût loin de trouver satisfaction dans la direction dominante de sa doctrine. Elle aboutissait à détruire l'unité du monde; à la place d'un lien réel dans les divers ensembles, quel qu'en fût l'ordre et la grandeur, elle mettait un lien idéal, elle représentait la réaction réciproque des substances créées, comme une harmonie

(1) Ib., 78. L'union ou bien la conformité de l'âme et du corps organique. L'âme suit ses propres lois, et le corps aussi les siennes, et ils se rencontrent en raison de l'harmonie préétablie entre toutes les substances, puisqu'elles sont toutes des représentations du même univers. Dut., II, 1, p. 33. L'accord et l'union physique de l'âme et du corps.

(2) Dut., II, p. 185; 194. Series infinitorum non potest pro uno toto haberi. *Nouv. ess.*, II, 13, 21, p. 108; *Théod.*, 195. L'amas d'un nombre infini de substances, à proprement parler, n'est pas un tout. ...Le monde ou l'univers ne pouvant pas être considéré comme un animal ou comme une substance.

(3) Cette doctrine a été souvent étudiée; elle a été pour M. Kahle, entre autres, l'objet d'un examen détaillé et approfondi. (*Leibnitzii vinculum substantiale*. Berl. 1839.)

entre leurs activités diverses. Sur tous ses points sa doctrine présente un caractère négatif, qui répond mal à sa propension à chercher dans toutes les doctrines philosophiques une vérité positive. Il se féliciterait donc de découvrir, n'importe où, un lien positif entre les monades. De là provient qu'il n'a pas dédaigné de recourir à la théorie du lien substantiel. Il considère ce lien comme substantiel, parce qu'en définitive toute réalité a son fondement nécessaire dans la substance. Il cherche à établir l'existence d'un lien de cette espèce par la considération particulière des corps organisés, car il ne lui est pas possible de ne voir en eux qu'une simple collection de monades ; il doit y reconnaître nécessairement un ensemble qui a son fondement dans la nature et qui implique une plus étroite union de ses parties. Il incline à admettre, pour expliquer cette union, un principe réel de l'organisation, qui ne peut être assimilée à la coexistence purement locale d'un amas de pierre ; car l'organisation forme une unité en soi. Leibnitz est même porté à comparer l'union des substances associées par la nature au lien spirituel que les stoïciens considéraient comme le fondement des unités corporelles (1). Cette

(1) Dut., II, 1, p. 299. Substantiam corpoream esse quiddam phænomena extra animam realizans. Ib., p. 300. Aliam longe esse unionem, quæ facit, ut animal vel quodvis corpus natura organicum sit unum substantiale, habens unam monada dominantem, quam unionem, quæ facit simplex aggregatum, qualis est in acervo lapidum; hæc consistit in mera unione præsentiæ, seu locali. illa in unione substantiatum novum constituente, quod scholæ vocant unum per se, cum prius vocent unum per accidens. Ib., p. 309, sq.; ib., p. 312; 321, sq.

union est la base de la continuité réelle entre les monades, et généralement de tout rapport qui existe entre elles, au lieu de résider uniquement (1), comme nous l'avons remarqué ci-dessus, dans la comparaison par laquelle l'esprit les rapproche. Ainsi donc Leibnitz ne considère pas les rapports des choses comme de purs êtres de raison. D'un point de vue parfaitement analogue, il considérait les corps qui portent en eux une forme vivifiante comme des substances, tandis qu'il voyait dans d'autres corps, dépourvus de monade maîtresse et unificatrice, de simples phénomènes ou agrégats (2).

Dans le même ordre de pensées, nous voyons Leibnitz admettre un lien réel, non plus seulement dans l'âme ou dans son corps organisé, en un mot dans les individus vivants, mais encore dans les genres et les espèces des choses particulières. Il faut remarquer en général que la manière dont Leibnitz renferme en elles-mêmes les substances individuelles, anéantit leur réaction réciproque, et considère jusqu'à l'ensemble de l'univers comme un simple agrégat, relève du nominalisme, plus encore, exprime les dernières conséquences du nominalisme en supprimant tout lien général entre les choses indivisibles. Cependant ces

(1) Ib., p. 520. Continuitas realis non nisi à vinculo substantiali oriri potest.

(2) Erdm., p. 445 b. Si quid est reale, id solum esse vim agendi et patiendi, adeoque in hoc, tanquam in materia et forma, substantiam corporis consistere ; quæ corpora autem formam substantialem non habent, ea tantum phænomena esse aut saltem verorum aggregata.

extrémités mêmes du nominalisme devaient éveiller en Leibnitz des scrupules à son égard. Dans sa jeunesse Leibnitz s'était déclaré presque sans réserve pour ce système (1). Mais on a attaché trop d'importance à ces déclarations. Dans sa vieillesse il inclinait davantage vers le réalisme, sans s'exprimer d'ailleurs en faveur de cette doctrine avec la même résolution que Shaftesbury; sa vraie pente serait d'écarter la querelle du nominalisme et du réalisme comme une vieille question surannée, une question d'école et rien de plus (2); mais il maintient toutefois que les espèces des choses ont une essence réelle qui les constitue, et qui élève au moins les espèces des choses organisées au rang d'unités en soi. Cependant nous sommes ordinairement hors d'état de connaître ce genre d'unité d'une manière positive et dans sa nature intime; l'espèce humaine forme seule ici une exception; nous savons que la raison est ce qui constitue son essence (3). Nous voyons ainsi l'esprit large et ouvert de Leibnitz forcé, dans ses recherches sur les individualités naturelles, d'admettre des unités réelles qui dépassent de beaucoup le domaine des vrais atomes de la nature.

(1) Dans sa dissertation *De principio individuationis*, dans son édition de Nizolius et ailleurs.

(2) Qu'on relise à ce sujet *Nouv. ess.*, III, 6, et surtout § 32, p. 284. Il y avait autrefois deux axiomes chez les philosophes; celui des réalistes semblait faire la nature prodigue, et celui des nominaux la semblait déclarer chiche.

(3) Ib. III, 6, 14, p. 271; 24, p. 278; 36, p. 286, sq.

Ces vues n'ont cependant, on n'en peut douter, qu'une valeur subordonnée dans le système de Leibnitz ; elles témoignent seulement de la flexibilité de ses idées, de la richesse d'aspects qu'il savait leur donner. Au fond, ce système est pénétré des idées nominalistes modernes ; Leibnitz y a été confirmé par le tour idéaliste de son esprit, qui, partant du principe Je pense, donc je suis, considérait toutes les substances par analogie avec le moi, et absorbait le moi tout entier dans les facultés réflexives de l'âme. De là vient que nous le voyons, dès qu'il est question des effets et des rapports extérieurs des choses, recourir ordinairement à un principe qui dépasse la sphère de l'univers. Les rapports des choses entre elles dépendant de l'esprit, mais non pas de l'esprit de l'homme, ils dépendent de l'esprit de Dieu, qui établit tous les rapports (1). Ce qui ouvre un accès dans ce système à cette idée d'un principe supérieur, c'est une détermination mentionnée plus haut, à savoir que l'âme trouve bien en elle-même et en elle seule tous ses concepts, toutes ses idées, sauf une seule pensée qui vient d'un objet extérieur, de Dieu, lequel est immédiatement présent à l'âme. Cet objet est conçu comme une substance, une âme, une monade,

(1) *Nouv. ess.*, II, 30, 4, p. 223. Les relations ont une réalité dépendante de l'esprit, mais non pas de l'esprit de l'homme, puisqu'il y a une suprême intelligence, qui les détermine toutes en tout temps. Grotef. *Corresp.*, p. 187. Dieu fait la liaison ou la communication des substances.

en sorte qu'il faut distinguer des monades naturelles ou créées la monade primordiale (1), laquelle doit être conçue comme étant extérieure, ou plutôt supérieure à l'univers; car, par son efficace immédiate, Dieu est présent à toute chose et ne peut pas être, par conséquent, conçu comme étant hors du monde (2). Cette cause supérieure au monde est celle où nous devons chercher le fondement de tous les rapports qui relient les monades créées, le principe de tout ordre, de toute harmonie, de toute beauté dans l'univers; car rien de tout cela ne serait si les monades naturelles existaient chacune à part, isolée de toutes les autres, et n'avaient, par conséquent, nul ordre, nul rapport les unes aux autres (3). Dieu est donc le fondement dernier d'une harmonie, préétablie par lui, et manifeste entre tous les objets de la nature; et l'intervention de ce principe nous conduit à l'idée d'une autre unité que celle des substances ou monades; car l'harmonie, c'est l'unité dans la pluralité des choses (4).

Nous avons maintenant à rechercher avant tout sur quel fondement repose la conviction de Leibnitz, et pourquoi nous devons admettre cet être supérieur au monde. Leibnitz, se conformant à la coutume de son temps, s'est efforcé de démontrer l'existence de Dieu.

(1) Dut., v, p. 375.

(2) *Théod.*, 217; Dut., II, 1, p. 125. Disant qu'il est au-dessus du monde, ce n'est pas nier qu'il est dans le monde.

(3) *Nouv. ess.*, IV, 10, 9, p. 407.

(4) Dut., III, p. 572, not. 17. Harmonia autem est unitas in multitudine.

Il regarde comme bonnes les preuves données jusqu'à lui, mais il les croit en même temps susceptibles d'être améliorées (1). Il distingue deux ordres parmi ces preuves, les unes qui découlent de l'expérience, les autres qui procèdent de la raison pure (2). Il paraît, il est vrai, attribuer aux premières plus de valeur qu'aux secondes, en déclarant que, sans le principe de raison suffisante, nous ne pourrions pas démontrer l'existence de Dieu (3); mais lorsqu'il soutient que Dieu est l'être absolu et nécessaire, c'est-à-dire l'être indépendant de toute existence contingente, et que nous devrions de toute nécessité poser Dieu, quand bien même le monde serait éternel (4), il admet de l'existence de Dieu une preuve qui pourrait être établie, même indépendamment de l'idée du monde, dont l'expérience nous fait connaître l'existence contingente. Un autre motif le pousse également à cette conclusion, c'est que le commencement du monde ne peut être démontré philosophiquement, et ne nous est connu que par la révélation (5). Lorsqu'il prend pour point de départ l'expérience qui lui fait connaître l'univers, il trouve en elle deux raisons de poser l'existence de Dieu. L'une est que les existences contingentes requièrent nécessairement une raison suffi-

(1) *Nouv. ess.*, IV, 10, 7, p. 405.
(2) *Monad.*, 45.
(3) *Théod.*, 44; Dut., II, 1, p. 169.
(4) Erdm., p. 147.
(5) Dut., IV, 1, p. 183.

sante, laquelle ne peut être trouvée que dans un être parfait, car la raison suffisante suppose un être qui a son principe en lui-même ; or, l'idée d'un tel être en implique la perfection (1). La seconde raison est tirée de l'harmonie des créatures préétablie dans le créateur, et consiste en ce que l'ordre des choses naturelles doit, ainsi qu'on l'a vu, reposer nécessairement sur un principe supérieur (2). D'autre part, la démonstration, qu'il prétend fournir indépendamment de l'expérience, se rattache à la preuve ontologique ; seulement il regarde cette preuve comme incomplète, tant qu'il n'est pas établi qu'un être parfait, c'est-à-dire un être qui existe par soi, n'implique pas contradiction, en d'autres termes est possible (3). Il essaie de remédier à ce défaut en montrant que toute contradiction ou toute impossibilité repose sur la négation d'une idée par une autre, et que l'être parfait ou infini ne saurait renfermer en lui-même de négation ; d'où il suit nécessairement qu'il est possible (4). A cette observation il en joint une autre encore, c'est que l'existence d'un être nécessaire, c'est-à-dire d'un être qui est par son idée seule, et par conséquent par lui-

(1) *Théod.*, 7 ; 44 ; Erdm., p. 147.

(2) Dut., II, 1, p. 41 ; *Nouv. ess.*, IV, 10, 9, p. 407.

(3) On trouve de grands détails sur ce point Dut., III, p. 554, sq. ; *Nouv. ess.*, IV, 10, 7, p. 403, sqq.

(4) *Monad.*, 45. Et comme rien ne peut empêcher la possibilité de ce qui n'enferme aucunes bornes, aucune négation, et, par conséquence, aucune contradiction, cela seul suffit pour connaître l'existence de Dieu à priori.

même, doit nécessairement être admise; car si rien n'était par soi, rien ne pourrait non plus être par un autre (1).

Il ne serait pas difficile de faire voir que toutes ces démonstrations émanent uniquement de différents caractères que Leibnitz s'efforce de rassembler dans l'idée de Dieu. Les preuves tirées de l'expérience ont pour principe, soit l'idée du créateur, soit l'idée de la raison universelle, qui lie harmoniquement la pluralité des choses, et les preuves qui dérivent de la raison, l'idée de l'être universel et sans restriction, c'est-à-dire l'idée de l'être par soi. Toutes ces notions sont indispensables au système de Leibnitz, c'est un point indubitable; quant à leur liaison, sans laquelle l'idée de Dieu ne serait pas complète, Leibnitz présente à cet égard plus d'une indication; mais on est forcé d'avouer qu'elles ne sont pas liées les unes aux autres avec toute la rigueur que demanderait une démonstration sévère. Les preuves de Leibnitz subsistent et tombent avec son système; elles ont pour racine principale la nécessité d'une raison dernière, qui fournisse une réponse suprême aux questions que sa philosophie soulève. Nous serions jetés dans l'infini, si nous ne trouvions en Dieu une raison dernière et suffisante (2). Ce principe suprême répond à une exigence

(1) Dut., II, 1, p. 254, sq. L'être nécessaire et l'être par son essence ne sont qu'une même chose... Si l'être de soi est impossible, tous les êtres par autrui le sont aussi.

(2) *Monad.*, 37. Il faut que la raison suffisante ou dernière soit hors

absolue de notre raison ; il est nécessaire, pour rendre compte non-seulement des existences contingentes, mais encore des idées de notre raison ; car ces idées ne représenteraient, comme on l'a déjà remarqué, que de simples possibilités, si elles n'avaient leur réalité dans l'absolu. Or, l'absolu est l'infini, et l'idée de l'infini est antérieure à celle du fini ; elle nous est innée, comme l'idée de l'être, que nous pensons nécessairement avant de pouvoir y ajouter des limitations (1). Leibnitz voit donc en Dieu la source de deux ordres d'idées, qui sont, d'une part, celles des réalités, dont l'expérience nous informe ; d'autre part, celles des possibilités, qui nous sont connues par les concepts de notre entendement. Les premières procèdent de la volonté de Dieu, les secondes reposent sur son entendement ou son essence (2). Les raisons, d'où ces principes posés par Leibnitz émanent, exprimées dans la double direction de ses preuves, sont aisées à comprendre ; mais ce qui n'est pas moins évident, c'est la difficulté qui s'élève de les concilier dans l'idée de Dieu.

de la suite ou série de ce détail de contingences, quelque infini qu'il pourrait être.

(1) *Nouv. ess.*, II, 14, 17, p. 112. L'idée de l'absolu est antérieure dans la nature des choses à celles des bornes qu'on ajoute. Ib., 17, 1, p. 116. L'idée de l'absolu est en nous antérieurement à celle de l'être. Ces absolus ne sont autre chose que les attributs de Dieu, et on peut dire qu'ils ne sont pas moins la source des idées que Dieu est lui-même le principe des êtres.

(2) *Nouv. ess.*, II, 15, 4, p. 112. Il est la source des possibilités comme des existences ; des unes par son essence, des autres par sa volonté.

Il s'en faut de beaucoup que Leibnitz nie la difficulté, présentée par l'idée de Dieu. Cette difficulté apparaît déjà dans les déterminations particulières de cette idée, sans parler même de leur liaison entre elles. Un premier point est la difficulté pour nous, êtres finis, de penser l'infini. Cependant nous ne rencontrons pas moins l'infini dans les réalités contingentes qu'en Dieu ; aussi les unes nous sont-elles tout aussi incompréhensibles que l'autre (1). Leibnitz se montre, dans cette comparaison, enclin à confondre l'infini avec l'indéfini ; évidemment ces deux idées ne sont pas toujours distinguées avec clarté dans son esprit (2), bien qu'il n'accorde pas qu'un composé puisse être infini dans l'acception rigoureuse du mot (3). Il ne faut pas s'attendre à trouver d'ailleurs chez Leibnitz de plus grands éclaircissements sur cette idée de l'infini.

Plus grandes encore sont les difficultés qui résident dans l'idée du Créateur. Dieu est la raison suffisante de toute réalité, c'est-à-dire de cet univers sensible. Cet univers est distingué du monde suprasensible, royaume des vérités éternelles, qui ont leur réalité dans l'entendement divin, et que Dieu a aussi communiquées à notre esprit, bien qu'elles ne mar-

(1) Dut., II, 1, p. 290 ; V, p. 143 ; *Nouv. ess.*, III, 3, 6, p. 247. Le général, l'abstrait seul est intelligible, les individus ne le sont pas parce qu'ils enferment en eux l'infini.

(2) Cf. là-dessus Dut., II, 1, p. 265.

(3) Dut., II, 1, p. 220 ; 272.

quent pour nous qu'un pur possible (1). Or Leibnitz conçoit Dieu comme l'intelligence simple, qui est la source de toutes choses, en un mot, la nature naturante (2). Il embrasse la doctrine de la création; les productions de Dieu sont éternelles; elles sont des substances, savoir, les monades, auxquelles on ne peut refuser leurs énergies internes, fondement des phénomènes (3). Mais toute substance ne peut être produite que du néant; si elle était produite d'un autre être, elle serait une pure modification de cet autre être (4). La substance des choses simples ne peut ni commencer par composition, ni périr par dissolution (5). Néanmoins Leibnitz, se rattachant à la doctrine de la création continue, ne laisse pas de considérer les créatures comme des pensées ou fulgurations de Dieu; par l'acte éternel de Dieu, qui les produit, elles sont aussi conservées d'une manière permanente, et ne sont jamais à aucun instant, dans aucune de leurs opérations, dénuées du concours divin; Dieu et la créature coopèrent constamment dans la constitution de celle-ci. La loi innée aux choses naturelles résulte de continuation ininterrompue de l'efficace divine en elles (6). Dieu renferme donc tout en

(1) Dut., II, 1, p. 93.
(2) *Théod.*, 350; 417.
(3) Erdm., p. 82 b. Les effets de Dieu sont subsistants.
(4) Dut., IV, 1, p. 176.
(5) *Monad.*, 4, sq.
(6) *Monad.*, 47; *Théod.*, 27; Dut., II, 2, p. 51; VI, 1, p. 174; Grotef., *Corresp.*, p. 182; 187. Toutes les autres substances dépendent de Dieu comme les pensées émanent de notre substance.

lui-même de toute éternité; la succession n'a commencé qu'avec le monde, attendu qu'avant la création du monde le temps n'existait pas (1). Quant à cette autre difficulté que la création et la conservation des choses, le concours de Dieu dans leurs opérations variables ne viennent à entacher l'efficace divine elle-même de variabilité, Leibnitz prétend la lever, comme on le fait d'ordinaire, en concevant Dieu, cause parfaite, de laquelle tout émane, comme renfermant tout en lui-même dans un sens éminent; il va jusqu'à se servir d'une expression pleine de dangers, savoir que Dieu contient toute chose virtuellement en lui-même (2). Nous ne nous arrêterons pas ici à montrer avec quelle rapidité Leibnitz jette en passant toutes ces idées. Il est fort éloigné de vouloir sonder les profondeurs de la divinité, où résident les raisons de la création. Nous avons déjà dit qu'il regardait la doctrine du commencement du monde uniquement comme une vérité révélée; il soutient aussi que la création du monde n'ajoute rien à la perfection de Dieu (3), tout en considérant du reste la création comme un acte de la bonté de Dieu et en lui donnant pour but la gloire et la joie de Dieu (4). Il est, au milieu de ces vues si brièvement

(1) Dut., II, 1, p. 156.

(2) Ib., p. 180, sq. Dieu est tout éminemment, comme des effets sont dans leur cause,... mais par émanation, parce qu'ils en sont les effets immédiats... Ib., VI, 1, p. 278. L'essence de Dieu renferme les créatures éminemment, et a ainsi les idées de leur essence. Les effets sont toujours enveloppés virtuellement dans leur cause totale.

(3) *Théod.*, 109.

(4) Erdm., p. 670 a.

jetées, un point sur lequel il ne cesse de revenir, c'est que Dieu crée le monde en vertu de sa libre volonté et non point par une nécessité métaphysique, inhérente à son essence. Nous devons admettre qu'un libre choix, un acte de volonté absolue est en Dieu la raison de la création (1).

Il convient d'insister encore un instant sur ce point, car aucun autre ne montre aussi clairement le peu d'enchaînement des recherches faites par Leibnitz sur ce terrain, et le peu de succès de ses efforts pour lier étroitement les différents caractères, qu'il voulait rassembler dans l'idée de Dieu. En songeant à l'incompréhensibilité de Dieu, Leibnitz rappelle que nous ne devons pas le comparer à l'âme ou au moi; car Dieu ne développe pas seulement des facultés naturelles préexistantes, mais il crée (2). Cependant le principe général de sa doctrine, savoir, que nous devons concevoir toute chose en partant de nous-mêmes et par analogie avec notre moi, l'entraîne avec une force bien supérieure encore dans la direction opposée. Aussi le voyons-nous sans cesse comparer Dieu avec le moi, et cette comparaison procède des idées fondamentales de sa monadologie. Dieu est une intelligence; de même que dans les monades la force est le fondement de tout le reste, ainsi la puissance de Dieu est le fondement de tous ses attributs; dès lors son entendement répond aux sensations, sa volonté aux désirs des mona-

(1) *Théod.*, p. 201; 228.
(2) Erdm., p. 147 a.

des (1). Il est naturel ensuite de renverser les termes de la comparaison. De la puissance de Dieu procède l'être des monades, fondement de leurs propriétés, de l'entendement de Dieu leur connaissance, de la volonté de Dieu leur désir et leur bonté (2). Maintenant Leibnitz considère comme différents l'un de l'autre non-seulement ces attributs de Dieu, mais encore les œuvres auxquelles ils sont appliqués. Tout est possible à la puissance de Dieu; elle est le fondement du possible, qui s'étend au delà du réel; la volonté de Dieu ne veut que le bien, et est le fondement du réel (3). La même distinction, mais déduite d'une manière moins complète, sert de base à la doctrine, qui fait dépendre les vérités éternelles et nécessaires ou l'essence des choses de l'entendement divin, les vérités contingentes ou l'existence des faits de la volonté divine (4). Cependant cette théorie est-elle en parfait accord avec la doctrine de la création? C'est une chose difficile à soutenir. En effet, la doctrine de la création pose la puissance de Dieu non pas comme l'attribut

(1) *Monad.*, 48. Il y a en Dieu la puissance, qui est la source de tout, puis la connaissance qui contient le détail des idées, et enfin la volonté, qui fait les changements ou productions selon le principe du meilleur. Et c'est ce qui répond à ce qui dans les monades créées fait le sujet ou la base, la faculté perceptive et la faculté appétitive.

(2) *Théod.*, 7. La puissance va à l'être, la sagesse ou l'entendement au vrai, et la volonté au bien.

(3) Ib., 171. La puissance et la volonté sont des facultés différentes, et dont les objets sont différents aussi... On considère tous les possibles comme les objets de la puissance, mais on considère les choses actuelles et existantes, comme les objets de la volonté décrétoire.

(4) Dut., VI, 1, p. 207; *Monad.*, 46; *Théod.*, 7.

premier, le fondement de tous les autres attributs, mais au contraire comme le dernier. Leibnitz le reconnaît lui-même, quand il enseigne que nécessairement l'entendement de Dieu doit d'abord concevoir, sa volonté décréter ensuite, et enfin sa puissance créer le monde (1). Maintenant les deux premiers attributs montrent clairement, que chez Leibnitz l'idée de Dieu se compose de deux concepts différents, réunis par un lien très-peu étroit. L'entendement divin est le fondement des vérités éternelles de la raison, qui ne sont à l'égard de l'univers que de simples possibilités; cet entendement est démontré *a priori*, au moyen des idées rationnelles, puisqu'il forme le lien ou constitue la réalité de ces idées; mais cela n'entraîne aucune nécessité de concevoir Dieu comme créateur. L'expérience seule nous le fait connaître comme tel; elle atteste en Dieu la volonté de créer le meilleur, et à cette volonté se rattache la puissance de Dieu, manifestée dans la production des choses.

Ce que ce système a d'anthropomorphique doit frapper tous les yeux. Ce caractère dominant éclate en particulier dans les recherches, qui ont pour objet la volonté de Dieu. Leibnitz voudrait bien éviter la dure doctrine, qui impose à Dieu, comme une nécessité, la volonté de créer le monde; mais il n'est pas moins opposé à la doctrine de la volonté d'in-

(1) *Théod.*, 7. C'est la puissance de cette substance qui en rend la volonté efficace... Son entendement est la source des essences, et la volonté est l'origine des existences.

différence. L'indifférence, l'indétermination de la volonté ne procède que d'ignorance; plus la sagesse est grande, moins la volonté est indéterminée. Il faut que la volonté soit déterminée par un motif rationnel quelconque, c'est ce qui résulte du principe de raison suffisante (1). Admettre un Dieu indifférent, ce ne serait rien moins que laisser sans solution la question de savoir si le principe suprême est bon ou mauvais (2). Mais ce qui détermine la volonté, ne peut être, du moins en Dieu, que l'entendement. Naturellement les opérations de l'entendement précèdent les opérations de la volonté, et déterminent celle-ci; ce qui la produit en Dieu, c'est l'idée du vrai bien (3). De là résulte, non pas une nécessité rigoureuse, mais une dépendance relative de la volonté; cette idée ne détruit nullement la liberté de la volonté. En effet Leibnitz ne voit de nécessité stricte que dans les idées spéculatives, il n'en voit pas dans les idées pratiques; c'est pourquoi cette nécessité stricte est aussi désignée chez lui par les noms de nécessité logique, métaphysique, et quelquefois géométrique. Tous les actes de volonté et les

(1) Erdm., p. 148. Indifferentia ab ignorantia oritur, et quanto quisque magis est sapiens, tanto magis ad perfectissimum est determinatus. Ib., p. 669 a. Omnes actiones sunt determinatæ et nunquam indifferentes, quia semper datur ratio inclinans... Nihil fit sine ratione. Libertas indifferentiæ est impossibilis, adeo ut ne in Deum quidem cadat. *Théod.*, 320; p. 644 b, sq.

(2) *Théod.*, 177.

(3) Dut., v, p. 386. In Deo, ut in omni intelligente, actiones voluntatis esse natura posteriores actionibus intellectus, et perceptiones boni sive veri sive falsi efficere, ut velimus. At in perfecto sapiente, nempe Deo, nulla est voluntas nisi veri boni.

opérations extérieures de Dieu ne présentent qu'une nécessité hypothétique ou morale; nécessité digne de Dieu, heureuse nécessité que celle qui oblige le sage à accomplir le bien (1). Leibnitz ne craint donc pas d'astreindre Dieu à l'obligation de réaliser le bien; Dieu se doit à lui-même cette réalisation. Son devoir est de choisir le meilleur; en conséquence Dieu ne peut vouloir que le meilleur monde, et le bonheur de ses créatures (2). Bien que Leibnitz repousse la distinction en Dieu de la volonté générale et de la volonté particulière, en ce sens que la seconde ne serait pas enveloppée dans la première (3), la liberté de choix, qu'il attribue à Dieu, annonce pourtant une distinction analogue. Il distingue effectivement en Dieu la volonté antécédente et la volonté subséquente; la première va au bien absolu, la seconde au plus grand bien possible. Celle-ci ne peut faire son choix que par une comparaison des divers mondes possibles (4). Les vues de Leibnitz sur cette question sont empruntées de Thomas d'Aquin. Dieu ne pouvait vouloir un monde parfaitement bon, parce que la créature implique naturellement l'imperfection (5). Il fallait donc que Dieu

(1) *Théod.*, p. 473 b. La nécessité absolue, qu'on appelle aussi logique et métaphysique, et quelquefois géométrique, et qui serait seule à craindre, ne se trouve point dans les actions libres. Ib., 37; 174, sq.; 282.

(2) Ib., 8; 24, sq.; Dut., IV, 3, p. 273.

(3) *Théod.*, 206.

(4) Ib., 22, sq. Dieu veut antécédemment le bien, et conséquemment le meilleur.

(5) Dut., VI, 1, p. 185; 194; *Théod.*, 20; 31. Dieu ne pouvait pas lui donner tout sans en faire un Dieu.

se décidât ou à ne pas créer, ou à créer un monde défectueux; ayant pris cette dernière résolution, il devait à sa dignité de choisir le meilleur des mondes possibles. Le choix constitue sa volonté subséquente, par laquelle la volonté antécédente est réalisée (1); il forme l'essence même de la volonté, car tout ce qui le précède ne consiste qu'en réflexions de l'entendement (2), et c'est uniquement parce qu'il faut que cette volonté subséquente vienne s'ajouter aux décisions de l'entendement par rapport au meilleur des mondes possibles, que Leibnitz se résout à dire que Dieu n'est pas obligé métaphysiquement de créer le monde, ou, selon sa manière ordinaire de s'exprimer, que la volonté de Dieu est inclinée, mais non nécessitée par son entendement. Leibnitz attache une grande importance à cette distinction, d'où dépendent plusieurs points de son système. La volonté de Dieu n'est une volonté raisonnable, que parce qu'elle est précédée de la considération du plus grand ou du moindre bien; c'est le seul fondement de la liberté de son choix, le seul fondement de la contingence des choses, qui auraient pu tout aussi bien ne pas être (3). Après Thomas d'Aquin, Leibnitz emploie le mot de convenance (*convenientia*), pour exprimer le meilleur qui déter-

(1) *Théod.*, 22, sq.; 116; 201; p. 654 b, sq.

(2) Ib., 22. Cette volonté antécédente ne va pas au dernier effort (ad summum conatum). Ib., 311. L'effort d'agir, après le jugement, qui fait à mon avis l'essence de la volonté.

(3) Dut., VI, 1, p. 207; *Nouv. ess.*, II, 21, 9, p. 134; *Théod.*, p. 654.

mine la volonté de Dieu. Le caractère anthropomorphique est manifeste, quand on voit Leibnitz forcé d'avouer, en définitive, que la volonté subséquente de Dieu rencontre une limitation, puisque de tous les mondes possibles, et il y en a beaucoup, elle ne peut choisir que le meilleur monde, c'est-à-dire un monde qui n'est pas absolument parfait. Cette limitation est fort petite, il est vrai; mais elle n'entraîne pas moins l'existence du mal moral et du mal physique dans le monde (1).

A côté des limitations de la volonté divine viennent se placer celles qui sont attachées à son entendement. L'entendement de Dieu est infini sans doute, et embrasse toute l'étendue du possible; il n'est pourtant pas indépendant à tous égards. Leibnitz combat Descartes, qui avait soutenu, d'après le système nominaliste, que la vérité de toute proposition dépendait de la volonté arbitraire de Dieu; Leibnitz maintient au contraire que ni les vérités éternelles, ni les lois morales ne sont subordonnées à la volonté divine. L'entendement de Dieu ne relève pas plus de sa volonté que n'en relève sa bonté; l'une et l'autre appartiennent à son essence; sa pensée dépend des vérités éter-

(1) *Théod.*, 222. Ces volontés antécédentes ne font qu'une partie de toutes les volontés antécédentes de Dieu prises ensemble, dont le résultat fait la volonté conséquente ou le décret de créer le meilleur; et c'est par ce décret que l'amour de la vertu et de la félicité des créatures raisonnables, qui est indéfini de soi, reçoit quelques petites limitations. Ib., 380. L'imperfection originale des créatures donne des bornes à l'action du créateur, qui tend au bien.

nelles (1). Certes il paraît étrange qu'au-dessus de Dieu Leibnitz pose ici un principe supérieur encore, savoir, les vérités éternelles. Cette faute provient de l'application qu'il fait de certaines distinctions à un ordre de choses qui ne les comporte pas. Les conséquences, auxquelles cette application le conduit, deviennent manifestes, en ce qu'il fait dépendre l'existence du mal physique et du mal moral dans l'univers de ces vérités éternelles, et croit pouvoir affranchir Dieu du reproche d'avoir permis le mal moral, car ce mal résultait, comme une nécessité, des idées éternelles, qui ne relèvent pas de la volonté de Dieu (2). Les idées éternelles sont hors de la puissance divine; elles forment son entendement, et Leibnitz va jusqu'à dire que Dieu n'est pas l'auteur de son entendement, en vue de le défendre contre le reproche d'être l'auteur du mal physique (3). Conséquences vraiment étranges, qui font dépendre le concret et le réel de pures abstractions et de simples possibilités.

Et pourtant Leibnitz pousse plus loin encore cet ordre de considérations, lorsqu'il veut expliquer la limitation des créatures. Si tout le possible était aussi réalisé dans l'univers, il n'y aurait pas de différence

(1) Dut., II, 1, p. 334; IV, 3, 272.

(2) *Théod.*, 20; 335. Le mal vient plutôt des formes mêmes, mais abstraites, c'est-à-dire des idées, que Dieu n'a point produites par un acte de sa volonté, non plus que les nombres et figures, etc.

(3) Ib., 380. Or Dieu ayant fait toute réalité possible, qui n'est pas éternelle, il aurait fait la source du mal, si elle ne consistait pas dans la possibilité des choses ou des formes, seule chose que Dieu n'ait point faite, puisqu'il n'est point auteur de son propre entendement.

entre le monde sensible et le monde suprasensible ou les vérités éternelles, tout serait parfait, comme l'entendement de Dieu; il n'y aurait plus de choix non plus entre les divers mondes possibles, partant plus de différence entre la volonté antécédente et la volonté subséquente de Dieu. Il faut donc que Leibnitz admette que tout le possible n'a pas été réalisé, et comme cependant le réel est déterminé par le possible, la volonté subséquente de Dieu par sa volonté antécédente et en fin de compte par son entendement, ou par les vérités éternelles, qui posent ce possible, force est aussi d'admettre que tout ce qui serait possible, n'était pas possible. De là la distinction établie par Leibnitz entre le possible et le compossible. Cette distinction ne peut s'opérer, que si l'on conçoit séparément les vérités éternelles; et en effet nous avons remarqué plus haut, que Leibnitz concevait les différents concepts, qui composent le système de la science, comme existant chacun pour soi. Ils doivent se trouver pareillement séparés dans l'entendement divin. Là chacune de ces idées est possible en elle-même, c'est-à-dire qu'aucune n'implique en soi contradiction; si maintenant on les embrasse toutes ensemble, il se peut que chacune d'elles rencontre dans une autre une contradiction; elles sont possibles chacune à part, mais elles ne sont pas toutes possibles simultanément dans le même monde (1). Ici reparaissent avec beaucoup de force les

(1) Dut., II, p. 325, sq.

distinctions de l'entendement et de la volonté, de la volonté antécédente de Dieu et de la volonté subséquente. La volonté subséquente, la résolution que Dieu prend de créer le monde maintient strictement l'unité divine; elle forme un seul décret, et non pas des décrets détachés; de là l'unité du monde; c'est en quoi cette volonté se distingue de la volonté antécédente, qui consiste dans une suite de considérations de l'entendement (1). En effet les réflexions de Dieu ne se rapportent pas seulement à l'ensemble, elles ont trait encore à ce que chaque créature à part a de meilleur (2); et ces considérations impliquent plusieurs pensées. Mais inversement, le meilleur dans chaque créature n'est pas le but unique de Dieu, autrement il n'y aurait que des esprits dans l'univers, sans aucun lien corporel; l'existence de ce lien révèle que le plan divin avait en vue l'ordre de l'ensemble. Dieu devait à l'univers, il se devait à lui-même de réaliser cet ordre (3). Par là les idées particulières, qui posent des choses particulières, sont mises en rapport les unes avec les autres, et le but nécessaire à considérer maintenant, c'est qu'elles soient en harmonie. Or l'opinion de Leibnitz est que les divers possibles réunis dans

(1) *Théod.*, 176. Dieu décerne de créer un univers, et il ne fait point de décrets détachés, qui ne seraient que des volontés antécédentes. Grotef. *Corresp.*, p. 10. Plus on est sage, moins on a de volontés détachées, et plus les vues et les volontés qu'on a sont compréhensives et liées.

(2) Erdm., p. 149 b.

(3) *Théod.*, 120.

l'entendement divin, ne sont pas possibles tous à la fois, qu'au contraire il y a entre eux une contradiction, et, pour ainsi dire, un combat, tous prétendant à l'existence, combat purement idéal sans doute, c'est-à-dire qu'il s'accomplit dans l'entendement divin; mais il n'en a pas moins pour effet la réalité; car de ce combat résulte le choix du meilleur des mondes, de celui qui enveloppe la plus grande réalité et la plus grande perfection. Tout possible aspire à l'être; mais tous les possibles ne peuvent pas être réalisés, parce qu'il y a contradiction entre les divers possibles (1). Il s'ensuit que tout ce qui serait possible en soi, ne se trouve pas dans le monde réel, et que le meilleur de tous les mondes possibles n'est pas pourtant absolument bon. Leibnitz ne pousse pas les rigueurs de la théodicée aussi loin que d'autres philosophes. Il ne trouve pas inconciliable avec l'idée de Dieu la création d'un monde défectueux, puisqu'il ne pouvait pas créer un monde parfait (2). Il est confirmé dans cette vue par sa théorie du combat des divers possibles. Tous les possibles ne sont pas possibles, parce que l'un exclurait l'autre. De là résulte que les différentes

(1) *Théod.*, 201. Tous les possibles ne sont point compatibles entre eux dans une même suite d'univers... L'on peut dire qu'aussitôt que Dieu a décerné de créer quelque chose, il y a un combat entre tous les possibles, tous prétendant à l'existence, et que ceux qui joints ensemble produisent le plus de réalité, le plus de perfection, le plus d'intelligibilité, l'emportent. Il est vrai que tout ce combat ne peut être qu'idéal, c'est-à-dire il ne peut être qu'un conflit de raison dans l'entendement le plus parfait.

(2) Ib., 32; 199, sq.

choses appelées à faire partie du monde réel, sont nécessairement en harmonie, et adaptées l'une à l'autre. Dans les réflexions divines, antérieurement à son existence réelle, toute chose exerce idéalement ses effets sur toutes les autres, puisque sa compatibilité avec toutes les autres entre nécessairement en ligne de compte; de là, comme conséquence inévitable, les rapports d'action et de passion réciproques dans les choses, et la limitation que chacune rencontre dans tout le reste. Le mal physique ne pouvait donc être évité; il est la condition de la réalisation du bien même dans l'univers (1).

Il est une question qu'on ne saurait s'empêcher de soulever, c'est de savoir à quoi tient que les possibles, qui se trouvent pourtant réunis dans l'entendement divin, seraient en contradiction les uns avec les autres dans le monde réel. Eh bien, Leibnitz tient cette question pour insoluble (2). Sa doctrine du meilleur des mondes repose d'une part, il est vrai, sur une exigence de la raison, mais elle s'appuie d'autre part sur une expérience, dont les raisons nous demeurent inconnues. C'est fondé sur la base de l'expérience, que Leibnitz en appelle, comme Shaf-

(1) Ib., p. 478 b; 9. Chaque chose a contribué idéalement avant son existence à la résolution qui a été prise sur l'existence de toutes les choses. Ib., 19; 199.

(2) Erdm., p. 99 b. Illud tamen adhuc hominibus ignotum est, unde oriatur incompossibilitas diversorum, seu quî fieri possit ut diversæ essentiæ invicem pugnent, cum omnes termini pure positivi videantur esse compatibiles inter se.

tesbury, à l'ordre des parties, que notre vue embrasse, et prétend en tirer cette conclusion que l'ordre des parties suppose nécessairement l'ordre de l'ensemble (1); mais cela ne lui suffit pas pour en déduire aussi que cet ordre est le meilleur possible. Nous ne nous élevons à ce résultat que par la raison, laquelle conclut de l'essence parfaite de Dieu, que le monde créé par lui ne peut être que le meilleur des mondes. De la cause nous concluons nécessairement à l'effet; puisque l'effet est là, nous ne pouvons le concevoir que comme le meilleur (2). Mais l'expérience intervient pourtant, et se mêle à cette conclusion; elle atteste l'existence du mal physique, et par là nous force à admettre que ce mal était inévitable. Le combat des divers possibles l'introduisait dans le monde avec nécessité (3).

Ces aperçus, tout flottants et incertains qu'ils soient, n'en ont pas moins une très-grande importance pour la liaison du système de Leibnitz. Ils lui servent, comme nous venons de le voir, à établir un enchaînement entre les principes de la raison et les faits de l'expérience, ainsi qu'entre les deux grands principes de la philosophie, celui de contradiction et celui de raison suffisante, à y établir cet enchaînement que nous devions, selon une remarque faite plus haut, nécessairement y chercher. Les faits sont rassemblés dans

(1) *Théod.*, 146.
(2) Ib., 10; Dut., VI, 1, p. 207.
(3) *Théod.*, p. 489 b.

la totalité du meilleur des mondes; leur raison suffisante est la volonté de Dieu; mais cette volonté est précisément fondée sur la loi de contradiction, à laquelle Dieu même est soumis; Dieu ne peut réaliser le contradictoire, lui donner place dans l'univers; c'est pourquoi tout ce qui est possible, ne se trouve pas réalisé dans l'univers. Mais ce monde n'en est pas moins le meilleur des mondes; car il y aurait contradiction, si Dieu ne créait pas le meilleur possible; et il y aurait pareillement contradiction à lui faire créer quelque chose de meilleur que le meilleur possible (1). Leibnitz développe cette idée d'une manière très-caractéristique : Chaque possible, dit-il, prétend à l'être, et serait réalisé, si quelque chose ne s'y opposait pas, à savoir la contradiction d'un autre possible qui aspire également à l'être, mais est incompatible avec le premier. Le résultat définitif est l'existence de la plus grande somme d'être, que comporte l'effort contraire des différents possibles. Ainsi l'essence exprimée dans les vérités éternelles aspire à l'existence réelle, et l'existence, que l'expérience nous fait connaître, dépend des concepts éternels de la raison. Il faudra donc dire que l'existence du meilleur monde, laquelle ne devrait résulter que d'une nécessité morale, dérive pourtant aussi de la nécessité métaphysique

(1) *Théod.*, 224. Je demeure d'accord du principe que tout ce qui n'implique point de contradiction est possible. Mais, selon nous, il faut dire qu'il implique contradiction de faire quelque chose qui surpasse en bonté le meilleur même.

des idées universelles (1), et que le principe même de raison suffisante repose sur la loi de contradiction, en tant que celle-ci détermine, sinon les vérités éternelles, du moins leur concordance. La raison suffisante de l'être ou du non-être de toute chose consiste en ce que cette chose est en contradiction ou en harmonie avec la concordance des idées éternelles. Si l'on voulait objecter que le possible n'est pas capable d'effort, Leibnitz répondrait que les idées du possible sont réelles dans l'entendement de Dieu et déterminent sa volonté par un mécanisme métaphysique. Voilà le fondement de l'existence de tout ce qui compose le meilleur monde (2). En ramenant ainsi le principe de raison suffisante au principe de contradiction, Leibnitz obéissait nécessairement à la pensée, persistante chez lui, d'expliquer en définitive l'empirique *à priori*, c'est-à-dire par le principe de contradiction. Il se rend compte des lois du monde réel par la convenance

(1) Erdm., p. 99 a. Omne possibile exigit existere, et proinde existeret, nisi aliud impediret, quod etiam existere exigit et priori incompatibile est, unde sequitur semper eam existere rerum combinationem, quæ existunt quam plurima. Ib., p. 147 b, sq. Omnia possibilia seu essentiam vel realitatem exprimentia pari jure ad existentiam tendere pro quantitate essentiæ seu realitatis, vel pro gradu perfectionis, quem involvunt... Et ut possibilitas est principium essentiæ, ita perfectio seu essentiæ gradus (per quam plurima sunt compossibilia) principium existentiæ.

(2) Dut., II, 1, p. 56. Tous les possibles prétendent à l'existence dans l'entendement de Dieu, à proportion de leurs perfections; le résultat de toutes ces prétentions doit être le monde actuel le plus parfait qui soit possible. Erdm., p. 148. Ex his jam mirifice intelligitur, quomodo in ipsa originatione rerum mathesis quædam divina seu mechanismus metaphysicus exerceatur.

du tout, c'est-à-dire par ce principe qu'il ne peut exister aucune contradiction entre les parties de l'univers (1). Cet égard au tout a décidé le choix que Dieu a fait du meilleur monde; la nécessité physique repose sur la nécessité morale, par suite de laquelle Dieu a fait son choix, mais à son tour cette nécessité morale a elle-même ses fondements les plus profonds dans la nécessité métaphysique. L'entendement de Dieu détermine tout; car, en définitive, sa volonté dépend sous tous les rapports de son entendement. Quand Leibnitz se flatte d'avoir affranchi la volonté divine de la nécessité métaphysique, en lui laissant le choix entre plusieurs mondes, quand il soutient avoir défait le nœud de la doctrine de la prédestination en distinguant le contingent du nécessaire, il est une chose qu'il perd de vue (2), c'est qu'il a ramené la raison suffisante au combat des possibles dans l'entendement divin, combat dont l'issue dépend uniquement de la puissance des possibles eux-mêmes. Peut-être serait-on moins choqué de cette conclusion, si Leibnitz était parvenu à nous faire comprendre comment les idées éternelles des possibles pouvaient être en contradiction les unes avec les autres. Comme il n'y a point réussi, sa réduction du principe de raison suffi-

(1) *Théod.*, p. 480 a. Nous apprenons les vérités positives ou par l'expérience, c'est-à-dire à posteriori, ou par la raison et à priori, c'est-à-dire par des considérations de la convenance qui les a fait choisir.

(2) Dut., v, p. 548; vi, p. 84; *Théod.*, 42; 80.

sante au principe de contradiction repose au fond sur une hypothèse, qu'il tient lui-même pour incompréhensible.

Ce que la théologie de Leibnitz a de défectueux est assez palpable. Sa doctrine, qui se rattache à celle de Thomas d'Aquin, pousse le déterminisme jusqu'à un point, où aurait dû, ce semble, éclater à ses yeux toute la fausseté de l'assimilation de l'être divin à l'être humain. L'importance de l'idée de Dieu pour nos recherches scientifiques consiste principalement à nous élever à l'unité du principe suprême; or ce résultat, la théologie de Leibnitz ne l'atteint que fort incomplétement, attendu que ce philosophe fait bien moins ressortir l'unité de la substance divine que la pluralité des idées, qui se croisent en elle et s'y modifient réciproquement, ainsi que les différences de l'entendement de Dieu et de sa volonté, de sa volonté antécédente et de sa volonté subséquente. Il a désigné sa doctrine sous le nom de système de l'harmonie préétablie, et dans le fait le résultat qu'il obtient au moyen de l'idée de Dieu, consiste tout entier à ramener la multiplicité, qui est son point de départ, à l'harmonie d'un tout, et à asseoir ce tout sur la base d'un principe éternel. Leibnitz fait observer que ses monades n'auraient pas besoin d'avoir Dieu pour fondement, puisque, à titre de substances, elles ne font que développer ce qui est en elles; seulement il lui a fallu chercher un principe, en vertu duquel elles se développent toutes harmonieusement. Il y a plus, cette doctrine n'aboutit pas même à constituer une harmonie parfaite; car les éléments, desquels tout se compose, les idées éternelles, coexistent bien en parfait accord dans l'entendement divin; mais dès que Dieu a décrété de les réaliser dans le monde, il s'élève une lutte entre elles. Leibnitz impute à la capacité bornée des créatures (1), de ne pas comporter cette coexistence et d'être ainsi la cause du combat qui s'élève. En avouant que nous ne saurions comprendre la raison de la contradiction des idées entre elles, Leibnitz indique assez clairement que sa doctrine ici a pour unique point de départ l'expérience, qui lui fait connaître l'univers dans son état présent, et que c'est par suite de cette expérience, et en conformité avec elle, qu'il se modèle l'idée de Dieu. C'est l'expérience qui lui a montré toutes choses entachées d'imperfection et de passivité; elle lui a montré dans cette passivité la preuve que nulle chose ne peut être conçue séparée d'autres forces actives, et lui a manifesté ainsi la nécessité d'admettre un principe, un créateur des choses, qui enchaîne toutes choses entre elles, mais en même temps les assujettit toutes à la passivité. Ce créateur ne peut rien produire de parfait, cela résulte de son idée même, puisque cette idée procède de la connaissance de l'imperfection du monde. L'idée du meilleur n'est invoquée que pour couvrir l'imperfection, attribuée au monde et à son auteur. Nous ne pouvons pas omettre de signaler non

(1) Erdm., p. 147 b, sq.

plus que Leibnitz pousse assez loin l'atténuation des imperfections nécessairement inhérentes au monde. Il distingue le mal métaphysique, le mal physique et le mal moral. Le premier ne consiste que dans la privation, le second dans la douleur des êtres sentants, le dernier dans les actions des êtres raisonnables (1); les deux derniers sont les suites nécessaires du premier, dès là que le monde doit contenir des êtres sentants et des êtres raisonnables. Car il y a plaisir et douleur, dès que sont senties la perfection et l'imperfection, et les actions mauvaises résultent inévitablement de l'imperfection des créatures raisonnables, parce que le mal moral consiste uniquement dans la privation. Dès lors le mal moral entraîne à son tour après lui le mal physique comme châtiment, car le châtiment n'est jamais qu'une suite naturelle du mal moral. Dieu peut donc à la fois permettre le péché et vouloir le châtiment, puisque l'un et l'autre sont inévitables dans le meilleur des mondes (2). Nous retrouvons ici les idées antiques, selon lesquelles l'harmonie du monde n'exclut pas le mal moral et la lutte. Concorde, ordre et beauté, plaisir et bonheur, constituent la perfection du monde; mais l'ordre et la beauté ne peuvent exister sans opposition; le mal physique est

(1) *Théod.*, 21; p. 655 a.

(2) *Nouv. ess.*, II, 20, 1, p. 120; *Théod.*, 20; 29, sq.; p. 659 a. Radix lapsus est in imperfectione seu imbecillitate creaturam originali. Grotef. *Corresp.*, p. 185. La racine du mal est dans le néant, c'est-à-dire dans la privation ou limitation des créatures.

comme la dissonance dans la musique; le mal moral est comme est dans un tableau l'ombre noire, qui contribue à la beauté de l'ensemble (1). Nous le voyons ici, Leibnitz admet sans doute entre les choses une harmonie, et il la déduit de l'unité de leur principe, mais une harmonie soumise à beaucoup de conditions, et bien éloignée d'être une parfaite concorde. Leibnitz subit, comme un fardeau fatal, le mal physique dans l'univers; il n'a nulle espérance que ce mal puisse être vaincu; et nous aurions tort d'attendre aussi que Leibnitz nous fît comprendre parfaitement quelle en est l'origine.

De même que Leibnitz part de l'expérience dans la doctrine de l'harmonie du monde, de même les peintures qu'il fait de quelques parties de cette harmonie dépendent aussi de l'expérience. On s'en aperçoit en particulier à cette théorie, que l'harmonie du monde exigeait qu'il renfermât différents ordres de choses (2). La beauté du monde demandait une diversité de créatures liées entre elles pour former un tout organique; les différents degrés d'esprits ne peuvent pas non plus en être absents; il est de plus nécessaire que les choses de divers ordres ne s'y trouvent pas juxtaposées de manière à présenter une dégradation insensible, il faut qu'elles soient en quelque sorte jetées confusément, afin que leur diversité produise des

(1) Erdm., p. 149; 672 a; Dut., I, p. 501; II, 2, p. 64.
(2) Dut., II, 2, p. 157.

sensations tranchées (1). Du reste Leibnitz ne s'arrête pas à ces observations tirées de l'expérience; c'est sa manière de chercher à en déduire des principes généraux, et ce qui lui en fournit le moyen, c'est cette raison universelle, qu'il croit trouver et démontrer en Dieu, des faits qu'il a observés un à un. Ainsi, il conclut, avec Thomas d'Aquin, de l'observation des différents degrés d'êtres que lui présente l'univers, que tous les degrés possibles s'y trouvent nécessairement, afin que le meilleur des mondes soit complet. Dieu a dû créer nécessairement tout ce qui était possible; or en chaque espèce d'êtres, admise dans l'univers, chaque degré était possible (2).

Cette manière de raisonner engendre une série de propositions, dans lesquelles les principes de la monadologie sont confirmés par la théodicée. Ainsi le principe de l'indiscernable trouve un appui dans l'infinie diversité des créatures, moyen nécessaire de rehausser la beauté du monde, et, d'un autre côté, la doctrine que tout est dans tout dérive de l'harmonie universelle, dans laquelle chaque être est nécessairement un miroir du tout. De même que, sous ce rapport, les esprits sont égaux, de même aussi toutes les monades (3). L'infinité du monde, enveloppée déjà dans l'intérieur de chaque monade, découle aussi de

(1) *Théod.*, 200; Erdm., p. 670 a; *Nouv. ess.*, IV, 16, 12, p. 440.
(2) Dut., V, p. 18; *Nouv. ess.*, III, 6, 12, p. 167; IV, 16, 12, p. 442.
(3) Dut., VI, 1, p. 315. Mentes omnium æquales sunt. Erdm., p. 149 a.

l'infinité de Dieu. L'immortalité de chaque monade a pareillement son fondement dans l'éternité divine. Nulle monade ne peut ni naître ni périr naturellement ; et l'expérience atteste, en effet, que tout ce qui vit se développe du sein d'un germe préexistant (1). Mais l'efficace de Dieu, permanente et toujours égale, nous démontre aussi qu'une substance ne peut pas périr non plus surnaturellement. Le monde est impérissable, car son fondement demeure toujours identique à lui-même (2). De même que le monde a subsisté dès l'origine plein d'harmonie, de même il subsistera toujours avec cette harmonie ; voilà la base de l'harmonie de l'âme et du corps, du monde interne et du monde externe, bien que la monade ne puisse ni rien recevoir du dehors, ni exercer au dehors aucune action (3).

Nous devons nous arrêter un peu sur ce point, car il caractérise plus que tous les points déjà mentionnés la doctrine de Leïbnitz. Moins celui-ci peut accorder l'existence d'un lieu causal extérieur, plus il doit tendre avec force le lien interne qui enchaîne les opérations de la vie. Le présent est gros de l'avenir et porte tout le fardeau du passé ; la vie, dans tout son développement, forme une chaîne ininterrompue d'opérations ; la liaison causale consiste en ce que tout événement est déterminé par tout ce qui l'a précédé, puisqu'il

(1) *Théod.*, 90, sq.; p. 659 a.
(2) Dut., VI, 1, p. 185.
(3) Dut., II, 1, p. 162, sq.; *Monad.*, 78.

ne peut rien arriver qui n'ait sa raison dans un état antérieur, et en définitive dans les germes originels, dont Dieu a doué les choses. Tout événement est donc prédéterminé (1). Tel est le principe le plus général du déterminisme de Leibnitz ; cette doctrine repose sur le rapport de ce qui précède à ce qui suit, sur la conception de l'enchaînement causal, selon laquelle la cause précède l'effet et le nécessite dans toute son étendue. Le rapport de l'entendement et de la volonté, de la perception et de l'appétition, ne présente qu'une simple application de cette doctrine. Dans les développements de la monade un événement résulte de ce qui le précède de la même manière qu'un événement résulte d'un autre, sauf cette réserve que les développements de la monade sont en même temps raisons des mouvements. Leibnitz aperçoit donc jusque dans ces développements un mécanisme supérieur (2). C'est pourquoi Leibnitz assimile, comme le faisait Geulincx, le développement des perceptions aux effets d'une machine. Les monades sont de pures machines spirituelles. Il emploie aussi, de la même manière que Geulincx, la comparaison des monades avec des horloges. Au moment où elles ont été créées, elles étaient toutes mises à la même heure, et comme

(1) *Théod.*, p. 475 ; 47 ; p. 635 b, sq.; Dut., VI, 1, p. 229. Tous les événements sont prédéterminés. Erdm., p. 191 b.

(2) Dut., II, 1, p. 311. Monades omnia ex penu suo ducunt, mechanismo quodam eminente, ut sic dicam, qui fundamentum est et concatenatio mechanismi corporei, ita ut modus, quo unum ex aliquo sequitur, explicari possit.

elles se meuvent d'après un mécanisme parfait, elles ne cesseront pas de marquer le même temps, bien qu'elles n'exercent point réciproquement d'action l'une sur l'autre. Ainsi âme et corps, monde interne et monde externe, restent continuellement en harmonie (1).

Ainsi s'explique aussi le rapport de l'entendement et de la volonté. La perception exprime l'état interne actuel de la monade ; l'appétition est simplement l'effort d'une perception à l'autre, et procède par conséquent, comme constituant le passage du présent à l'avenir, de la perception actuelle. Ce que sont chez les animaux privés de raison la perception et l'appétition, l'entendement et la volonté le sont en nous ; la volonté se manifeste, comme la tendance d'une perception à l'autre, ou bien d'une pensée de l'entendement à l'autre (2). Il s'ensuit que nous ne pouvons pas prendre de décision sans avoir l'idée du bien et du mal, laquelle nous détermine à nous décider, et que toute volition n'est jamais que le résultat de plusieurs inclinations existantes dans nos pensées antérieures, mais souvent trop petites pour être senties (3). Sans doute, ce n'est pas toujours l'entendement qui

(1) Dut., II, 1, p. 71, sq.; Grotef. *Corresp.*, p. 90, sq.

(2) Dut., II, 1, p. 32; 232. Ut in nobis intellectioni respondet voluntas, ita in omni entelechia primitiva perceptioni respondet appetitus, seu agendi conatus ad novam perceptionem tendens. Ib., II, 2, p. 55. Appetitus vero nihil aliud est, quam tendentia ad novas perceptiones.

(3) *Théod.*, 51; *Nouv. ess.*, II, 21, 36, p. 147, sq.; 39, p. 151.

détermine la volonté, il s'y joint encore d'autres actions déterminantes, mais qui relèvent seulement de la sensibilité. Si ce ne sont pas des représentations déterminées, ce sont des représentations confuses, qui constituent les mobiles de notre volonté (1). En un mot, l'idéal précède toujours la volonté et la détermine.

De là naissent pour Leibnitz de graves difficultés à soutenir la liberté de la volonté. Mais il déploie toute sa force pour la maintenir. Il s'élève, il est vrai, très-résolument contre la théorie cartésienne, qui fait résulter l'erreur ou la vérité de nos pensées de l'usage de notre libre arbitre (2) ; il comprend également que l'expérience ne peut pas nous démontrer la liberté de notre volonté ; car l'expérience ne nous atteste jamais autre chose que la dépendance, où est notre volonté de nos pensées et de nos perceptions ; et quand bien même nous n'apercevrions pas toujours ces mobiles, il ne s'ensuivrait nullement qu'ils n'existent pas. Toutefois, cela ne l'empêche pas de maintenir la liberté de la volonté ; car il se flatte d'en trouver la démonstration dans ses principes généraux sur les substances de la nature et leurs divers degrés.

(1) *Théod.*, p. 641 b. Je n'oblige point la volonté de suivre toujours le jugement de l'entendement, parce que je distingue ce jugement des motifs qui viennent des perceptions et inclinations insensibles... La volonté suit toujours la plus avantageuse représentation, distincte ou confuse, du bien ou du mal.

(2) *Théod.*, p. 649 b.

(3) Ib., 293.

Le premier point sur lequel il s'appuie, c'est que les opérations des monades ne sont pas nécessitées par une action extérieure. Les monades tirent toutes leurs opérations de leur propre fonds. Leur spontanéité exclut toute nécessitation externe; cette merveilleuse spontanéité nous rend en un certain sens indépendants de l'influence physique (1). Néanmoins nous ne sommes pas encore dispensés par là de tenir compte de ce qui appartient à Dieu dans les dispositions attachées par lui aux germes de notre substance. En tant que subordonnés aux nécessités de l'enchaînement du reste du monde, nous ne sommes pas libres. Cette subordination se manifeste par les représentations confuses, inhérentes à notre sensibilité, par la passivité, qui se mêle à notre activité; aussi Leibnitz est-il fort éloigné de vouloir nous attribuer une volonté absolument libre. Nous sommes libres seulement en vertu de nos idées claires et distinctes (2). De là la distinction que Leibnitz établit entre la spontanéité et la volonté libre, laquelle est la spontanéité des êtres raisonnables jointe en eux à des idées claires

(1) *Théod.*, 59; 291. L'âme a donc une parfaite spontanéité, en sorte qu'elle ne dépend que de Dieu et d'elle-même dans ses actions.

(2) *Nouv. ess.*, II, 21, 8, p. 133. Dieu seul est parfaitement libre, et les esprits créés ne le sont qu'à mesure qu'ils sont au-dessus des passions. Dut. II, 1, p. 98. L'âme est libre dans les actions volontaires, où elle a des pensées distinctes, et où elle montre de la raison; mais les perceptions confuses, réglées sur les corps, naissent des perceptions confuses précédentes, sans qu'il soit nécessaire que l'âme les veuille, et qu'elle les prévoie.

et distinctes (1). C'est à ces idées que nous devons de pouvoir surmonter les impulsions de la sensibilité, de la passion (2). Leibnitz élève, il est vrai, très-haut la puissance de la passion et des impulsions obscures de la sensibilité, il l'élève d'autant plus haut qu'il est moins tenté de refuser son assentiment à la doctrine du péché originel ; mais cela ne l'empêche pas d'attribuer aux âmes raisonnables la faculté d'atteindre à des idées claires et distinctes, et d'y trouver une sphère d'activité indépendante. Dieu ne damne personne ; quiconque est damné, se damne lui-même et ne reste enseveli dans le malheur que par sa volonté (3). Le péché originel n'a rien changé à la substance ; il n'a changé que l'inclination innée. Le péché originel consiste dans une corruption physique des premiers germes de notre vie, corruption que Leibnitz déduit d'une hypothèse fort analogue à ce qu'on appelle théorie de l'emboîtement ; c'est que les germes de tous les hommes à naître subsistaient déjà dans le corps d'Adam. Mais cette corruption n'a pas éteint en nous l'étincelle de la vie divine (4) ; au contraire, Leibnitz est persuadé que, dès que la raison est parvenue à

(1) *Théod.*, 291 ; Erdm., p. 669 a. Libertas est spontaneitas intelligentis. *Nouv. ess.*, II, 21, 9, p. 134. Pour appeler les actions libres, nous demandons non-seulement qu'elles soient spontanées, mais encore qu'elles soient délibérées.

(2) *Théod.*, 289.

(3) Dut., IV, 1, p. 84. Neminem damnari nisi a se ipso, immo ne perseverare quidem in statu miseriæ, nisi voluntate sua.

(4) Dut., I, p. 27, sq.; VI, 1, p. 287 ; *Théod.*, 91 ; p. 659.

se développer dans une substance, la Providence divine veille sur elle, et que, loin de se perdre de nouveau, la conscience morale et la personne de l'être raisonnable subsistent toujours (1). Leibnitz suppose partout la coopération divine; à ceux qui veulent le bien, Dieu donne une grâce suffisante (2); mais cette dépendance, où les créatures sont de Dieu, ne porte nullement atteinte à la liberté de la raison ; car notre corruption n'est pas insurmontable, la grâce de Dieu n'opère pas non plus irrésistiblement, notre liberté nous est toujours laissée (3). Mais, puisque tout est prédéterminé dans nos dispositions originelles, en quoi consiste cette liberté? Leibnitz ne donne sur cette difficulté que des éclaircissements insuffisants. Ils se résument à dire qu'il faut bien que nous ayons le pouvoir de déterminer notre volonté, sinon immédiatement, au moins d'une manière indirecte. La volonté actuelle est sans doute déterminée par les mobiles, qui résultent de l'état précédent ; mais nous pouvons faire actuellement quelque chose qui détermine notre avenir ; nous pouvons remettre notre choix, nous pouvons chercher de nouveaux motifs, et par là Leibnitz entend évidemment des idées claires et distinctes; nous nous trouvons par cette voie en mesure de triompher de la confusion de notre vie sen-

(1) Dut., v, p. 319.
(2) *Théod.*, p. 628; 661.
(3) *Théod.*, 279.

sible (1). On voudrait que Leibnitz pût nous apprendre au moins le moyen de remettre notre choix et de chercher de nouveaux motifs sans y être déterminés par la série des événements antérieurs de notre vie.

Il réussirait à nous éclairer sur ce point, si, en nous assurant qu'il faut considérer dans le développement des êtres raisonnables non-seulement des causes efficientes, mais encore des causes finales (2), il appuyait cette affirmation sur des raisons plus solides. Il revient assez souvent là-dessus et invoque, pour soutenir cette thèse, l'idée de Dieu et celle du meilleur monde possible : le choix du meilleur suppose une fin. Il confirme encore cet aperçu par l'idée qu'il se fait des choses de l'univers; car les monades, lesquelles doivent, selon lui, développer du sein de la confusion de leur nature l'image de l'univers, renferment en elles un effort vers l'avenir, une tendance à une fin. Tout dans le monde aspire à une plus grande perfection (3). Toutes choses dans l'univers sont constituées

(1) Ib., p. 630, sq. Nous avons quelque pouvoir encore sur nos volitions, mais d'une manière oblique, et non pas absolument et indifféremment... Il est vrai cependant qu'on se peut chercher de nouvelles raisons, et se donner avec le temps de nouvelles dispositions... On n'est pas maître absolu de sa volonté, pour la changer sur-le-champ sans se servir de quelque moyen ou adresse pour cela. *Nouv. ess.*, II, 21, 22, p. 140. On peut suspendre son choix. Ib., 25, p. 142; 47, p. 155.

(2) Dut., II, 1, p. 99. Les mouvements des corps sont expliqués par les causes efficientes, mais dans les perceptions distinctes de l'âme, où il y a de la liberté, paraissent encore les causes finales.

(3) Dut., VI, 1, p. 332. Le monde est comme un corps, qui va sans obstacle à son but.

en vue d'une fin ; que tout soit en même temps moyen et fin, c'est le moyen de produire le meilleur (1). Leibnitz proclame donc l'existence d'une harmonie préétablie non-seulement entre les diverses monades et entre les esprits et les corps, mais encore entre les causes efficientes et les causes finales. Il les considère les unes et les autres comme deux empires; aucun d'eux ne peut être troublé par l'autre dans la régularité de ses lois ; ils ont donc chacun leur cours particulier, sans cesser pour cela d'être dans une parfaite harmonie; car Dieu a de telle sorte disposé tous les mouvements dans leurs causes efficientes, qu'ils concourent au meilleur, comme à leur fin dernière (2). Toutefois Leibnitz cherche principalement le règne des fins dans le monde moral, c'est-à-dire dans la vie des êtres raisonnables, qu'il désigne sous le nom de règne de la grâce. Ces principes entraînent à ses yeux une harmonie entre le règne de la grâce et celui de la nature. Sans doute, Leibnitz cherche aussi des fins dans la nature, mais il réserve les fins morales aux êtres moraux, qui révèlent non-seulement la sagesse de Dieu, mais encore sa bonté, qui sont, selon lui,

(1) Ib., II, 2, p. 157 ; *Théod.*, 208. Le plus sage fait en sorte, le plus qu'il se peut, que les moyens soient fins aussi en quelque façon, c'est-à-dire désirables, non-seulement par ce qu'ils font, mais encore par ce qu'ils sont.

(2) Dut., II, 2, p. 155; *Monad.*, 79. Les âmes agissent selon les lois des causes finales par appétitions, fins et moyens. Les corps agissent selon les lois des causes efficientes ou des mouvements. Les deux règnes, celui des causes efficientes et celui des causes finales, sont harmoniques entre eux.

non-seulement les miroirs du monde, mais les miroirs de Dieu, puisqu'ils portent en eux les idées éternelles, et qu'ils renferment une étincelle architectonique, qui leur permet d'imiter dans leurs actions la bonté divine. C'est pourquoi Dieu n'est pas appelé seulement l'architecte du monde, il est appelé aussi le monarque des esprits (1). De l'harmonie de ces deux règnes Leibnitz infère que tout ce qui est bien reçoit sa récompense, tout ce qui est mal son châtiment. Il réunit même les fins du règne de la grâce en un nœud général, qui se dénouera au jugement dernier; alors le monde prendra, par des voies physiques, une forme nouvelle, correspondante à la perfection, où les esprits seront parvenus (2). Par une conséquence analogue, il considère le rédempteur comme la raison suprême de toute la création, comme représentant, pour ainsi dire, en lui l'ensemble de toutes les fins particulières (3). A l'égard de ce but suprême, tout mal moral disparaît; la chute de l'homme ne paraît plus qu'une faute heureuse, puisque c'est à elle qu'est dû un tel rédempteur (4). En un mot, Leibnitz trouve

(1) *Monad.*, 83, sqq. Comme nous avons établi ci-dessus une harmonie parfaite entre deux règnes naturels, l'un des causes efficientes, l'autre des finales, nous devons remarquer ici encore une autre harmonie entre le règne physique de la nature et le règne moral de la grâce, c'est-à-dire entre Dieu considéré comme architecte de la machine de l'univers, et Dieu considéré comme monarque de la cité divine des esprits. Dut., II, 1, p. 37, sqq.

(2) *Monad.*, 88.

(3) *Théod.*, p. 656.

(4) *Théod.*, 10.

une grande abondance de raisons pour embellir cette doctrine, comme il lui arrive dans tous les sujets, qui lui tiennent fort au cœur. Mais la question est de savoir si les distinctions, qu'il introduit ici, sont en parfait accord avec ses principes scientifiques.

Il est évident que Leibnitz fait effort pour concevoir le règne des êtres raisonnables, le règne de la grâce, comme le centre de toutes les fins, comme une province plus petite dans le vaste empire de la nature, comme une sphère dans laquelle tout est disposé en vue du plus grand bien. Mais les principes généraux de la monadologie combattent à plusieurs égards cette tendance. Il est une vue en effet à laquelle tous ces principes se rapportent, c'est que le centre est partout et qu'il n'est nulle part, que tout est en même temps et moyen et fin. De là l'impossibilité de séparer le règne de la grâce du règne de la nature. Toutes choses doivent être conçues par analogie avec l'âme, et l'âme paraît à Leibnitz être une force naturelle, dont le passé et le présent engendrent l'avenir selon des lois nécessaires. Lorsque, malgré cette conception générale, Leibnitz admet cependant des causes finales, il perd de vue que la fin est quelque chose de futur, et que là, où un effet quelconque est attribué aux causes finales, ce qui précède, loin de déterminer ce qui suit, est au contraire nécessairement déterminé par lui. On est amené à une conclusion inévitable, c'est que les fins, admises par Leibnitz dans le développement général des monades, ne sont rien de plus que les résultats naturels des énergies antérieurement déposées en elles. Il s'ensuit également que Leibnitz regarde toute espèce de développement spirituel et raisonnable comme le résultat d'une pure évolution physique. Il ne peut considérer la perfection morale des esprits autrement que comme une perfection de leur nature (1) ; il traite de leur vie, de leur développement à la manière de ceux qui avaient assimilé la morale à la médecine ; tout dépend du tempérament et des modifications que l'habitude y apporte ; là résident les germes de toutes nos qualités morales ; tout ce que l'esprit y ajoute, c'est la connaissance de ce que renferme la nature (2). Leibnitz parle donc beaucoup de la différence des esprits et des autres choses de la nature, ainsi que de la prééminence des premiers ; mais il n'arrive en dernier résultat qu'à établir une différence de degrés entre les choses, et à désigner d'une manière générale les êtres raisonnables comme occupant le degré le plus élevé. Dès qu'il en vient à parler de la prééminence des esprits, il commence par poser en principe que toutes les choses vivantes ont essentiellement le même fonds (3). Puis il essaie de trouver le

(1) Erdm., p. 149 a. Revera moralis perfectio ipsis mentibus physica est.

(2) Dut., VI, 1, p. 315. Character est in moralibus, quod temperamentum in medicis, causa omnium actionum. Character constat ex hominis habitu mentis (noticia), habitu corporis (assuefactione), et habitu corporis naturali seu potentia naturali (temperamento), etc.

(3) *Monad.*, 82. Il y a dans le fond la même chose dans tous les vivants et animaux.

privilége des esprits dans la personnalité, c'est-à-dire dans la conscience qu'ils ont d'eux-mêmes lorsqu'ils réfléchissent; il admet que les êtres, une fois parvenus à ce degré de connaissance personnelle, ne peuvent plus en déchoir (1). Nous ne saurions voir ici un titre de prééminence qu'à la condition de prendre la réflexion et la conscience dans un sens étroit, comme connaissance réfléchie, non pas seulement des opérations, ce que tous les animaux possèdent, mais encore de la substance. Si nous voyons dans la substance l'être éternel et le siége des vérités éternelles innées, par une conséquence naturelle la supériorité des esprits consistera en ce qu'ils ne sont pas seulement des miroirs du monde, comme le sont toutes les monades, mais aussi des miroirs de Dieu; car c'est précisément à ce dernier titre, à ce titre seul qu'ils représentent en eux les vérités éternelles, contenues dans l'entendement divin (2). Nous ne saurions toutefois rien apercevoir ici, qui pût constituer une différence essentielle. Toute monade en effet possède incontestablement la faculté d'arriver à la conscience de sa substance, et de s'élever au-dessus de la confusion des phénomènes jusqu'à des idées distinctes, et présente par conséquent, non-seulement un miroir du monde, mais encore un miroir de Dieu dans

(1) *Théod.*, 89; Dut., v, p. 319. Mentes enim conservant non tantum substantiam, ut aliæ animæ, sed et personam, id est, conscientiam sui seu actum reflexum.

(2) *Théod.*, 147; *Monad.*, 83. Les âmes en général sont des miroirs vivants ou images de l'univers des créatures, mais les esprits sont encore images de la divinité même.

l'essence éternelle qui lui appartient (1). Si donc les hommes sont réellement parvenus à ce degré de connaissance personnelle, Leibnitz ne voit là que l'effet d'une élection spéciale (2), et il commence à hésiter sur la manière dont nous sommes arrivés à ce point. Considère-t-il l'expérience, il serait tenté d'admettre qu'un grand nombre de germes humains se perdent, sans jamais parvenir à la raison (3); mais cette idée heurte le principe que rien dans le monde n'est fait sans raison ; c'est pourquoi il présume que les germes humains, qui ne sont jamais parvenus à la raison, n'enveloppaient pas en eux la raison (4). Songe-t-il aux voies par lesquelles la raison doit se développer, ses incertitudes deviennent plus fortes encore. La raison lui paraît infiniment supérieure à la sensation des animaux ; il incline donc à voir dans l'éveil de la raison une merveilleuse assomption de l'esprit, et comme une sorte de métamorphose (5) ; mais les principes généraux de son système l'entraînent dans une direc-

(1) Grotef., *Corresp.*, p. 161. Toute substance est comme un monde entier et comme un miroir de Dieu. (Ici encore Leibnitz n'établit qu'une différence de degré entre les âmes raisonnables et les autres substances.) Ib., p. 191. Les autres substances expriment plutôt le monde que Dieu, mais les esprits expriment plutôt Dieu que le monde.

(2) *Monad.*, 82.

(3) Dut., II, 1, p. 329.

(4) Dut., II, 1, p. 327.

(5) Grotef., *Corresp.*, p. 75; Erdm., p. 179 b; *Théod.*, 91. Soit qu'il y ait un moyen naturel d'élever une âme sensitive au degré d'âme raisonnable (ce que j'ai de la peine à concevoir); soit que Dieu ait donné la raison à cette âme par une opération particulière, ou (si vous voulez) par une espèce de transcréation.

tion tout opposée, tout est un simple développement naturel du sein des germes, déposés dans les choses dès le commencement ; quant à ce qui concerne l'âme humaine, tout ce que nous devons admettre, c'est qu'elle renfermait originairement une disposition particulière à la raison, disposition qui s'est développée dans la suite, grâce à des circonstances favorables ; de là il résulte encore que la raison était contenue déjà dans l'âme sensible, et qu'elle s'est épanouie par une évolution toute naturelle (1). Ces incertitudes témoignent des difficultés que Leibnitz rencontrait à expliquer dans son système la différence de la vie sensible et de la vie raisonnable ; mais elles n'indiquent qu'incomplétement les principes de ces difficultés. Ils ne consistent pas seulement en ce que toutes les âmes sont déterminées à se développer naturellement par une suite de leur vie sensible antérieure ; ils résident aussi dans cette conception qui applique à toutes les substances une même mesure, les juge par une même analogie, par conséquent les tient nécessairement comme égales en essence, et ne peut leur refuser de contenir l'image de Dieu et le germe de la réflexion.

Dans l'ordre de la nature, où Leibnitz voyait le meilleur monde possible, il lui était assurément difficile de maintenir les différences morales. Lorsqu'il entreprend de considérer en détail l'idée du meilleur

(1) *Théod.*, 397 ; Dut., VI, 1, p. 189. Si rationalitas animæ sensitivæ præexistenti non superadditur miraculose, sequitur sponte inde prodire per evolutionem naturalem.

monde, il aperçoit dans le mal moral un infiniment petit, qui mérite à peine d'entrer en ligne de compte. Sans doute, il ne veut pas renoncer au jugement dernier; il y maintient la distinction des élus et des damnés; mais le mal moral lui paraît une quantité *évanouissante* par rapport à la grandeur du bien que contient le règne de la grâce. Le bien va à l'infini; mais le mal a ses limites, et il n'existe qu'en raison du bien (1). De plus, Leibnitz n'est pas éloigné d'admettre après le jugement dernier une restauration de toutes choses, en sorte que tout le mal moral soit expié, et tous les êtres ramenés à Dieu et à la félicité (2). Mais, quoi qu'il en soit, le bien ne consiste pas seulement à ses yeux dans le monde moral; le monde naturel doit nécessairement aussi être pris en considération; et quand même le premier surpasserait le second en valeur, celui-ci ne laisserait pas de surpasser infiniment celui-là en grandeur, de telle sorte que le bien contenu dans le monde naturel réduirait à rien le mal renfermé dans le monde moral (3). A voir

(1) *Théod.*, p. 625. Le bien peut aller et va jusqu'à l'infini, au lieu que le mal a ses bornes... C'est une suite de la suprême perfection du souverain de l'univers, que le royaume de Dieu soit le plus parfait de tous les états ou gouvernements possibles, et que par conséquent le peu de mal qu'il y a soit requis pour le comble du bien immense qui s'y trouve.

(2) Dut., v, p. 294. Leibnitz engagea le théologien Petersen à composer un poëme, où le poëte pourrait user de libertés interdites au dogmatique.

(3) *Théod.*, p. 625 a. Mais pourquoi ne se pourrait-il pas que le surplus du bien dans les créatures non intelligibles, qui remplissent le monde, récompensât et surpassât même incomparablement le surplus du mal dans les créatures raisonnables?

Leibnitz se livrer à un calcul pareil, on reconnaît tout d'abord combien il était loin d'avoir compris qu'entre la nature et la raison il n'est point de comparaison possible sous le rapport du bien et du mal, bien plus que le bien dans la véritable acception du mot ne doit être cherché que chez les êtres libres et moraux.

Si maintenant on admet des fins dans le monde, on ne peut échapper à l'idée d'une fin dernière. Cependant les principes de Leibnitz ne permettent pas d'admettre qu'une telle fin puisse jamais être atteinte. Il attribue à ses monades impérissables un continuel effort pour se développer; cet effort entraîne en elles une évolution sans terme ; le plan de l'ensemble suppose en outre leur dépendance réciproque, et cette dépendance interdit de leur promettre jamais un progrès ininterrompu dans leur développement, un progrès tel qu'on serait en droit de l'attendre, à regarder chaque monade à part et en elle-même ; car en considérant chaque monade dans un rapport avec les autres, on voit que son développement peut être interrompu et anéanti. D'ailleurs qu'un être créé puisse parvenir à la perfection, c'est ce que sa nature ne comporte pas. Leibnitz pose donc sur le cours du monde, pris dans son ensemble, trois hypothèses, qu'il compare, selon le tour mathématique de son esprit, à des lignes ou à des figures. On peut admettre que le monde reste toujours également parfait, comme un parallélogramme conserve toujours la même hauteur, ou bien qu'il croît à l'infini sans jamais atteindre l'infini, comme les ordonnées d'une hyperbole croissent continuellement sans jamais toucher l'asymptote, ou qu'il se meut, comme en un cercle, avec des accroissements et des décroissements périodiques (1). De ces hypothèses, celle qui semble le plus à son gré est celle d'un continuel progrès en général, sans que néanmoins ce progrès exclue nécessairement une rétrogradation dans le détail. Du reste, ce progrès n'a pas de terme ; car l'infinité du monde est d'un tel ordre, que la richesse de ce qu'il contient ne peut être épuisée même dans un développement infini (2). Leibnitz a sans aucun doute ici particulièrement en vue les êtres raisonnables qui se trouvent dans le monde. Il conclut la peinture qu'il fait du règne de la grâce, en disant que Dieu nous promet bien une vision béatifique, mais non pas une vision parfaite de lui ; car Dieu est infini, et nous ne saurions jamais le connaître parfaite-

(1) Guhr., *Ecr. all. de Leibn.*, II, p. 33, remarq. On peut douter si le monde avance toujours en perfection, ou s'il avance ou recule par périodes, ou s'il ne se maintient pas plutôt dans la même perfection à l'égard du tout, quoiqu'il semble que les parties font un échange entre elles, et que tantôt les unes, tantôt les autres, sont plus ou moins parfaites. Cf. aussi là-dessus *Théod.*, 202 ; Dut., II, 1, p. 332 ; 334, sq. ; 308.

(2) Erdm., p. 150. In cumulum etiam pulchritudinis perfectionisque universalis operum divinorum progressus quidam perpetuus liberrimusque universi est agnoscendus, ita ut ad majorem semper cultum procedat... Et quod objici posset, ita oportere, ut mundus dudum factus sit paradisus, responsio præsto est, et si multæ jam substantiæ ad magnam perfectionem pervenerint, ob divisibilitatem tamen continui in infinitum semper in abysso rerum superesse partes sopitas adhuc excitandas et ad majus meliusque et, ut verbo dicam, ad meliorem cultum provehendas. Nec proinde unquam ad terminum progressus perveniri.

ment; nous sommes destinés seulement à un progrès continuel, à une joie sans cesse renouvelée, et à une perfection toujours croissante (1).

On ne s'attendra pas que les principes incertains à tant d'égards de Leibnitz sur le règne de la grâce aboutissent à des conséquences fécondes dans la philosophie pratique. En réalité, il n'a peut-être pas fait une seule observation sur ce domaine de la science, qui ne soit jetée en passant. Une éthique féconde devrait, à son sens, considérer les natures particulières des monades individuelles, dont le salut lui serait confié, exactement comme la médecine. Or, une éthique de ce genre relèverait de l'expérience, et c'est pourquoi l'éthique n'est pas une science dans la véritable acception du mot. La seule doctrine que Leibnitz reconnaît comme science pratique, est celle du droit et de l'utilité dans la société des êtres raisonnables (2). Mais il prend la doctrine du droit dans un sens très-large, aussi ne peut-il, en en déduisant les principes, s'abstenir de toucher à ceux de la doctrine des mœurs. Les principes pratiques, qui nous sont innés, tendent à notre propre conservation; il nous poussent à chercher notre plaisir, non pas toutefois dans la seule vue du présent, mais en vue de la durée entière de notre

(1) Dut., II, 1, 38, sq. La suprême félicité, de quelque vision béatifique ou connaissance de Dieu qu'elle fût accompagnée, ne saurait jamais être pleine, parce que Dieu étant infini ne saurait jamais être connu entièrement.

(2) Dut., VI, p. 315. Doctrina de moribus non est scientia, ut doctrina de justo et utili... Principia enim ejus ab experientia pendent.

vie ; ils ne nous excitent pas moins énergiquement à entrer dans la société, par l'instinct de sociabilité qui nous attire vers les autres (1) ; ils nous unissent même à tout le reste du monde auquel nous appartenons. Le droit strict renferme déjà la prescription de ne léser personne, la justice exige de plus que nous rendions à chacun ce qui lui appartient, et la piété nous commande d'obéir à nos supérieurs, car cette obéissance est le fondement du bien général, de l'harmonie du monde, et par conséquent de notre propre bien (2). Comme on voit, la doctrine de Leibnitz se rattache, en ce qu'elle a de positif, à celles de Hobbes, de Grotius et de leur successeur Pufendorf ; il n'a rien ajouté dans le détail à leurs idées, sauf l'extension plus grande qu'il donne à la notion de droit, où il combine la légalité et la moralité. Il ne limite donc pas le droit à la surveillance des intérêts de la société, à la vie extérieure, aux actions que l'on peut empêcher ou obtenir de force par des récompenses ou des châtiments ; le droit a, selon lui, pour objet le perfectionnement du monde dans son ensemble (3). Il doit prendre en considération, non-seulement la vie présente, mais encore l'immortalité de notre âme, et la justice doit embrasser toute vertu (4). Il faut reconnaître, d'après cette vaste conception de droit, qu'il dépend en géné-

(1) *Nouv. ess.*, I, 2, 2, p. 46 ; 3, p. 47.
(2) Dut., IV, 3, p. 213, sq.; 295, sqq.
(3) Ib., p. 272, sqq.; 277.
(4) Ib., p. 274 ; 276, sq.

ral de la nature des choses ; la raison doit le chercher dans les vérités éternelles, auxquelles Dieu même ne peut porter atteinte (1). La nature a dirigé tous ses efforts vers la perfection de l'être, perfection dont la conscience constitue le plaisir ; il n'est donc pas contraire à la moralité de tendre au plaisir et au bonheur, ou plutôt il nous est impossible de ne pas chercher notre propre bien. L'égoïsme, que semble renfermer l'effort de l'homme vers son propre bien, a pour contre-poids l'amour des autres, dans lequel l'homme trouve aussi son plaisir ; car l'amour des autres, lequel n'est pas contraire à l'amour de soi, consiste à se réjouir du bonheur d'autrui (2). Ainsi Leibnitz exige sans doute un amour très-étendu du prochain et de Dieu, un amour qui n'ait pas en vue la récompense, mais qui s'attache à la justice et la vertu pour elles seules ; mais ces prescriptions reviennent toujours au fond à l'effort naturel de tous les êtres vivants vers la perfection et vers le plaisir que leur procure la conscience de leur perfection (3). Il cherche encore ici une harmonie entre l'effort de chaque chose en particulier vers son propre bien, et le bien

(1) Ib., p. 273 ; 279.

(2) Dut., I, p. 29 ; IV, 3, 295. Amare autem sive diligere est felicitate alterius delectari, vel, quod eodem redit, felicitatem alienam adsciscere in suam. *Nouv. ess.*, II, 20, 4, p. 121, sq. Il est impossible, quoi qu'on dise, d'être détaché du bien propre.

(3) *Théod.*, p. 643. Nous demandons qu'on soit vertueux, reconnaissant, juste, non-seulement par intérêt, par espérance ou crainte, mais encore par le plaisir qu'on doit trouver dans les bonnes actions... Il faut aimer la justice et la vertu pour elles-mêmes. Erdm., p. 790.

général, auquel l'individu doit se subordonner, parce que ce bien général est but et non moyen (1). Il suit de là que toute moralité n'est employée que comme moyen en vue de notre plaisir ; et Leibnitz trouve une justification assez faible de cette doctrine dans cette idée qu'un bien suprême et final ne peut jamais être atteint, et que par conséquent toute fin, qui peut l'être, est en même temps un moyen.

Si ces prescriptions morales ne sont pas développées avec beaucoup de soin dans le système de Leibnitz, d'un autre côté elles ne s'élèvent pas au-dessus de l'opinion de son époque. Elles font une forte part à la théorie du bonheur, à l'intérêt personnel, à l'aspiration au plaisir. Tout ce qu'elles tendent à prévenir, c'est que nous ne cherchions notre plaisir dans les objets sensibles, au lieu de le chercher dans le développement supérieur de notre esprit, dans la perfection de notre raison. Or cette perfection consiste avant tout dans la connaissance de l'entendement (2) ; et, en effet, l'intérêt spéculatif est évidemment chez Leibnitz l'intérêt prédominant. A ses yeux la volonté est subordonnée à l'entendement, le désir à la conscience.

(1) Erdm., p. 790 a. Nous cherchons en même temps notre bien pour nous, et le bien de l'objet aimé pour lui-même... Ce sont des fins et non pas des moyens.

(2) Erdm., p. 672. Il s'ensuit en effet que rien n'est plus utile au bonheur que l'évidence de l'entendement, et que d'exercer sa volonté à agir toujours selon l'entendement ; il s'ensuit aussi qu'il faut chercher cette évidence particulièrement dans la connaissance des choses qui élèvent notre sentiment à un plus haut degré de lumière.

Ses vues sur la vie morale se trouvent être parfaitement d'accord avec sa monadologie. Tout développement des substances simples ne peut consister qu'à éclaircir leur confusion interne et à les élever à des idées distinctes ; en quoi elles ne sortent jamais d'elles-mêmes, et ne peuvent avoir par conséquent d'autre objet que leur plus grand bien. Leur effort pour arriver à des idées distinctes ne peut être considéré, par rapport aux autres monades, que comme une tendance à s'élever au rang de monades maîtresses, autant que le comporte la limitation de leur nature. Toute chose, en effet, dépend de sa nature limitée, puisque tout événement émane de ceux qui le précèdent, et résulte en définitive du mouvement primordial imprimé par Dieu à la nature première et aux énergies de la chose. Ainsi la doctrine morale de Leibnitz tient à sa manière d'envisager la nature, et est marquée d'un caractère physique très-frappant. Le bien, que nous pouvons obtenir, consiste tout entier à comprendre de plus en plus celui que renferme l'ordre de la nature, à nous procurer une connaissance croissante du meilleur des mondes, et à glorifier la sagesse et la bonté de Dieu, manifestées dans l'univers.

La monadologie présente incontestablement le pivot de ses idées, et c'est en elle qu'il faut chercher le produit le plus original de son esprit. Il s'y rattache, par des traits capitaux, aux idées théosophiques de l'époque précédente, et on ne peut méconnaître dans ces idées le principe vital de sa philosophie. Il voyait en toutes choses un germe vivant, principe interne de tout développement, un miroir vivant de l'infini, qui réunit tout en tout, mais dont la nature particulière et originale représente tout en elle d'un point de vue spécial, un abrégé du tout, une force tendant incessamment à exprimer l'infini et incessamment arrêtée, bornée dans cet effort par les limites de l'existence finie. Cette aspiration est, selon Leibnitz, ce qui permet aux choses qui composent l'univers d'arriver, malgré leur limitation, à la conscience de l'infini, et de pouvoir développer du germe divin, déposé en elles, les vérités éternelles.

Mais Leibnitz a la sagesse de circonscrire ces idées théosophiques dans les bornes de la raison. Il rencontre ici pour appui les idées qu'il a reçues du rationalisme de l'école cartésienne, ou qu'il a su en tirer. Le moyen terme, qui lui sert à combiner ces deux éléments de sa philosophie, est la notion de la substance. Il ne peut refuser aux germes impérissables, qui sont les dépositaires de la vie, une existence indépendante ; il ne pouvait donc éviter de mettre en question, sous ce rapport, toutes les doctrines de l'école cartésienne sur la substance, sur ses attributs et ses modifications. Il rattache de plus à ses propres vues les principes du rationalisme ; la substance impérissable porte aussi nécessairement en elle-même une impérissable vérité ; comme la substance contient dans son essence tous les développements possibles, ses idées lui sont nécessairement innées; ce sont des germes vivants qui résident en elles, et n'ont besoin que de circonstances favorables pour se développer. L'esprit connaît donc en lui-même, parmi les modifications passagères de ses représentations sensibles, les vérités éternelles qui appartiennent à son essence. Ces vérités nous fournissent le moyen de distinguer l'apparence sensible de la réalité. Du reste, ce rationalisme ne dédaigne pas les informations de l'expérience, elles servent à éveiller l'esprit; tout phénomène a un fondement et annonce une vérité cachée. Mais pour distinguer l'apparence de la réalité, Leibnitz ajoute encore aux idées théosophiques un autre principe de l'école cartésienne. Le principe : Je pense, donc je suis, qui, dans la connaissance des choses, tourne avant tout notre esprit sur la vie interne et sur la substance pensante, n'a montré tout ce qu'il contient que grâce à Leibnitz. En reconnaissant notre moi pour point de départ de toute connaissance certaine des choses réelles, Leibnitz en a conclu que, si notre moi est la seule chose que nous puissions jamais connaître immédiatement, notre moi est aussi pour nous le moyen nécessaire de toute connaissance des autres choses, et que par conséquent nous devons tout concevoir par analogie avec notre âme. Toute substance réelle est conçue comme une âme plus ou moins développée, vue qui concorde très-bien avec la doctrine théosophique, selon laquelle toute chose se développe nécessairement du dedans au dehors, à la manière d'un germe ; vue qui trouve aussi une confirmation dans la vieille doctrine de l'indivisibilité et de la simplicité de toute substance, mais qui dépasse de beaucoup l'horizon des idées cartésiennes, relativement aux substances corporelles. Si l'on se demande à présent ce qui, sans parler de la modération générale que Leibnitz savait imposer à sa vive imagination, l'a aidé en tenir en bride les idées fantastiques de la théosophie, deux choses nous paraissent avoir été décisives à cet égard, et toutes deux relèvent des doctrines sus-mentionnées de l'école cartésienne. La première consiste dans l'idée de la substance, la seconde dans la tentative de tout ramener aux concepts éternels de la raison. La notion de substances conduit à la sévère distinction du corporel et du spirituel, distinction que les cartésiens avaient été approfondissant de plus en plus ; or Leibnitz reconnaît, il est vrai, que le spirituel seul, ou ce qui est analogue à l'âme, peut prétendre à être considéré comme substance, qu'au contraire le sensible, et par conséquent tout ce qui est corporel n'est qu'un phénomène confus ; mais il n'en maintient pas moins fortement, selon ses idées, la distinction, en la désignant comme l'opposition de la substance et du phénomène. Le domaine des phénomènes corporels est régi par des lois mécaniques, car tout est passif en lui ; le règne des substances se développe en vertu d'énergies propres, et est un règne des fins, un règne du bien. Ceci oppose une barrière à la confusion, où tombaient les théosophes, lorsqu'ils concevaient la nature corporelle comme une force spirituelle, et le bien comme un produit de la nature. Un second point se relie étroitement au précédent. Comme Leibnitz ne trouve la substance des choses que dans les monades semblables à l'âme, il est nécessairement conduit à résoudre tout phénomène en développements d'une nature analogue; les éléments, auxquels il s'efforce de ramener toute représentation confuse, sont les concepts simples de l'esprit, les vérités éternelles. C'est à cette tendance de ses idées que nous sommes redevables de son effort pour y établir un ordre logique, dont les combinaisons d'images fantastiques, où se jouait la théosophie, étaient bien éloignées. De cet effort est résulté sa conception grandiose d'une caractéristique universelle, qui eût entrepris de représenter le système entier des idées. Ce système des idées aurait compris dans son tissu les idées des mathématiques et celles de la mécanique, et aurait exclu toute contradiction soit avec ces idées, soit entre ses parties. Tout dans les vues de Leibnitz tend à l'harmonie entre le grand et le petit, entre l'inférieur et le supérieur; elles ne présentent, dans leur ensemble, aucune contradiction, et dès lors disparaissent la confusion et la discorde, qui composaient, aux yeux des théosophes, le devenir du monde.

Une pensée hardie, mais toujours ferme dans la mesure et assujettie à l'ordre, pénètre tout le système de Leibnitz; on ne peut méconnaître un puissant effort pour faire entrer dans la trame de ce système tous les fils de la philosophie antérieure, et il faut convenir qu'il y a réussi, au moins quant aux idées capitales, aux idées les plus considérables du passé. L'audacieuse tentative faite par Spinosa pour tout absorber dans une seule substance, est la seule à quoi Leibnitz accorde peu d'attention. La notion de la substance, qui avait formé le pivot de toutes les spéculations modernes, est traitée par les deux philosophes d'une manière absolument opposée. Leibnitz voit dans la substance une force vivante, se développant elle-même, fondement des phénomènes, et entraînée avec eux dans une continuelle évolution. Il ne met pas en doute la réalité du devenir et des phénomènes; il se reconnaît obligé de leur donner un principe réel et correspondant, qui ne peut consister que dans les opérations variables des substances. Il est forcé d'admettre une pluralité de substances, pour que du mélange de leurs opérations puisse résulter le phénomène confus. C'est un des mérites éminents de sa doctrine d'avoir exposé d'une manière claire et frappante comment la sensation se compose de perceptions sensibles, la perception sensible d'impressions innombrables, et comment, dans tous ces actes de la sensibilité, il n'y a autre chose qu'un avénement d'éléments confus à la conscience. La conséquence ne se fait pas attendre; cette confusion réclame pour principe nécessaire une pluralité de substances. La doctrine de Leibnitz va donc à considérer les substances particulières, individuelles, comme les raisons du phénomène. Spinosa procède tout autrement. Par la substance il entend le principe suprême; il l'élève infiniment au-dessus des raisons des phénomènes; elle est pour lui le fondement absolu, non des phénomènes, mais de la vérité. En ce sens, il ne faut admettre qu'une seule substance; les phénomènes n'existent que dans notre représentation confuse; ils n'ont d'autre fondement que notre limitation, laquelle est en réalité un pur néant. Dès que nous triomphons de notre limitation, le temps et le devenir s'évanouissent. La substance unique n'est pas une force, qui serait le fondement d'énergies spontanément actives et le support des phénomènes; elle est absolument la réalité pure et simple, rien de plus. Les deux doctrines ont chacune pour principe une manière différente de concevoir la science. Leibnitz lui demande l'explication des phénomènes; Spinosa ne tend qu'à la connaissance de l'éternel; pour que nous le connaissions, il faut nécessairement que les phénomènes disparaissent, que le vrai dépouille son voile d'apparences. De ce point de vue nous ne pouvons manquer de donner l'avantage à la doctrine de Leibnitz. Elle maintient dans son droit la vérité de l'expérience; elle conserve à la notion de la substance toute sa valeur, en réclamant aussi pour la substance les opérations, les accidents, dont elle est le support.

Le résultat est tout différent, si nous venons à considérer le couronnement du système entier, l'idée de Dieu. Leibnitz ne peut pas plus se soustraire que Spinosa à cette suprême exigence de la science; il aspire, lui aussi, à connaître l'éternelle vérité dans son dernier principe. S'il s'attache à l'expérience, il ne renonce pas pour cela aux idées rationalistes, et ces idées le poussent à embrasser tout le système des idées, qui ont leur fondement et leur vérité dans l'entendement divin. Or, dans le système de Leibnitz, l'idée de Dieu a une double importance. Les idées de notre entendement désignent de purs possibles, elles représentent aussi, du moins en grande partie, de simples rapports. Les concepts de notre entendement ne désigneraient donc que des êtres de raison, et nous ne pourrions leur attribuer aucune réalité, s'il n'existait pas une essence éternelle, d'où émane la réalité de ces possibles, qui soit le vrai fondement de ces rapports. Cette essence éternelle est Dieu; il réunit en lui la multiplicité des idées, tout le système des vérités éternelles et des lois nécessaires que nous aspirons à connaître. Ce n'est pas l'entendement divin qui fonde ces vérités, mais il les contient en lui. D'autre part nous devons reconnaître les réalités contingentes, les objets de notre expérience. Ces existences ont nécessairement leur raison suffisante; et elles la trouvent seulement dans la volonté de Dieu. Nous sommes donc conduits par deux voies à la même idée. Mais l'idée, à laquelle nous aboutissons, est-elle réellement la même? En prenant différents points de départ, en procédant de différentes conséquences, n'arrivons-nous pas nécessairement à des principes différents? L'une de ces voies nous conduit à l'entendement, l'autre à la volonté de Dieu; or, l'entendement et la volonté constituent-ils une véritable unité dans l'essence de Dieu, essence parfaite, absolument simple et identique? Sont-ils l'un et l'autre également parfaits? C'est ce qu'on ne peut soutenir dans les idées de Leibnitz. Spinosa avait établi que Dieu ne peut rien fonder que de parfait et d'infini. Leibnitz enseigne que la volonté de Dieu veut le meilleur des mondes possibles, mais que ce meilleur des mondes n'est pas parfait, qu'il est seulement le plus parfait parmi tous les mondes imparfaits possibles. Son entendement embrasse toutes les idées et tous les rapports des idées entre elles; mais sa volonté ne veut qu'une partie de ces idées et de ces rapports, à savoir les idées et les rapports qui, étant compatibles entre eux, donnent pour résultat la plus grande somme de perfection dans le monde réel. Nous trouvons donc chez Leibnitz deux idées de Dieu, qui ne se superposent pas rigoureusement l'une à l'autre; Leibnitz soutient la perfection de Dieu, mais en prêtant à Dieu une volonté assez imparfaite pour vouloir créer de l'imparfait.

La contradiction qui se manifeste ici, a sans doute sa racine dans le procédé même de Leibnitz. Il applique le principe, en vertu duquel il considère tout par analogie avec notre moi, à l'idée même de Dieu, et ne se fait pas scrupule de transporter des choses naturelles à Dieu la distinction de l'entendement et de la volonté. Méthode d'autant plus choquante, qu'il avait défini avec plus de sagacité le rapport de la volonté à l'entendement, en regardant la première comme un effort pour passer de la conscience d'une perception à celle d'une autre perception. Pouvons-nous attribuer à Dieu un effort de ce genre, qu'on ne peut concevoir sans succession, sans passage d'un état actuel à un état subséquent? Assurément Leibnitz a raison de défendre contre Spinosa la réalité du phénomène, du devenir, de la multiplicité des substances naturelles; mais dès qu'il veut ramener toutes ces réalités à leur dernier principe en Dieu, les difficultés s'amoncèlent devant lui. Le principe, selon lequel toute substance doit être jugée par analogie avec notre moi, domine, on peut le dire, toute sa doctrine, bien plus que les principes de contradiction et de raison suffisante, dont il parle lui-même comme des piliers de sa philosophie. Si en effet on regarde de près à l'usage qu'il fait de ses principes, on reconnaît le premier comme son principe dirigeant. Le principe de contradiction est considéré comme fondement des vérités éternelles; mais il ne trouve d'application, que si l'on suppose que ces vérités résident dans l'entendement éternel, comme dans le nôtre, séparées l'une de l'autre, formant une pluralité d'idées et de principes. Il faut donc aussi qu'entre ces idées, qui toutes prétendent à l'existence et veulent être réalisées dans le monde, il s'élève, en quelque sorte, un combat. Or ce combat, pour arriver à l'existence, est le lien qui noue le principe de contradiction à celui de raison suffisante. Sans ce combat, en effet, il n'y aurait pas de choix à faire entre les différentes combinaisons possibles des vérités éternelles, aussi elles entreraient toutes dans la réalité avec la nécessité logique ou métaphysique, à laquelle Leibnitz cherche à se soustraire, pour y substituer la nécessité morale dans le choix du meilleur, et assurer par là la contingence de l'univers. Il n'est pas besoin de rappeler que ce choix, fait d'après une raison suffisante, repose uniquement sur l'analogie de la volonté divine avec la nôtre. S'il est assez dur déjà d'admettre des choses contingentes, qui requièrent néanmoins une raison suffisante, cette difficulté s'aggrave encore beaucoup, lorsqu'on voit la raison suffisante du choix du meilleur fondée uniquement sur le combat des vérités éternelles, qui toutes prétendent à l'existence. Elles peuvent sans doute coexister en paix dans l'entendement divin; mais elles entrent en lutte, parce que toutes veulent être réalisées. Certes on ne devra pas aller chercher dans ces doctrines théologiques la force du système de Leibnitz.

Du caractère dominant, que présente l'ensemble de cette doctrine, nous sommes amenés à conclure que Leibnitz n'est pas arrivé à une unité rigoureuse dans le principe des choses. Tout ce qu'il soutient, c'est l'existence d'une harmonie entre un grand nombre de réalités, de lois, de règnes différents. Cette harmonie suppose toujours le multiple, et la multiplicité atteint jusqu'au principe dernier de toutes choses, jusqu'à l'entendement divin, où résident toutes ces idées.

Leur pluralité provoque entre elles la contradiction, par suite de leur prétention à devenir les raisons de l'univers, et la sagesse du calcul divin rétablit seule l'harmonie. Nous atteignons ici la base la plus profonde de la doctrine de Leibnitz relative au meilleur des mondes, ou, pour mettre en lumière une autre face de cette théorie, à l'imperfection visible de cet univers. La plénitude de l'entendement divin, toutes les idées éternelles aspirent ensemble à se manifester dans le monde; mais elles renferment en elles-mêmes l'obstacle à cette manifestation. Ce n'est pas simplement, comme Leibnitz le répète d'ordinaire, la limitation de la créature, incapable de l'infini, qui fait d'une parfaite manifestation de Dieu une impossibilité; l'imperfection de l'univers a un fondement plus profond dans la pluralité des idées, qui, voulant passer de l'entendement divin dans la réalité, tombent en contradiction les unes avec les autres.

Ce trait de la doctrine de Leibnitz met hors de doute, que la pluralité des existences est ce qui détermine sa direction dominante. Cette direction le conduit à considérer le mal moral et la douleur physique, dont l'existence lui fait admettre le mal métaphysique dans l'univers. On ne peut s'empêcher de croire, que la nécessité des oppositions, et même des oppositions morales, requises comme conditions de la beauté de l'univers, est une conséquence tirée de l'expérience des choses. De là aussi l'origine de la voie naturaliste, où Leibnitz s'engage; sur cette voie il présuppose la pluralité des substances dans le monde, et vise à expliquer le phénomène sensible, en résolvant en leurs éléments la confusion des phénomènes. Les monades sont les vrais éléments de l'univers ; la monadologie est la doctrine des éléments, et l'hypothèse de l'harmonie préétablie ne sert plus qu'à faire concourir à l'unité les éléments de la nature. Mais cette concordance ne peut elle-même être considérée que comme tout idéale, ce n'est pas une concordance absolue, mais la meilleure qui puisse se rencontrer entre tous les possibles; les oppositions, que le monde présente, la troublent ; elle dirige nos regards vers une fin, mais une fin inaccessible ; du reste la concordance des éléments, des règnes et des lois qui les régissent, laisse subsister toujours leur diversité ; tout est dans tout, il est vrai, mais le monde entier se reflète en chaque chose d'une manière différente selon les différences de situation individuelle, et l'harmonie entière de l'ensemble ne peut se refléter parfaitement dans aucun entendement fini. De là vient que le principe de l'indiscernable joue chez Leibnitz un rôle bien plus saillant que le principe que tout est dans tout, et que chaque monade enveloppe l'infini. En effet l'infini n'est en chaque monade que d'une manière sensible, confuse, par conséquent limitée. Pour connaître une chose dans sa vérité, il faut que l'entendement l'ait décomposée en ses divers éléments ; or l'entendement, l'image de Dieu, n'atteint en aucune monade un complet développement, la nature de la créature ne comporte pas cette perfection. On ne peut méconnaître ici un reste des vues dualistes. Ce reste reparaît dans toutes les sphères d'harmonies diverses, dont Leibnitz cherche à démontrer l'existence.

Ici se trahit également l'étroite parenté de la doctrine de Leibnitz avec la théosophie, et principalement avec les spéculations chimiques, où la théosophie s'était perdue; tout décomposer en ses éléments propres et spécifiques, tel est le problème de la science; elle aurait atteint son but, si elle parvenait par là à mettre un terme à la confusion sensible; mais elle ne saurait y réussir, elle échoue contre un mal radical qui existe dans le monde. L'esprit raisonnable de l'homme est, il est vrai, un microcosme; tous les esprits sont égaux; mais aussi les conditions physiques de la vie sensible nous enchaînent sans relâche à la diversité, et nous assignent une évolution sans terme de la vie. Si maintenant l'on poursuit le dualisme jusque dans ses dernières racines, il est une remarque qui n'échappera pas; c'est que les éléments, auxquels Leibnitz s'attache dans ses investigations, sont de deux sortes. L'une de ces deux sortes sont les monades, les atomes de la nature, dans lesquels nous devons analyser tout ce qui est corporel, tout ce qui est composé; l'autre consiste dans les idées générales de l'entendement, qui constituent les lois générales du monde et les principes de la science, ainsi que le rationalisme moderne s'était efforcé de le démontrer. Ces derniers éléments sont les éléments abstraits de notre vie raisonnable, accessibles à notre intelligence. Leibnitz ne désespérait pas de pouvoir former un système de ces idées, mais un système, il est vrai, où elles se trouvassent simplement juxtaposées ; car il partage les vues du rationalisme moderne, il admet avec lui la multiplicité des idées et des principes, et soutient l'existence de la contradiction entre les concepts originairement déposés dans l'entendement. Au contraire, les premiers éléments, les monades, sont les choses concrètes ; elles contiennent dans l'infinité de leur nature les éléments abstraits, dont nous venons de parler ; mais elles rencontrent aussi entre elles des contradictions, qui se perpétuent dans toute la durée de leur existence. Or déterminer ces éléments par une recherche scientifique est un espoir que Leibnitz n'a jamais conçu ; c'est à l'expérience seule qu'il appartient de les connaître, à l'expérience dont l'analyse conduit à l'infini. Voilà certes une conclusion, qui réduit étrangement les résultats de la science, puisque ces éléments sont précisément les véritables substances de l'univers ; la seule chose qui dissimule jusqu'à un certain point cette réduction, c'est que toutes les monades doivent représenter la même chose, l'image de l'univers ou des idées abstraites, qui forment la composition du tout.

Il faut bien en convenir, la recherche du simple, que Leibnitz prétendait nous enseigner, échoue par ses propres imperfections. En effet les substances simples qu'il admet, n'apparaissent après tout que comme des compositions de plusieurs éléments vitaux, de plusieurs idées, que ces idées consistent d'ailleurs soit dans la perception confuse, soit dans la sensation claire, soit dans une connaissance distincte de l'entendement; et l'espoir de débrouiller toutes ces idées, d'en offrir l'ensemble aux regards de l'esprit, nous est complétement ravi. Mais déjà l'esprit sceptique de la philosophie moderne se contentait de la perspective de solutions hypothétiques, il lui suffisait d'apercevoir même de loin la vérité, et c'est ce dont le système de Leibnitz semblait assurer les moyens. Evidemment il avait bien fallu renoncer à la théorie cartésienne sur la substance corporelle et sur la substance spirituelle; car elle ne pouvait pas expliquer l'union des deux substances, elle courait risque d'absorber le spirituel dans le corporel, et elle réduisait la substance corporelle, ses propriétés et ses modifications à de purs relations mathématiques; or tout cela explique pourquoi la philosophie corpusculaire s'était relevée dans les recherches naturelles. Mais la monadologie de Leibnitz présentait d'assez grands avantages sur cette philosophie. Elle tend, ainsi qu'elle, à tout ramener dans la nature à ses parties constituantes cachées et infiniment petites; mais elle réussit à s'affranchir de l'hypothèse antimathématique de corps indivisibles; et, aboutissant à des éléments analogues à l'âme, elle introduit, pour expliquer la variabilité des phénomènes, des forces vivantes, qui donnent la raison du mouvement, et atteint jusqu'à l'élément infiniment petit dans les appétitions insensibles des monades. Il semblait possible après cela de triompher de la confusion de la matière, du phénomène étendu et successif, en les résolvant dans leurs éléments, et de rendre le plus grand même accessible à l'intelligence au moyen du plus petit. En faisant place de cette manière à un mode d'explication mathématico-mécanique, les appétitions infiniment petites des monades ne semblaient pas exclure non plus la considération des causes finales. Il est vrai, la monadologie ne pouvait admettre la liaison causale dans les effets extérieurs; mais c'est en quoi elle s'accordait encore avec la théorie des atomes, et elle avait sur cette théorie l'avantage de maintenir avec la plus grande rigueur l'enchaînement interne des causes avec les effets, de ce qui précède avec ce qui suit.

Ainsi donc la monadologie de Leibnitz se rattache assez étroitement aux tendances des explications modernes de la nature; sans doute ses éléments de la nature ne sont au fond que des forces spirituelles; mais en assignant à chacune de ses monades une place déterminée dans le monde, en les revêtant d'un corps organisé, il les réintègre dans l'enchaînement des causes naturelles, et la liaison nécessaire de leurs développements internes procédant des impulsions primordiales de leur nature, confirme en elles ce caractère. La théosophie s'était perdue en des conceptions chimériques par l'effet d'une certaine indépendance sans loi laissée aux opérations internes des forces spirituelles, de la capacité accordée à ces forces de commencer en elles une série de mouvements arbitraires; Leibnitz, au contraire, se prononce contre toute indifférence des appétitions. S'il cherche à ramener le monde corporel à des forces spirituelles, il ne relie pas moins la vie spirituelle à la nature. Ses monades ne sont que des automates spirituels. La liberté de la volonté repose uniquement sur ce que les êtres raisonnables portent leurs impulsions naturelles au degré où elles deviennent connaissance distincte. Ainsi Leibnitz fait du côté naturel de la vie spirituelle le principe de sa doctrine. Il parvient, grâce à cette méthode, à apercevoir l'harmonie du spirituel avec le phénomène corporel, de l'âme avec le corps, des causes finales avec la mécanique des mouvements; mais les causes finales ne sont autre chose pour lui que les résultats définitifs d'une série d'appétitions, dont les choses contenaient originairement le germe en elles.

Telles sont les raisons pourquoi Leibnitz ne parvient pas à poser la raison en face de la nature, en maintenant une distinction ferme entre elles, quelque effort qu'il fasse en vue de ce résultat. Le règne de la grâce n'est que le développement naturel du règne de la nature, laquelle est toujours grosse de l'avenir. L'étincelle architectonique, que, selon Leibnitz, nous avons reçue de Dieu, tendrait sans doute à élever les causes finales au rang des causes motrices; mais le déterminisme du système ne le permet pas; une simple harmonie du règne des fins avec le règne des causes motrices, c'est à cela qu'on arrive en dernier résultat, c'est-à-dire que les causes motrices sont les vraies causes, mais qu'elles concourent à un point final, équivalent aux fins. Les êtres raisonnables enveloppent, ainsi que toutes les choses de la nature, une tendance naturelle vers la perfection, vers le plaisir qui y est attaché; c'est en quoi consistent les mobiles de toute action. Divers degrés de développement constituent seuls les différences des choses; tout est nature, seulement à divers degrés de développement. Rien ne caractérise mieux l'esprit et le système de Leibnitz que de le voir se donner tant de peine inutile pour distinguer spécifiquement les divers degrés de la nature. Il pose les monades nues comme le degré le plus bas, bien qu'il n'y ait pas en réalité de monade complétement nue et que toute monade ait son corps organisé. Des monades nues se distinguent les animaux, privés de raison, mais plus parfaits qu'elles en ce que leurs organes rassemblent les perceptions sensibles, et les concentrent jusqu'à leur donner une grandeur saisissable. On se demandera nécessairement comment une accumulation de perceptions confuses donnera pour résultat autre chose qu'une confusion plus grande, comment elle peut produire une plus grande perfection. On comprend bien sans doute que l'assemblage de plusieurs phénomènes forme une masse plus facile à distinguer extérieurement d'une autre masse de phénomènes moins saisissables; mais cette masse n'en présentera que plus de confusion. La production de la perception sensible est un pur acte de la sensibilité; or la vraie distinction ne peut émaner que de l'entendement seul, dont l'éveil marque, selon Leibnitz, le troisième degré, celui des esprits. L'origine de ce dernier ordre est enveloppée d'obscurité, de mystère, soit que Dieu métamorphose les germes naturels de l'existence antérieure, soit qu'ils contiennent originairement en eux leur différence spécifique, et que cette différence ne vienne à éclater soudainement que par l'éveil de la raison. Quelle autre supposition possible, puisque le passage á ce degré réclame le commencement d'un nouveau et libre développement, l'accomplissement d'une opération vraiment imputable à l'agent, l'avénement à un nouveau règne de communauté morale avec Dieu, tandis que le système n'admet qu'une évolution d'aptitudes premières et originelles ? Mais de quelque manière que l'on conçoive l'origine de la raison, c'est en elle, en elle seule que doivent apparaître les vraies différences, les idées distinctes, en elle que nous devons connaître les vrais éléments du monde et les idées divines, principes à la fois des véritables substances concrètes et des concepts abstraits, d'où résultent les lois de l'univers. Cette théorie des degrés des choses est caractéristique sous deux rapports. D'abord elle montre combien le système insiste plus fortement sur la distinction des choses que sur la liaison du divers, et combien il établit mieux la première que la seconde; la distinction ne se manifeste en effet qu'à la raison, parvenue à son plus haut degré ; au contraire la liaison, accomplie dans la sensation, ne se révèle que comme une liaison confuse. Tout est dans tout, il est vrai ; mais nous entendons ensuite Leibnitz déclarer que tout ne peut être en nous que confusément, parce que nous ne sommes pas capables de l'infini. En second lieu, la doctrine de Leibnitz sur les degrés des choses trahit de la façon la plus frappante les vues du rationalisme moderne. Le rationalisme repose sur une opposition décidée entre les représentations confuses des phénomènes sensibles, qui ont besoin d'explication, et les idées de l'entendement, auxquelles il est nécessaire que ses phénomènes soient ramenés pour devenir intelligibles. Mais cette opposition n'est pas si facile à maintenir partout ; elle résulte de celle qu'on établit entre la spontanéité et la réceptivité, et cette dernière opposition est effacée dans le système qui n'admet pas que rien puisse être reçu du dehors. De là cet aveu de Leibnitz, que toutes nos idées pourraient être considérées comme innées, puisqu'elles sont toutes tirées de notre propre fonds. On pourrait croire que Leibnitz veut tout ramener à la spontanéité, à l'entendement et à la raison ; mais la spontanéité n'est pas pour lui la liberté, d'elle émanent les représentations confuses aussi bien que les idées distinctes. Nous nous rappellerons ici que les idées de l'entendement nous sont au fond innées comme notre propre nature, qu'elles sont l'œuvre de la seule nature en nous ; leur développement ultérieur ne relève, aussi bien que tout autre développement, que d'une impulsion naturelle. Leibnitz ne prétend pas sans doute, comme les rationalistes anglais, que la connaissance des vérités éternelles procède en nous d'un simple instinct naturel; il distingue les impulsions confuses, qui agissent sourdement en dehors de la conscience, et la volonté de l'esprit, qui agit avec la conscience de ses fins; mais sa doctrine ne reconnaît pas non plus la liberté de l'entendement dans la connaissance, supérieure aux phénomènes. Toutes ses idées sur l'entendement et sur la raison concourent à les présenter comme les développements de germes naturels, contenus dans les impulsions naturelles.

Nous le voyons, au milieu d'un mouvement scientifique qui tendait à expliquer la nature par l'expérience interprétée mathématiquement, Leibnitz a essayé de restituer aux fins et aux espérances de la raison la place qui leur appartient. Il a maintenu la nécessité absolue de mettre toutes les sciences, dont se compose la culture moderne, les lois de l'État, les institutions de l'Église, la jurisprudence et la théologie, en harmonie avec les modernes théories mathématiques de la nature, qui voulaient tout ramener aux lois mécaniques du mouvement. En donnant au mécanisme de la nature une base plus profonde, en le ramenant à des forces vivantes, qui en se développant poursuivent leurs fins, quoiqu'elles demeurent en même temps soumises à la nécessité de leur nature originelle, Leibnitz se croit sur la voie d'une solution du problème. Il montre en perspective la possibilité d'un système des idées, qui répondrait aux lois de la vie morale, aux exigences de la raison, aux espérances qu'elle forme d'une communauté avec Dieu. Le caractère grandiose de ces vues frappe l'esprit ; la riche intelligence de Leibnitz rassemble tous les fils par lesquels son système s'entrelaçait aux tendances contemporaines, et qui peuvent lui donner une confirmation saisissante dans l'expérience. On serait tenté de croire qu'il avait atteint les limites du possible dans ses efforts pour réunir dans le même lit tous les éléments de doctrines qui préoccupaient l'esprit de son époque. Et cependant nous voyons ses recherches arrêtées dans leur cours par d'insurmontables obstacles. Sa confiance en la raison est assez puissante pour l'élever aux plus hautes espérances; la raison nous fera connaître l'éternelle vérité dans l'esprit de Dieu, l'image de l'univers dans le petit monde, que renferme notre esprit; l'idée de l'infini, dont le rationalisme moderne s'était toujours si fort préoccupé, conserve encore dans sa pensée assez d'autorité pour y faire une place à la doctrine qui considère toutes les substances du monde comme de simples pensées de Dieu, dans lesquelles se reflète son infinité. Ainsi il se flatte de pouvoir ramener tous les phénomènes de l'univers, toutes les existences contingentes à un principe éternel, et tout démontrer par la raison. Mais il ne parvient pas à distinguer la raison de la nature ; les produits de la première ne sont pour lui que des résultats des aspirations naturelles, des appétitions faibles et insensibles, qui sont les éléments de la vie. Ce que Malebranche avait nettement exprimé, savoir que l'esprit, originairement informe, ne peut acquérir tout ce qu'il est appelé à posséder que par lui-même, existe bien chez Leibnitz à l'état de pressentiment, mais d'un pressentiment qu'obscurcit à la fin l'idée d'une évolution mécanique, où tout événement subséquent doit procéder de l'état antérieur. Leibnitz songe à surmonter la nature par la raison, et il est lui-même vaincu par la première. Il ne peut concevoir la volonté rationnelle que comme l'impulsion naturelle, qui entraîne la raison d'une pensée de l'entendement à une autre pensée; les fins sont atteintes dans la vie, mais elles ne sont pas voulues, elles ne sont connues qu'à mesure qu'elles sont atteintes. Leibnitz visait aussi à dépasser l'expérience, en la ramenant à des concepts de la raison; mais est-il permis d'attendre qu'il y réussisse? Bien au contraire, en le voyant tenir pour invincible l'existence du mal dans le monde, nous devons craindre qu'il ne soit dominé par l'expérience, comme il l'est par la nature. Les idées divines, qui doivent être pour lui le fondement du contingent, lui apparaissent en même temps comme une pluralité; ce qui ne peut résulter que de ce que cette pluralité était indispensable pour expliquer la diversité des phénomènes. Il admet entre ces idées un combat qui s'élève à l'occasion de leur prétention à entrer dans la réalité de l'univers, et n'est pas opposé aux principes de l'ancienne philosophie, qui croyait l'antagonisme porté à son plus haut période, l'antagonisme du bien et du mal, nécessaire à l'existence des choses. Nous ne pouvons pas admettre que cette conséquence résulte pour Leibnitz de l'idée du fondement simple et infini de toutes choses, elle montre plutôt très-nettement que l'expérience a défiguré dans son esprit l'idée du fondement éternel par des représentations anthropomorphiques. Ce résultat est assurément en parfaite harmonie avec le caractère du rationalisme moderne, qui, partant du moi, aboutissait nécessairemeut à tout concevoir par analogie avec le moi, qui de plus s'appuyait sur l'intuition d'une pluralité d'idées dans notre entendement, et dont les idées mathématiques, lesquelles impliquent grandeur et multiplicité, étaient la principale base. Mais plus Leibnitz avait poussé loin ces principes du rationalisme moderne, moins aussi peut-on méconnaître sa tendance finale à expliquer l'expérience par l'expérience, au lieu d'atteindre, au-dessus de l'expérience, un point de vue duquel on pût envisager l'expérience elle-même comme un moyen subordonné à une fin rationnelle. Nous trouvons que, dans sa résistance à l'attrait énergique des tendances naturalistes et empiriques, qui régnaient de son temps, Leibnitz ne fait après tout que porter témoignage de leur puissance croissante. On pourra toujours du moins reconnaître à sa doctrine le mérite d'avoir mis ce fait en une lumière plus éclatante que toute autre doctrine de son époque. Elle ne proclame pas la puissance de l'expérience et de la nature en cherchant à écarter l'entendement et la raison ; la négation de ces puissances n'aboutit qu'à les maintenir avec plus de force, comme l'avait montré la doctrine de Hobbes ; celle de Leibnitz entreprend au contraire de montrer que l'entendement et la raison ne forment qu'un petit empire dans l'empire de la nature, et que, concordant avec celui-ci, elles ne sont que les développements supérieurs d'une mécanique spirituelle.

Le système de Spinosa et celui de Leibnitz peuvent sans contredit être comme les formes les plus achevées du rationalisme dans la philosophie moderne. C'est ce qui nous amène à établir entre eux une comparaison. Il a paru à beaucoup d'esprits que la doctrine simple de Spinosa, cette absorption hardie de toute chose dans l'essence infinie de Dieu, produisait une impression plus grandiose que les détours compliqués, où Leibnitz est nécessairement entraîné pour conquérir de force une place à sa monadologie, sur le terrain occupé par la théologie et la théorie mécanique de la nature. De plus, l'intrépide assurance, avec laquelle Spinosa tranche dans ce qu'il appelle les préjugés des doctrines théologiques et morales, lui a mérité beaucoup d'éloges, quand on l'a comparée à la circonspection et aux ménagements de Leibnitz. Nous n'avons pas qualité pour prononcer sur les impressions esthétiques, appliquées comme mesure aux systèmes philosophiques ; mais il nous sera permis de maintenir que le plan conçu par Leibnitz, d'un système des idées contenues dans l'entendement divin, peut être mis en balance avec la simplicité majestueuse de Dieu, telle que Spinosa la concevait; nous pourrons dire que les idées du contingent, renfermées dans l'entendement divin, auxquelles Leibnitz voulait ramener tout ce qui compose l'univers, donnent, en dépit même du combat contradictoire où il ne peut les empêcher de tomber, plus de mouvement et plus de vie à son système, que nous n'en trouvons dans les attributs infinis et morts du Dieu de Spinosa. Quant aux ménagements de Leibnitz, à sa tolérance des préjugés, ceux-là pourraient certes y applaudir, qui voient dans la tolérance un progrès des temps modernes; mais les tourner à crime à Leibnitz, c'est ce qu'il est moins permis de faire en le comparant à Spinosa qu'à tout autre; car à côté de son système spéculatif, Spinosa était tout prêt à tolérer un système pratique d'un contenu tout différent. Notre principe dirigeant dans la comparaison des systèmes philosophiques, est la question de savoir lesquels étaient plus ou moins appropriés à représenter l'ensemble des conceptions scientifiques de leur époque, et à contribuer aux développements ultérieurs de ces conceptions. Or je suis porté à croire que, si cette question est posée à l'égard de Spinosa et de Leibnitz, le temps l'a résolue en faveur du dernier. Tandis que Spinosa n'a exercé qu'une faible action sur son époque, les idées de Leibnitz ont eu une influence persistante et considérable. La théologie, les recherches sur la vie morale n'ont, il est vrai, dans ces idées qu'une part restreinte, car le développement de la science au commencement du XVIIIe siècle offrait peu d'aliment sur ce terrain à l'investigation philosophique. L'effet des idées de Leibnitz à cet égard coïncidait avec la tendance générale de l'époque, qui allait à rapprocher de plus en plus la vie morale et religieuse de la vie naturelle. Leur influence sur les doctrines rélatives à la nature a été bien plus étendue; elles insistaient en effet de la manière la plus forte sur l'enchaînement universel des choses, elles assuraient, elles étendaient la part des recherches mathématiques dans l'explication des phénomènes naturels, elles faisaient de la considération de l'infiniment petit le principe fondamental des recherches; elles travaillaient à résoudre, par l'analyse, la confusion de l'apparence sensible, sans cesser toutefois de reconnaître les phénomènes sensibles pour les signes authentiques d'une vraie réalité. Elles opposaient aux prétentions exagérées des explications mathématiques une limite, en faisant observer que dans la nature tout ne peut pas être ramené au nombre, à la figure et au mouvement; les qualités sensibles doivent avoir elles-mêmes leur vérité; elles tiennent de plus près à la nature des choses, que ne le veulent admettre ceux qui, entre les phénomènes et la nature mathématique des choses, ont peine à trouver une ressemblance; les rapports des choses eux-mêmes, conformes à leur différence spécifique, ont une réalité qu'on ne peut leur refuser; ils s'annoncent dans les propriétés sensibles des phénomènes. Par là l'individualité des choses particulières, des forces vivantes, est plus complétement reconnue; par là aussi est frayée la voie, qui ramène les recherches psychologiques dans le cercle des investigations sur la nature, et qui assujettit à la loi universelle le côté naturel de la vie spirituelle. On peut trouver, sans doute, que ces points de vue étaient trop généraux, qu'ils faisaient trop ressortir la diversité, pas assez l'identité dans la nature, pour provoquer, par la seule vertu de ces indications, une explication des phénomènes naturels. Mais tel n'a pas été non plus le but de Leibnitz. Sa doctrine ouvre aux recherches un horizon sans limites; il attend de l'expérience des éclaircissements ultérieurs, indéfinis, et par conséquent ses principes peuvent n'être considérés qu'à titre d'indication pour apprécier l'expérience. Ce rationalisme se contient dans des limites très-modestes, et par cette modestie même il travaille au profit de l'empirisme. Observer l'évolution vitale de chaque chose en particulier, sans toutefois perdre de vue l'enchaînement du détail avec le tout, de l'individu avec l'ensemble, telle serait sa prescription générale. La considération dominante des choses particulières met en relief le nominalisme des temps modernes; mais ce nominalisme ne peut aller au fond de tout; à côté de l'individu, on ne doit pas oublier l'universel. Or la part trop restreinte faite à l'universel trahit le défaut du système, le défaut qui a fait obstacle à l'étendue, à la généralité de son action. Pour comprendre l'expérience, il faut une plus profonde intelligence de la loi universelle, que ne le comporte l'unité idéale du monde, l'harmonie préétablie; il faut reconnaître le lien causal, qui, joint à la puissance de l'universel, tient les individus unis l'un à l'autre dans le monde réel. Leibnitz ne pouvait satisfaire à ces conditions. Sa doctrine de l'union de chaque monade à un corps organisé présente seule un faible essai de restaurer entre les substances particulières la réaction naturelle des choses les unes sur les autres. Elle n'a fait qu'ajourner les doutes, qui menaçaient la liaison causale elle-même. On devait donc s'y attendre; d'autres doctrines allaient paraître, plus disposées à sacrifier la nature idéale des forces, que les conditions nécessaires des recherches empiriques sur la nature.

TABLE DES MATIÈRES

LIVRE DEUXIEME

Les commencements de la philosophie anglaise dans le sensualisme et dans le rationalisme.

CHAPITRE PREMIER

PHILOSOPHES ANGLAIS ANTÉRIEURS A LOCKE.

CHAPITRE II

JOHN LOCKE.

CHAPITRE III

SHAFTESBURY.

LIVRE TROISIÈME

Transformation de la théosophie en métaphysique chez Van Helmont le jeune et chez Leibnitz.

CHAPITRE PREMIER

FRANZ MERCURE VAN HELMONT.

CHAPITRE II

LEIBNITZ.

FIN DU TOME DEUXIÈME.

www.ingramcontent.com/pod-product-compliance
Ingram Content Group UK Ltd.
Pitfield, Milton Keynes, MK11 3LW, UK
UKHW020318200726
13857UKWH00001B/209